VARIATIONS SUR LES JOURS ET LES NUITS

Du même auteur

Les Années-Lumière, *roman*
Flammarion, 1967

Les Années-Lula, *roman*
Flammarion, 1968

La Voie de l'Amérique, *roman*
Bourgois, 1970

Mille aujourd'hui, *roman*
Stock, 1972

Fokouli, *roman*
Stock, 1974

Le Portrait ovale, *essai*
Gallimard, 1976

Feu, *roman*
Stock, 1977

Le Canard du doute, *roman*
Stock, 1979

La Table d'asphalte, *nouvelles*
Ramsay, 1980

Le Testament amoureux, *mémoires*
Stock, 1981
Seuil, « Points Roman », 1984

La Loi humaine, *roman*
Seuil, 1983

REZVANI

VARIATIONS SUR LES JOURS ET LES NUITS

journal

ÉDITIONS DU SEUIL
*27, rue Jacob, Paris VIe*

ISBN 2-02-008601-8.

adressé à Danièle
et à l'ami lointain
Salvat Etchart

« La vraie générosité envers l'avenir
consiste à tout donner au présent. »

CAMUS

JOURNAL D'UNE ANNÉE

1982

Venise

dimanche 17 octobre Revenus ici, sur la Giudecca, pour notre troisième séjour. J'aime revivre sur les mêmes lieux. J'aime que les sensations se confondent, comme les couches successives de peinture qui finissent par épaissir le grain de la toile pour devenir matière. Ici, sur la Giudecca, notre vie commence à prendre de cette *matière* — cette même sorte d'épaisseur qu'a *la Béate* où depuis vingt-cinq ans nous mettons apparemment nos pas dans nos pas.

Hier nous avons pris le *motoscafo* ligne 5 pour aller acheter des livres près de San Barnaba — difficultés à Venise pour se procurer des livres français. Comme chaque fois, j'ai ressenti devant la beauté crasseuse de ces vastes faubourgs maritimes ce regret de n'en saisir que la surface, regret de ne pas *être d'ici.* Sentiment d'être exclu de quelque chose de fort et d'incompréhensible. Exclu de cette trivialité du geste, du langage, du cri, de l'abondance, du foisonnement, de ce monde en perdition qui me rappelle la rue Vercingétorix ou la rue de l'Ouest, avec son peuple, pendant les derniers jours de la guerre.

Dans le bateau bondé, cette vision dans laquelle je puise l'énergie pour commencer ce journal : Un petit homme (que je connais de vue pour l'avoir remarqué, à chacun de nos séjours, autour des bistrots du quai) est rapidement traîné parmi la foule qui attend sur l'embarcadère. Un jeune garçon le soutient, en vérité le tient embrassé, *poitrine contre poitrine* (*col tuo petto contro il mio petto*). Il semble qu'ils ont franchi la passerelle presque en courant ainsi enlacés. Le petit homme s'agrippe des deux bras au jeune garçon qui le berce dans la foule et lui pose un baiser dans les cheveux. Sur le *motoscafo* ils resteront ainsi jusqu'aux Zattere, debout au milieu de la presse du samedi, sans que personne s'étonne de leur attitude. Pendant la traversée le jeune garçon parle au petit homme. Il semble le gronder, bouche à bouche, avec attendrissement et colère feinte. Le petit homme le garde dans ses yeux ; il a un grand nez bossu, pas de menton, de grosses paupières qui clignotent. C'est l'idiot du Redentore. Je ne peux me défaire de la vision de son sourire béat. Je pense à Lu et Berti. La vie me renvoie mes images.

Les cloches du Redentore s'entrechoquent avec violence au-dessus de nos têtes. Le même petit chien que l'année dernière pleure dans le jardin des Volpi. A chaque volée il hurle. Je ressens une sorte de plaisir attendri et à la fois sadique à ses hurlements. Maki-chien pleurait ainsi lorsque j'accordais ma guitare.

....

lundi 18 octobre Ce matin dans mon demi-sommeil je pensais avec un total découragement à cette tentative de journal vénitien. Par exemple la scène de l'idiot, tellement présente encore en moi... et tellement approximative cependant sur la page précédente... ou disons tellement à la merci des mots, comme si on promenait une lampe électrique dans une chambre noire. Ce pointillisme des mots, leur restitution fragmentaire décourage. Et toujours, dans ce demi-sommeil de l'aube vénitienne secouée de demi-heure en demi-heure par les cloches formidables du Redentore, des séries de mots venaient rebondir sur ma conscience telles que : poisson séché... yeux vides rentrés dans l'orbite comme chez les poissons séchés... paupières trop grandes pour l'œil comme si l'œil s'était rétracté sous l'effet d'une brutale dessiccation... le regard doux et vide avec une pupille ronde dans un blanc d'œil terne... une pupille paraissant sans iris — comme chez les poissons morts, etc. Ainsi m'accrochais-je à ce détail dans la pâte de mon demi-sommeil pendant que sonnaient si près de ma tête les cloches du Redentore et que dans les jardins des Volpi pleurait le petit chien. Je m'arrachai aux yeux du « jeune garçon » pour passer à une autre partie de son visage, je vis son sourire maigre, tiré sur des joues au teint malade, ses dents à la plantation espacée de telle sorte qu'on aurait pu mettre une dent de plus dans chaque vide.

Écrire en *repentirs*. Intérêt du journal : être toujours en retard sur soi.

Chaque jour, merveille de vivre sur la Giudecca : le passage de cette chambre où j'écris (devant ces jardins de grenadiers aux fruits rouges, de jasmins sur des pergolas mauresques, de cyprès) aux différentes visions-sensations qui, de palier en palier, me mèneront à ce choc quotidien : Venise en face. Au sortir de la ruelle qui va du canal de la Santa Croce au quai large : Venise rose, d'une fragilité douloureuse, tirée sur un fil en équilibre entre le ciel et son reflet toujours agité par l'incessant mouvement : barges de ravitaillement, *vaporetti*, remorqueurs à l'allure cambrée (*Pegasus Centaurus Titanus Ursus*), cargos, pétroliers... Et chaque fois mon bonheur de sentir les doigts de Danièle s'enlacer aux miens avec une force d'émotion qui me fait venir des larmes. Cela ensemble ! Cela : ce qui se passe entre ici et là-bas, entre ce quai crasseux, populaire, avec ses bistrots, les boutiques de faubourg industriel, les étalages de nourriture, les tas d'*immondizie* ficelés dans des sacs de plastique (que les vagues emportent comme des têtes coupées), et cette construction de l'esprit, cette concrétion rose née de la formidable pression d'une multitude de rêves convergents. Brutalité de cette vision du « divin » entr'aperçue depuis la rive si terrestre.

Traversées. Minuscules embarquements. Approche glissée avec, à droite, le quai des Zitelle encombré de remorqueurs et, là-bas, la ville que je sais de même étoffe secrète que ces quais de faubourg crasseux. La Giudecca montre Venise. L'île de la Giudecca serait comme une part de l'intérieur de Venise qui dépasserait par-dessous le canal, une traîne effilochée et crasseuse.

....

mardi 19 octobre Hier, sur le quai, revu séparément l'idiot du Redentore et le « jeune garçon ». L'idiot faisait allégrement franchir un petit pont à l'un de ces chariots à roues inégales qui servent ici aux livraisons. De son côté, le jeune garçon, l'air toujours aussi poisson mort, se promenait sur les Zitelle avec une fille. C'était le matin, nous faisions nos courses au ras de l'eau, de boutique en boutique, avec entre nous et Venise la large passe où se croisaient cargos, pétroliers, remorqueurs. Il semble que personne ici ne se préoccupe de ce spectacle qui évolue constamment. D'une boutique à l'autre, j'attends Danièle. Apparemment impassible, intérieurement j'exulte. Sensation que mes poumons sont à l'étroit. Je suis soulevé, bouleversé, tenu en haleine par l'émerveillement. Le choc des images est fort : lourdes plaques verticales rivetées, mal repeintes, de ces navires qui glissent devant les façades de marbre, lames de métal qui semblent sans épaisseur, debout sur l'eau devant le palais des Doges, devant la Dogana puis devant chaque église dont le reflet se casse. Mestre est là-bas, au fond de la passe avec ses fumées, ses torchères. Sans Mestre, Venise serait une ville morte, en meilleur état sans doute, mais momifiée sur ses vieilles splendeurs, morte vraiment. C'est de cet accouplement monstrueux que Venise tire cette vitalité, de cette lutte entre ces deux éléments si odieusement contraires.

Ensuite nous sommes revenus jusqu'au canal de la Santa Croce. Ici aussi les choses sont dépareillées : d'un côté de l'étroite rue d'eau, le quai ensoleillé bordé de petites maisons de pêcheurs. Des tiges de glycine pendent au-dessus des filets qui sèchent. Des bateaux sont amarrés à de maigres perches. Par la passe étroite on aperçoit la lagune. Tout cela est calme, très doux... mais de l'autre côté du canal il y a ce haut mur aveugle avec, au bout, le mirador. Sur ce mirador, un garde armé nuit et jour surveille la prison. On ne la voit pas mais on la sait présente par son silence. Des plantes grimpantes échappées d'un jardin proche se sont enroulées sur les montants de cette tour de guet. Le gardien fait trois pas d'un côté, trois pas de l'autre comme un balancier, perdu dans une profusion de volubilis. De temps en temps il regarde ceux qui bougent sur le quai, sous lui. Dans la prison sont enfermés des « brigadistes ». La nuit, des phares éclairent l'enceinte, leurs puissants reflets passent par-dessus les toits de la maison, projetant dans le jardin sous nos fenêtres des ombres de pleine lune d'été.

Nous vivons dans l'ancienne infirmerie anglaise (qui a fait le sujet du roman de F. Rolfe : *le Désir et la Poursuite du tout*).

Je me situe ainsi en train d'écrire : à ma gauche, par la fenêtre, je vois les jardins et, cachant la lagune, la vaste maison des Volpi entourée de statues, de cyprès antiques, de magnolias. Derrière moi, je sais la prison. Plus loin, les faubourgs populaires parmi les bâtiments délabrés d'anciennes fabriques d'armes. Et plus loin encore, l'hôtel luxueux de Cipriani plus ou moins comprimé par les casernes de la Guardia di Finanza. Si je pouvais voir devant moi à travers le mur — au-delà de Danièle qui écrit en ce moment dans la pièce à côté —, ce seraient les vastes vergers et les vignes des franciscains dont le couvent s'adosse au Redentore. (En plus des cloches, les cochons les oies les coqs les canards nous réveillent aux premières heures.) A ma droite, je sais la passe de la Giudecca et Venise.

Hier sur la Piazza. Thé. Délices de retrouver le premier petit salon peint de droite. Plaisir détruit par l'arrivée d'un couple parisien de notre génération. Assis devant nous. Regards sur nous. Regards avides qui ne veulent pas nous lâcher. Quatre yeux froids, durs. Elle est habillée en plastique doré. Lui, moustache, fume des cigarillos qu'il pince comme des insectes dangereux. Je me sens « coincé ». Je transpire horriblement. Paralysé. Incapable de faire signe au garçon pour payer, m'en remettant à Danièle. Que faire de ce moi si maladroit soudain ? Toujours tenus dans les tringles de ces regards, nous nous levons et sortons sur la Piazza pure et claire dans la nuit comme l'intérieur d'un immense pain de glace.

Comico ebraico americano. Cocoanuts avec les frères Marx. Parlant américain sous-titré en italien. Confusion absolue. Rire des lèvres. De la mâchoire. Rire froid de la tête. Rire saccadé des gens autour. Le public devient le pantin des pantins.

....

mercredi 20 octobre Hier en longeant le canal, après avoir écrit sur lundi, vu des oiseaux de mer rangés sur les bastingages du *Gentile da Fabriano* : un oiseau un vide un oiseau un vide un oiseau un vide un oiseau etc. Vu un cargo tiré par deux remorqueurs en direction du Lido. Tous les remorqueurs ont un nom en *us* : *Ursus Pegasus Centaurus.* Ciel. Venise là-bas d'un rose si délicat. Contre mon visage, trognes des habitants de la Giudecca tapées par l'alcool, comme dans le Nord ou en Bretagne ou dans les bas-reliefs de Raymond Mason. Croisé une femme d'une maigreur de cadavre, échevelée, jambes comme deux brindilles dans des pantoufles atroces. Elle me ramène subitement à La Garde-Freinet que nous avons connue pareille à ces faubourgs maritimes avec ses ivrognes en pantoufles : Mary Bombay avait cet aspect de femme prolétaire (autour des années soixante).

Avant-hier soir, rentrés pour voir sur la vieille télévision *le Jour le plus long.* Pour la première fois de notre vie, seuls tous les deux devant une télévision. La bouche pleine ! Rude expérience ! Nous nous tordions littéralement sur nos chaises comme si on nous fusillait. Ce débarquement allié se faisait directement dans notre bouche, à l'intérieur de nos nerfs, à même les cellules de notre chair. Les morts c'était nous ! Les secousses des grenades, des canons, le tir rasant des armes automatiques, ont fini par détraquer le vieux poste qui, vers la fin, ne transmettait plus le son. Nous avons éteint, brisés, avec devant nous, sur la table, le champ de bataille dérisoire d'un dîner que nous ne nous souvenions pas d'avoir avalé. Danièle, ses mains glacées. Le froid sur tout son corps. Refus de ces images qui battent si étroitement les cartes de la fiction avec celles de la réalité.

L'écrivain cubain Armando Valladares a été libéré. Arrêté en 1960 (année où nous nous installions à *la Béate*) à l'âge de vingt-trois ans.

Hier soir à la Fenice, *Orphée* de Gluck. Cet opéra supporté hier dans un des lieux les plus joliment vaniteux du monde. Nous nous trouvions au premier rang, juste sur la fosse d'orchestre. La vue des musiciens au travail m'a aidé à rester. Accablement devant la prétention du metteur en scène. Pompe des décors, d'une symétrie implacable. Orphée joué par une grosse négresse au visage émouvant, à la E.G. Robinson. Eurydice semblant réellement revenir de parmi les morts. D'une beauté gris poussiéreux. Le chef s'agitait si près de nous que sans avoir à tendre le bras j'aurais pu l'arrêter net en le tirant par la manche. Terrible tentation que j'ai réprimée en fixant mon attention sur une bande de danseurs de la troupe Carolyn Carlson. Gestuelle d'un expressionnisme morbide : squelettes, peaux de vieilles femmes aux mamelles plates, crânes, damnés rampant : l'envers du rêve américain pour une salle bondée de gros yankees jet-tours. Par rangées ils applaudissaient du gras de la paume. Demain Bali ! La bonbonnière de la Fenice ressemblait à un coffret précieux que l'on aurait rempli d'outils usagés au lieu de bijoux. Regret de l'apparat, regret de la vanité, regret de cette tension qui faisait se cambrer les gens dans le cadre ouvragé des loges.

Ému par la fosse. Bouleversé par quelques visages de musiciens secoués de tics pendant les passages difficiles. Beauté suprême des doigts si près des joues dans les vibratos des violoncelles. Les regards qui semblaient se retourner vers le dedans et ressortir pour se poser fugitivement sur les partitions. Une telle nudité enfantine sur ces visages ensevelis sous les pieds des chanteurs. Et tout à coup des lueurs espiègles entre les paupières à demi baissées. Un frémissement de rires retenus d'un bout à l'autre de l'orchestre pour une faute qui nous échappe.

Avant la Fenice, passés par San Barnaba dans une librairie où nous avons la surprise de trouver une quantité de livres français. Emporté *le Planétarium*, de Sarraute, *L'homme qui regardait passer les trains*, de Simenon, *le Lys dans la vallée.*

....

jeudi 21 octobre Dégoût de cette écriture, ce matin. Fatigué de moi-même. Fatigué du tourment en moi... de tourner en moi. Je ne cesse de souffrir comme si la souffrance se passait très loin quelque part derrière une succession de rideaux, au plus profond de la poitrine. Continuelle conscience d'inaccomplissement. Impression qu'il me faudrait sortir de moi un nœud sous la forme d'une création enfin accordée.

Hier nous nous sommes promenés dans l'ancien ghetto jusqu'à cette place fameuse dont on nous avait tant parlé. Le lieu est triste, délabré. Au coin de la place, quelques bas-reliefs en bronze doré figurant le martyre juif dans les camps allemands. Une inscription sobre gravée dans un rectangle dit en trois langues ce que les bas-reliefs ont rendu clinquant, objet. Ici les mots portent le chagrin. Le mur sur lequel sont fixés ces bas-reliefs (représentant des fusillés des pendus des foules sous la schlague, des êtres tassés par l'effroi), ce mur de brique décrépi dans le coin le plus oublié de cette place se trouve surmonté de fers sur lesquels sont tendus des barbelés. Est-ce un hasard après tout ? En l'écrivant je suis traversé par la certitude que ces barbelés font partie du monument. Ils en sont la couronne d'épines. Non, ils ne sont pas là par hasard mais placés volontairement comme symbolc. De même que sur la plaque de bronze on a pris soin de graver en plusieurs langues que rien, jamais, ne sera oublié, trois modes d'expression ont été choisis pour rendre *parlant* ce mur de la mémoire : l'écriture la représentation le symbole. Des trois, l'écrit m'a directement bouleversé. Il est dit en somme que le tombeau des victimes des nazis sera situé à jamais dans l'esprit de la communauté juive. Ceux qui n'ont ni État ni terre ont pour patrie le langage et pour cimetière la mémoire.

Revenus le long des canaux, par les quais populeux. Nous parlons de Beyrouth, de la mort de Mendès France survenant si vite — avait dit Danièle — après celle de Nahum Goldmann, suivie de près aussi par la mort d'Alain de Rothschild — tous trois des hommes âgés que la guerre du Liban et la formidable pression que ce coup de force a exercée sur leurs consciences a sûrement tués un peu plus tôt que ne l'aurait fait la nature.

Tandis que nous nous perdions dans la foule, je me revoyais l'année dernière ici même, me traînant dans un état de décomposition morale proche de la folie lorsque C.L. avait tenté de me briser en exigeant, par le truchement de l'avocat K., l'interdiction et la destruction de mon *Testament amoureux.* Cette épreuve vécue ici, pendant deux mois, ici, à Venise, m'a encore une fois (était-ce nécessaire ?) fait prendre la mesure de ce qui se passe entre toi et moi, m'a fait toucher ce grand secret d'amour qui se développe depuis tant d'années entre nous, en nous, hors de notre compréhension. Harcelés, nous nous étions réfugiés ici, à Venise, fuyant *la Béate* ouverte soudain à l'agression. La sincérité de ma mémoire transgressait les lois du « milieu ». Il fallait que je sois rapidement abattu. Mais nous étions déjà ici, plongés dans ce *monde autre* où, semble-t-il, les coups ne vous trouvent pas.

Délice d'aller avec elle dans ces ruelles encombrées d'êtres humains qui marchent. Étonnement du flux de mon sang qui se précipite soudain de la voir, de la savoir, là, à mon bras, inchangée, toujours aussi surprenante par sa beauté si particulière et par la singularité de son esprit, de son intelligence... de son « âme » que je peux dire (en trente ans de découvertes quotidiennes) *avoir vue, touchée* : lumière de chair.

. . . .

vendredi 22 octobre Le Planétarium : des insectes accumulent autour d'eux des brindilles. Étonnement devant le développement d'une sorte de pensée parallèle faite de bribes d'action métaphoriques : l'être s'écroule, pantèle, se sent étripé, fusillé, découpé en morceaux, etc., cependant que la conversation anodine se poursuit en surface à propos d'une bergère Louis XVI ou d'une porte. Impression d'être tassé vers la partie étroite d'un entonnoir littéraire, refusant de toute ma sensibilité de passer « corps et âme » par cette partie trop rétrécie.

Pris le bateau pour le Lido. Surpris de trouver une petite ville désuète. Quelques rares voitures dans les rues rectilignes. Nice des années quarante-cinq, Nervi aussi. Comme à Venise cette impression de force prodigieuse du fond populaire. A croire que la véritable Italie est indestructible. A quoi cela tient-il ? Sur *quoi* cela tient-il ? La sacralisation du *bambino.* Noté la quantité inouïe de pères littéralement rendus idiots par leurs *bambini* à bord des *vaporetti.* Plus de quant-à-soi lorsque le *bambino* est porté par l'homme italien. Et sans cesse titillé par lui. La femme, elle, observe, digne, rengorgée dans sa chair de reproductrice pendant que le père zézaie, crie plus fort que le *bambino* qu'il élève comme un calice. Ce rire du père enfantin émeut. Ce qui n'empêche pas les claques de voler — au contraire. Cela s'appelle l'effusion. Tout va très vite : fâcherie-réconciliation, réconciliation-fâcherie... J'ai vu sur un *vaporetto* un *bambino* frapper la joue de son père et recevoir aussitôt trois taloches sur les cuisses : une de la mère, une de la grand-mère et une du père tombées quasiment ensemble... au même moment que s'abattait sur lui une grêle de baisers. Et de nouveau le père se remettait à roucouler, faisant sauter l'enfant au bout de ses bras en criant avec une comique explosion des lèvres : « *Pollo, pollo !* » (poulet), et le *bambino* riait, excité. Tout ça sur fond de palais somptueusement décrépis. Et l'eau sous nos pieds qui rendait fluides tous les gestes.

Revenus du Lido par une sorte de *vaporetto* de haute mer. Debout sur la passerelle du pont supérieur au-dessus de la proue. Nous planions dans les vapeurs argentées du couchant, serrés l'un contre l'autre. Nous absorbions avec nos visages lavés d'air, avec nos bouches entrouvertes, avec nos corps projetés sur tant de beauté, nous absorbions la présence de ces masses de pierre soulevées... nous étions nous-mêmes soulevés, verticaux sur l'eau, nous-mêmes pareils à des monuments, des pierres levées glissant sur les creux de l'eau. Un ouvrier en salopette, accoudé au bastingage, contemplait en silence *sa* ville qui se rapprochait, qui sembla tourner fluidement autour de lui au moment où le bateau prenait le virage à hauteur de la bouée que surmontait un oiseau de mer lisse et blanc.

Retrouvé les quais, retrouvé la piazza San Marco. Et toujours ce bonheur d'être parmi des hommes (moi qui crains les foules jusqu'à la nausée), bonheur de cette certitude de l'éblouissement commun, comme tout à l'heure, au-dessus de l'étrave, cette reconnaissance envers la folie de ces générations d'hommes qui, d'une langue de boue, de leurs pattes minuscules, ont fait surgir cette concrétion de cauchemar — pas de rêve.

A un moment j'ai dit à Danièle : « Tes escarpins sont lucifériens. » Elle a ri. Ils sont fins, de peau noire, avec des talons aiguilles moyennement hauts et, sur le dessus du pied, au décolleté en quelque sorte, curieusement découpés en une petite pointe belzébuthienne. Ses jambes en bas noirs captent tous les regards — ceux des femmes, ceux des hommes, plus les miens. Je le lui dis. Elle rit en faisant « oh ! » sur un ton faussement incrédule.

Venise accueille ce qui ne peut ailleurs dépasser l'intimité de la chambre. Il semble que tous les corps sortent du lit ou vont y retourner aussitôt. La plupart de ceux que nous croisons en sont beaux.

Émotion d'être au sein de ce labyrinthe d'eau, dans ce bercement continu, dans cet oubli de la ligne droite, hors du rationnel, hors de l'efficace. Je pense au grand canal, à sa courbe, à son retournement sur lui-même, à cette sorte de spasme qui met le Rialto dans les reins de San Marco. Le chemin le plus long d'un point à un autre a été scrupuleusement maintenu par les doges. Des lois strictes ont préservé ce parcours d'une logique autre, d'une efficatité autre. Philosophie de la lenteur !

Obsession de cette nuit passée dans l'insomnie. Sous ma main, seul point de contact avec la réalité, le ventre, la hanche de ma femme dont le sommeil semble prendre racine au centre même de la terre.

....

samedi 23 octobre Abandonné ces lignes hier matin pour rejoindre Danièle dans la grande pièce ensoleillée donnant sur le jardin aux grenadiers. Sans *sa* réalité, je me dis, sans elle qui vit si intensément au point de me remplir de son enthousiasme, je crois que j'irais droit au fond comme un corps trop lourd. J'y retournerais car où me trouvais-je avant elle ? Je n'étais pas fait pour survivre, je le sais.

En marchant sur le quai un peu plus tard, nous nous sommes dit en riant que nous n'étions pas sortis de l'adolescence et que, au point où nous en étions, jamais nous n'en sortirions. Je pensais à Gombrowicz. Et de nouveau montait le relent de mon extrême angoisse de la nuit, angoisse de cette prise de conscience de mon impuissance à renvoyer vers le monde sous forme d'objets construits ce qui se décompose dans mes ténèbres. Impression d'être chaque fois passé à côté, d'avoir écrit sans réussir à crever cette membrane qui contient mes sensations, sans avoir pu établir le contact entre le *dedans* et le *dehors.*

Je ressens à travers elle. Je l'ai connue, j'avais vingt-deux ans. Depuis elle me maintient au-dessus de moi-même. Tension continuelle pour la séduire. Faire venir dans ses yeux l'étonnement, les pétillements du rire, le sombre de l'émotion. Maintenir ce contact, cette double parole qui passe par l'iris. Venise à travers elle ! Ses yeux d'ombre qui se mouillent tout à coup de la conscience trop forte d'être à Venise. Ses yeux que j'ai vus chaque fois se troubler dans le hall de la gare à la vision du Grand Canal (lacrymal). Quelle vision ? Rien ou presque, depuis le hall. De savoir le Grand Canal, de savoir que cette voie d'eau va vous emporter dans un monde autre. Par réflexion, son émotion me brouillant le regard, moi aussi, au point qu'il nous est interdit momentanément de nous parler dans ce hall mussolinien sous peine de nous trouver ridiculement terrassés par l'émoi. Nos mains se serrent sur le *vaporetto* et le bout du nez de mon amour est rose.

Même sorte d'émotion ressentie autour de nos trente ans dans les collines alors sauvages de *notre* Garde-Freinet. On retient son souffle devant l'accord entre les hommes et le lieu. Peu importe le nombre. La foule à Venise est à sa place comme l'homme seul était à sa place dans nos chemins forestiers. Les ruelles, les canaux méritent bien pour une fois le nom d'artères — l'homme vertical est le sang de Venise. Il afflue au cœur, se régénère au contact de la vieille basilique puis il s'éparpille. Et à mesure qu'on s'éloigne de ce muscle, de ce filtre, on s'aperçoit de *campo* en *campo* qu'il ne reste bientôt que le fond vénitien d'enfants joueurs et de population au parler musical. Ces réflexions sont en moi, presque à tout moment, lorsque nous allons par les rues par les quais, que ce soit hier au moment de prendre le *motoscafo* ligne 5 aux Zitelle, ou ce matin — cette page laissée de côté — sur le *vaporetto* ligne 1 qui doit nous mener au marché du Rialto. Je sais vers quelle émotion je vais, je sais de quelle émotion je reviendrai et par quel trajet d'émoi je dois passer. Mais notre vie n'est-elle pas faite de ce frappement successif sur les mêmes cordes sensibles ? Exciter un point sensible le sensibilise davantage, ne l'endurcit pas — au contraire de ce qu'on pense communément —, on ne peut endurcir que la part la moins sensible de l'être.

·

Aux Zitelle hier, nous nous sommes trouvés à attendre assez longtemps sur le ponton couvert. Lieu clos, tanguant comme une scène de théâtre flottante. Lieu rendu particulièrement étrange par la présence de sept ou huit... quoi ? Il m'est difficile de les qualifier. En face de l'arrêt se trouve un institut où vivent des « anormaux ». Il y avait là des mongoliens et des mongoliennes, tous adultes. Assis sur les banquettes ils attendaient en s'envoyant de petites grimaces amicales. Par moments ils poussaient des cris de souris, des gémissements ou faisaient des gestes un peu trop saccadés. Personne ne semblait s'étonner. Au contraire, les voyageurs leur répondaient, leur faisaient une place près d'eux sur les banquettes. A un moment un jeune « anormal » est venu contre un ouvrier, lui a passé le bras sur l'épaule, est resté ainsi joue à joue avec lui. L'ouvrier souriait avec amitié. La vie est ouverte ! Gratitude pour ce peuple !

. . . .

dimanche 24 octobre Hier, longue et délicieuse soirée passée à lire et à commenter ce que nous lisons. Elle relit *Adolphe, Cécile, le Cahier rouge,* de Benjamin Constant. De mon côté je lis James, *les Ambassadeurs,* et, parallèlement, le *Journal* de Kafka, allant de l'un à l'autre, me frappant à ces deux murailles, buvant à même leurs textes un absolu découragement. Découragement qui me poursuit toute la nuit à travers rêves et bribes d'insomnie. Le doute sur mes possibilités de créateur creuse un gouffre réel, béant, un vrai trou de désespoir dans ma poitrine. Je reste sur le dos avec ce trou qui me passe au travers — comme l'autre nuit et la nuit dernière et chaque nuit depuis que j'ai terminé *la Loi humaine*. La présence de Danièle endormie me rend un peu de ma réalité. J'ai peur d'avoir perdu mon énergie, de m'être usé d'un livre à l'autre. Toute œuvre est énergie, transfusion d'énergie. Effrayé de cette perte de confiance en moi. Je redoute l'à-quoi-bon, ce même à-quoi-bon qui en peinture m'a poussé peu à peu hors du centre. Il me semble lire la même courbe dans tout ce que j'entreprends. Ce même glissement vers la mort. Dans *le Procès* le héros se prête à son exécution, prenant les postures les plus malcommodes pour lui mais commodes à son bourreau. Image qui me reporte au récit d'un de mes amis, ancien de la 2e DB : ne pouvant faire de prisonniers, on exécutait les Allemands à mesure qu'ils se rendaient. Comme ça se passait sous le feu des mitrailleuses, à quatre pattes dans les fossés, par signes, celui qui allait mourir suppliait celui qui le tenait en joue de faire proprement, prenant autant que possible la position la plus commode pour une mort nette, se mettant en quelque sorte à la main de son exécuteur. N'ai-je pas fait cela avec mon *Testament amoureux* ? Était-ce une façon de *me rendre* ? Non ! Non ! Dans l'effroi de la paralysie d'écriture (infligée par l'incendie), j'ai puisé l'énergie de prendre le risque de ces aveux. Je me suis risqué et j'ai chuté dans l'exclusion régénératrice.

Toujours cette peur de ne pas renaître... Et tu renais !

. . . .

lundi 25 octobre Déjeuné tous les deux chez Gianni sur les Zattere. Sans cesse pendant ce déjeuner euphorique — soleil, animation de vedettes de cargos de pétroliers de péniches, animation populaire autour de nous, animation de la lumière comme si on avait répandu des milliers d'éclats de verre sur tout, dans nos yeux, partout —, pendant ce déjeuner, sans cesse en moi ces mots : merci au peuple vénitien ! Lui n'a pas encore cédé, je me disais. Ces quais malpropres, d'une beauté de faubourgs maritimes, portent trop de bonheur de vivre tels qu'ils sont pour qu'on ose songer à les faire rentrer dans l'« ordre ». L'eau (telle qu'elle s'est répandue et de la manière dont elle est utilisée et se fait respecter à Venise) est garante de cette anarchie. Elle oblige à une souplesse de contact : des cordes sont jetées, nouées et dénouées, les pontons montent et descendent, l'individu reste sur le qui-vive, son initiative est constamment sollicitée.

Ce matin, sans raison particulière, nos bavardages d'après le petit déjeuner ont dérivé sur les tracas du *Testament amoureux* qui nous hantent encore. Il y a un an exactement, nous nous trouvions ici même fuyant ce procès auquel je n'arrivais pas à croire. Je pensais n'avoir parlé que de moi, ne mêlant les autres au récit de ma vie que dans la mesure où ceux-ci étaient intervenus dans mon parcours et l'avaient donc plus ou moins modifié. J'avais cru n'avoir noté que ce jeu d'attraction-répulsion et n'avoir relevé que mes propres bifurcations. N'être entré dans le détail des autres que dans la mesure où ces autres s'étaient suffisamment approchés de moi pour que ces détails aient influencé ma perception des choses ou influé sur le dessin de ma trajectoire personnelle. A aucun moment je n'ai pénétré derrière des portes qui ne m'avaient été ouvertes en grand — non seulement à moi mais à tous !

Un an. Je marchais avec Danièle, oppressé, glacé, dans la foule de Venise, n'ayant qu'une idée : me réfugier ici, sur ce jardin parfumé de jasmin, avec l'atroce sensation qu'on était en train de m'assassiner à Paris, que mon livre (à peine sorti) était lu non pour ce qu'il disait mais pour ce qu'on voulait lui faire dire. Deux clans commençaient à s'affronter avec, entre eux, le cadavre de mes cinquante ans d'existence. Mais nous, nous étions tous les deux à Venise ! Nous avions fui ici. J'écrivais chaque jour, je m'obligeais à écrire, il fallait que j'écrive. L'acte quotidien, même s'il s'effectuait dans le vide, me maintenait. Il me maintenait. Quelque part une structure prenait forme. Dans mon désarroi, une petite géométrie de mots déposés chaque jour, un début de noyau, qu'instinctivement je nommais *les Angles,* un lieu construit commençait à accaparer mon esprit. Sur le papier était l'ultime refuge. Brin à brin, je reformai un nid d'écriture dans lequel je nous réfugiai toi et moi. Le mot puis le deuxième puis la phrase et l'articulation de la deuxième phrase puis de la troisième... le rythme, l'image sur l'image. L'écriture s'est reconstruite autour de nous. J'ai commencé à t'en lire des pages. Soir après soir, cette connivence. Comme cet étrange oiseau de la Nouvelle-Zélande qui construit un jardin fou et une hutte pour ses amours, je tressais, par ces signes sur le papier, la hutte et le jardin fou, je déployais un plumage, je faisais la roue que je pouvais. Aujourd'hui, exactement un an a passé. Un livre est là apparemment fini sur ma table. Fruit noir.

. . . .

mardi 26 octobre Avant-hier invitation à dîner pour hier soir chez les S. Une porte à ouvrir et nous sommes dans leurs superbes salons aux moulures peintes, aux plafonds compliqués de reliefs.

Après le dîner, le docteur S. se lance dans des explications embarrassées à propos de l'*acqua alta* et de ses patients qui, bien que tous munis de bottes en caoutchouc, précise-t-il, risqueraient d'avoir des difficultés au cas où la montée des eaux serait cette année plus forte que d'habitude. Nous comprenons enfin que le docteur S. souhaiterait recevoir ses patients dans l'appartement que nous occupons et dont l'entrée, au moment des fortes eaux, reste d'une dizaine de centimètres moins inondée que l'entrée principale. Avec d'infinis ménagements il nous propose de nous installer au-dessus d'eux dans leur appartement d'hiver. Cette nouvelle nous abat. Qu'avons-nous besoin du grand salon, de toute cette vue rehaussée ? Nous nous plaisons tellement ici dans ces deux chambres ensoleillées donnant sur ces jardins remplis de grenadiers. J'aime écrire sur ce bureau avec, à ma gauche, la maison des Volpi entourée de statues, et la lagune au fond.

Relevé ceci : un amiral vénitien battu par le sultan a été écorché vif puis empalé. Depuis, en souvenir, sur le blason de sa famille, cette inscription : *Vivez bien votre dernier plaisir.*

Danièle rit tout à coup au souvenir du matin de notre arrivée : *C'è una spiaggia ?* avait-elle demandé, alors que le *motoscafo* avait presque une heure de retard. Étonnement puis rire des gens sur le ponton. Charmante confusion sur le mot *grève* qui se dit *sciopero* et non *spiaggia*, la plage.

....

mercredi 27 octobre Pendant ce dîner, l'autre soir, le docteur S. a parlé de Beyrouth, de l'OLP, du baiser du pape à Arafat. Tout cela dit dans un mauvais français paraissait si peu nuancé. Le psy parlait enseveli en lui-même. Avant de devenir psychanalyste, le docteur S. était médecin-chef de l'hôpital psychiatrique de Venise, dans l' « île des fous ». Puis il y a eu cette fameuse loi qui, du jour au lendemain, a jeté tous les malades mentaux d'Italie à la rue (ainsi que leurs soignants). On ferma les asiles. S. parle avec colère de cette décision qu'il qualifie de démagogique. « Puisque la folie est une maladie de la société ! » ironise-t-il. Séduisant pour l'esprit. Catastrophique pour les malades dont plusieurs se seraient suicidés, ainsi que certains médecins.

L'année dernière, Toni nous avait appris que, dans son quartier de San Polo, plusieurs de ces fous « libérés » s'étaient associés pour vivre ensemble dans un appartement. Alors que j'approuvais, Toni m'avait dit : « Tu te trompes, ils souffrent horriblement d'être laissés à eux-mêmes. » Il m'avait aussi parlé longuement du délabrement de Venise. Ce qui nous séduit, nous, le révolte, lui, Vénitien. Il pense que Venise doit se séparer de Mestre, devenir une ville musée, peuplée de riches étrangers et d'artisans vénitiens, dit-il (lui, l'enfant du peuple) avec une volonté de réalisme et... une pointe d'amertume. Il s'étonne que je parle avec exaltation de cette anarchie des apparences qui semble si douce à vivre.

Un petit homme s'était avancé sur le *campo.* Il faisait des signes en l'air avec les doigts, un peu comme les sourds-muets mais sans chercher à communiquer avec qui que ce soit. Les gens allaient et venaient autour de lui sans même le remarquer. Nous nous étions arrêtés en haut des marches de la Fenice et l'observions. Le petit homme fit quelques pas d'une sorte de danse ralentie autour d'un excrément de chien qui se trouvait exactement au centre du *campo.* Il retira ses chaussures et, pour lui-même, ne cherchant à aucun moment à s'assurer s'il était vu, se mit à sautiller sur place d'un pied sur l'autre, frôlant à chaque saut l'excrément, du plus près qu'il le pouvait, de la pointe de sa chaussette — sans cependant jamais le toucher. Ensuite l'homme s'était rechaussé et s'en était allé un peu plus loin où, au premier excrément, il recommença.

Je me fais la réflexion que ni Jean-Jacques Rousseau lorsqu'il était secrétaire de l'ambassadeur de France, ni

Chateaubriand lorsqu'il était venu sur les traces de Byron, ne parlent de Venise avec l'étonnement auquel on pourrait s'attendre. Ce ne devait être qu'une ville un peu plus liquide qu'une autre, un peu plus baroque aussi, mais il faut croire qu'elle ne tranchait pas comme aujourd'hui avec le reste du monde.

Déjeuner hier chez Gianni au soleil. Rencontré nos voisins américains (il joue de la clarinette et répète dans la chambre à côté de notre appartement *le* concerto de Mozart). Sur le débarcadère, au moment où nous nous croisions, j'ai osé dire en italien : *Que bella giornata !* Nous nous sommes tous éloignés très satisfaits — moi surtout qui habituellement me renferme dans le non-parler, laissant à Danièle le plaisir de se débrouiller, ce qui m'arrange. En vérité, il m'est agréable d'aller à la traîne, muet parmi le monde. Je regarde, rien ne m'échappe, j'entends les violentes sonorités de la langue vénitienne, je ne participe pas, j'absorbe. Hors jeu mais vigilant. Danièle, au contraire, a besoin du contact, de l'échange, de se réfléchir dans les autres. Elle parle, enchante les commerçants par ses fautes (et moi avec), rit, se reprend, veut retenir chaque mot... et moi je suis bien dans cette buée.

Sentiment de gratitude, d'amour, pour chaque visage, ce soir, dans le *vaporetto.* Jusqu'à cet horrible petit vieux qui lit des *fumetti* (que sa myopie oblige à poser contre son nez), oui, jusqu'à cet être caricatural qui, dans cette ambiance d'attente bercée, prend une humanité douce et désarmée.

....

jeudi 28 octobre Ce matin nous passons dans la partie supérieure de la maison. Enfin nous allons voir si cette *promozione* ne sera pas trop pénible. Je suis assailli de tout côté par de multiples petites angoisses. Tout me paraît tellement instable. Tout à l'heure, pendant le petit déjeuner, nous avons évoqué *la Loi humaine...* les éditeurs possibles pour ce roman. J'en parle à Danièle comme si j'étais alourdi d'un premier manuscrit, comme si je n'avais pas un seul livre derrière moi. Peut-être est-ce une façon de combattre son optimisme. Elle, elle m'a fait la meilleure place parmi les écrivains qu'elle aime... moi, je coule sans cesse au fond du doute — bien que je me sente à part, irremplaçable, bien que je sache *ma voix*. Pourtant chaque livre terminé m'abat. Tant d'espoir réduit en pages !

. . . .

vendredi 29 octobre Le poète cubain Valladares, à propos de ses vingt-trois ans d'emprisonnement par Castro : Il dit avoir été transféré un nombre incalculable de fois d'une prison à l'autre et, dans chaque prison, d'une cellule à l'autre, « afin de me déstabiliser ».

Hier soir invitation impromptue à dîner en bas chez les S. Nos voisins américains quittent Venise. Pour marquer leur départ, Franca a organisé ce dîner, invitant pour l'occasion un orfèvre cubain et son ami — tous deux portent des diamants incrustés comme des furoncles dans le lobe de l'oreille —, une vieille Américaine (qui vit à quelques pas au bord du rio de la Croce), le couple américain, plus nous. D'entrée, gaffe ! L'orfèvre me demande : « En France, vous mangez du maïs ? » Je réponds : « En France, ce sont plutôt les vaches qui mangent du maïs. » Il répond, un peu vexé : « Alors moi je suis une vache, j'adore le maïs... » Irrattrapable. Je me tais. Au bout d'un moment, la musicienne américaine, qui ne parle que quelques mots de français, me dit, assez mondaine : « Vous êtes gourmand ou gourmet ? » Je bafouille et finis par lui dire que la question est étonnamment subtile pour quelqu'un qui ne parle pas le français. Bref, dîner où les banalités habituelles furent échangées par-dessus la table en quatre langues à la fois. Il y avait là quelque chose d'assez fou. L'orfèvre fit passer une bague d'un travail délicat, le musicien américain fit les gros yeux à sa femme qui tirait du vin une gaieté inquiétante, l'ami de l'orfèvre parla en minaudant beaucoup, le docteur S. s'ennuyait visiblement, moi je regardais Danièle qui se débrouillait tant bien que mal en anglo-italien. Enfin il fut abondamment question de Peggy Guggenheim, sujet typiquement vénitien, d'un ennui sans limites. A la suite d'une soirée comme celle-là, il ne me reste plus aucune énergie. Nostalgie de *la Béate,* de l'extrême tension intérieure de notre vie. Effrayé de la difficulté pour moi de vivre ailleurs.

Depuis le haut de la maison où nous sommes installés maintenant, par les fenêtres de la cuisine nos regards plongent sur le mur de la prison. Sous nous le canal. A notre droite les jardins de la maison du peintre Undertwasser, le mirador au coin du jardin, sous le mirador la cour de la prison, la prison en briques roses, au-delà la Salute à gauche, plus loin le campanile et la basilique. Ce soir, me penchant par la fenêtre de la cuisine, vu avec effroi la cour de la prison puissamment éclairée par de hauts lampadaires et des projecteurs dont les rayons se croisent. Vu la silhouette du gardien, debout, sur le mirador, le fusil en position de tir. Sous lui, la fosse immense, horriblement éclairée. La lune presque ronde montait parmi les cyprès. Pâleur métallique de la lagune.

. . . .

samedi 30 octobre Ce matin, pendant le petit déjeuner, nous avons regardé longuement le Redentore très proche contre le ciel bleu. Le bulbe oriental de son dôme avec les deux minarets — où les cloches auraient remplacé la voix humaine. Les statues de pierre blanche que nous voyons de dos soutenues par des crampons de fer. Ailes des anges, si légères vues du quai de la Giudecca, renforcées d'épaisses barres forgées, vues d'ici. Les saints de pierre brandissent des accessoires de cuivre verdi dont l'oxydation a coulé le long de leurs bras de pierre. Les remous d'air autour des immenses structures couleur de plomb du dôme et des clochers attirent de grands oiseaux de mer qui planent hiératiques, crucifiés contre la plaque du ciel.

Sortis faire les courses sur la Giudecca. En bifurquant sur le quai, vu se dirigeant à toute vitesse vers le débarcadère de la prison un *motoscafo* de la police. Des *carabinieri* armés, d'autres en civil, se tenaient debout près du pilote. Les vitres de la cabine étaient aveuglées par du papier scotché. En sortant de la maison, alors que nous longions le quai, nous nous étions fait la réflexion que la sentinelle, en haut du mirador, tenait une petite mitraillette noire au lieu du fusil habituel. Nul espoir d'échapper. Tumeur de souffrance dans l'envers de la beauté.

Un martin-pêcheur bleu électrique vient de se poser sur un linge rose tyrien qui sèche dans le jardin : l'a rendu « sublime » le temps d'un battement d'ailes.

La sentinelle se ronge les ongles en déambulant avec sa mitraillette sur la passerelle du mirador.

Notre installation dans l'appartement d'hiver des S. nous a quasiment empêchés de vivre pendant ces trois jours. Ce soir j'écris enfin dans une petite chambre chaude où nous nous sommes ramassés. La grande pièce d'apparat m'est désagréable le soir. Nous venons d'y rester un moment à contempler le ciel fruité du côté du couchant traversé en tous sens par le vol incertain d'une quantité extraordinaire de chauves-souris. Ensuite nous nous sommes retirés dans ce petit espace clos qui me rappelle la douce sécurité des chambres de bonne de notre jeunesse. Délices de me sentir... de me croire hors d'atteinte. Le docteur S. me paralyse. Lorsqu'il s'est penché l'autre soir à table pour servir le vin, j'ai remarqué, partant d'entre les sourcils et montant droit à travers le front, une grosse veine qui s'est gonflée puis dégonflée lorsqu'il s'est redressé. Homme étrange, insaisissable, dont l'œil vous transperce d'un trait rapide extrêmement aigu puis disparaît aussi vite dans une dérobade penchée. Sans raison il me met en faute. Pourquoi ? Ma propre présence me gêne dans sa maison, sur son jardin exquis, parmi les marbres polis de l'escalier vénitien qui mène à notre étage. Tout à l'heure nous nous sommes croisés. Lequel de nous a le plus souffert sur ce palier cerné de balustres ? Je me sentais faire de bizarres dessins dans l'espace avec mes jambes avec mes bras avec mon corps qui se déplaçait comme hors de moi... En vérité, c'était le docteur S. qui tirait des sortes de bords et se mettait en rappel sur lui-même jusqu'à ce qu'il réussisse, tout en prononçant quelques mots en français, à se couler dans un salon, à droite, où j'aperçus brièvement un morceau de bergère.

Sans cesse depuis ces trois jours, je passe de la vue sur le jardin à la vue côté cuisine sur le mirador. Les sentinelles en uniforme gris fer sont délabrées. On pense à des flics mexicains, mal rasés, cheveux longs et gras débordant de la casquette plate, moustache latino-américaine. Les mitraillettes sont toujours en position de tir. Quelques coups de feu entendus un soir lors de notre précédent séjour nous avaient alertés. On nous apprit qu'une jeune prisonnière venait d'être abattue par un de ces gardiens.

Hier soir dîné avec Toni et Iva. Sans cesse nous leur disons notre reconnaissance. C'est grâce à eux que nous sommes ici, sur la Giudecca. Toni et Iva sont nés à Venise. Ils se sont connus enfants à Venise, ils se sont aimés adolescents à Venise. Toni porte le plus beau nom de famille possible : della Venezia. Ils parlent du temps où ils se baignaient avec les enfants du quartier dans les petits canaux du côté de l'*ospedale.*

....

dimanche 31 octobre De cette table, devant la fenêtre, ce matin je regarde les jardins des Volpi. Un bananier, un néflier, des figuiers, des cyprès, de longues treilles sous lesquelles on peut se promener, et deux grands carrés de choux parmi les fleurs, de vrais choux ! Par-dessus le mur, les vergers des franciscains : quelques labours étroits entre les allées où courent en ce moment des novices en robe de bure contaminés par le *jogging* des citadins... Distrait longuement par deux chats poursuivant des lézards sur le toit d'une petite serre juste au-dessous de moi.

Insupportable écriture qui cherche la pente douce comme une eau usée qui s'écoule. Sensation d'épuisement ce matin. Mauvaise nuit. Avec ce déménagement, Danièle a pris froid. Nous regrettons tellement l'appartement du bas ! Nous le voyons, exquisement ensoleillé, vide, hors d'atteinte, comme un moment délicieux de nous-mêmes tombé dans le passé. Ce salon trop *beau* où nous prenons nos repas en dominant les jardins, devant le délire rose et gris du Redentore, ne compense pas. Nous aimions la désinvolture du petit appartement avec sa terrasse envahie de jasmin. Quelque chose du naturel de *la Béate* s'était transporté là avec nous. Ici, impossible de se vautrer par terre à l'heure du thé. Partout de vieux meubles solennels. Je suis terrorisé par tout ce bois ciré. J'admire la largesse de nos hôtes qui nous abandonnent cette part immense de leur maison... et à la fois agacement d'avoir été privés de la simplicité sensuelle des deux petites pièces d'étudiants. Mystère des lieux heureux, des lieux où on se trouve bien, mystère de cette joie qui vient de détails insignifiants : un carré de soleil qui se déplace, un arbre entrevu sous un angle particulier, un certain rapport entre les volumes, les traits, la lumière... Nous nous sommes mis en quête d'un autre endroit où vivre. Inexplicable désir d'être ailleurs. Désir de retrouver une insouciance que nous avons perdue en grimpant d'un étage.

Sur un petit toit, sous moi, des lézards se poursuivent. Leurs queues, lorsqu'ils courent sur le sommet des tuiles, pendent toutes du même côté. Mais je m'ennuie à écrire ce matin.

Sommes sortis faire un tour sur les Zitelle parmi les familles de promeneurs du dimanche. Solennité populaire de la déambulation dominicale. Soleil en fusion, énorme, descendant derrière le Redentore — dont les cloches se mettent à sonner au moment exact où j'écris *Redentore.* La statue debout sur la pointe du dôme est restée un instant prisonnière du soleil. Puis la boule, pareille à de la pâte de verre, est descendue entre le dôme et l'un des clochers. Un liquide de feu coulant dans une fente de pierre. Sur notre droite, de l'autre côté du chenal, les lumières commençaient à briller le long de Venise rose et bleu. Le couchant fruité poudrait l'air.

L'autre jour, en passant devant un de ces petits ateliers de verrerie qu'on trouve dans les rues tortueuses au dos des magasins de souvenirs, nous nous sommes arrêtés un moment devant le four dont la bouche incandescente produisait un ronflement qui semblait venir du fond même de la terre. Quelques ouvriers, à contre-jour, travaillaient le verre. Dès qu'ils aperçurent Danièle, leurs gestes changèrent de rythme. Appuyée au mur, debout sur ses escarpins *lucifériens,* habillée de noir, ciré noir, béret noir, jambes noires, elle impressionnait visiblement les trois hommes dont les regards se chargèrent immédiatement de défi sexuel. L'un d'eux surtout, de petite taille, musclé, compact, joua exclusivement pour elle la scène suivante : il plongea dans le four sa canne et commença à façonner un morceau de verre en fusion. Il sembla un moment que ce serait une fleur, mais, tout à coup, l'homme souffla la chose molle en une sorte d'érection translucide, la plongea encore dans le feu, la ressortit incandescente, la balança, précisa sa forme par quelques injections d'air, puis soudain, pris d'une sorte d'exaspération muette, alla briser la chose dans un récipient où s'entassaient les pièces ratées.

lundi 1er novembre Nuit traversée de rêves désagréables dont les débris accrochés à ma mémoire n'ont aucun sens. Je ne peux analyser mon malaise. Impression d'être coupé de ces quais, de cette vie au ras de l'eau que j'aime ici. Je ne peux me résoudre à descendre par ce hall solennel où à tout instant le psy peut apparaître. Les cloches du Redentore battent toutes ensemble ; le petit chien hurle comme si on le frappait. Quelques moines passent entre les arbres du verger. J'observe en écrivant — exactement le contraire de chez nous, à *la Béate*, où j'écris sous la lampe allumée, rideau de perles tiré contre la vue bleue des Maures. Il me semble être tout à coup paralysé. Il me semble que, sans Danièle qui, elle, continue à vivre *normalement*, je ne pourrais plus franchir la porte qui donne sur le grand escalier. Je resterais ici dans cette chambre, recroquevillé jusqu'à pétrification. Tous les muscles de mon corps me font mal, ils disent ma tension inconsciente. Après plus de vingt-cinq ans de vie à *la Béate*, d'allées et venues de plain-pied avec le dehors, j'ai le sentiment d'être coupé de ma vitalité. Perché sur ces hauteurs je suis devenu spectateur. En aucun cas mon bras ne pourra s'allonger jusqu'à cette fleur que je vois là-bas, près du banc de pierre aux accoudoirs en forme de lions ailés.

Ce matin, pendant que Danièle préparait le petit déjeuner, j'ai observé un moment le gardien armé sur le mirador. Dans la lumière trouble du levant, il se tenait debout, la mitraillette pointée vers la cour de la prison. Il y avait dans sa pose un mélange de nonchalance et de raideur. Une bulle d'haleine se formait devant sa bouche. La prison envahit peu à peu la Giudecca. Combien sont-ils dans ces bâtiments compacts que clôturent plusieurs rangées de fils de fer barbelés ? Ils entendent les cloches du Redentore, celles de la Salute, celles de Venise qui de tous côtés se répondent. Ils entendent les sirènes. Ils sont là, immobilisés pour ?... pendant que la vie... pendant que des bateaux glissent vers la haute mer...

Entrevu à l'instant le psy dans son jardin — me suis reculé. J'écris littéralement collé au carreau. D'en bas, s'il me voyait, comment pourrait-il deviner que j'écris ? Il penserait : il m'espionne. Ce que je fais malgré moi. Hier, il cueillait les énormes grenades de ses grenadiers. Une cueillette vraie dans un jardin où tout cependant m'apparaît comme simulacre, tout geste humain du moins. La seule fois où ma présence humaine m'a paru, comment dire ? nécessaire, en bas, ce fut l'année dernière pendant l'*acqua alta*. L'eau montait, imparable, c'était la nuit et le psy avait allumé tous les projecteurs. Les citronniers baignaient dans l'eau ainsi que les jarres diverses que le psy déplaçait tant bien que mal. Nous nous étions penchés à la fenêtre et pour la première fois nous avions échangé quelques paroles dans le sens fenêtre-jardin, jardin-fenêtre. Je m'étais proposé de descendre l'aider. « A quoi bon ? m'avait-il répondu, le sel est maintenant partout. »

Une autre fois, au printemps dernier, le jour de notre départ, j'avais pu prendre conscience de l'inhibition qui me clouait en quelque sorte en l'air. Danièle faisait nos bagages, les petites cloches des franciscains sonnaient onze heures. Notre train était à sept heures du soir. Alors que je regardais par la fenêtre, j'eus le malheur de remarquer une chauve-souris qui se débattait dans la piscine. Elle nageait de feuille morte en feuille morte, tentant de se hisser hors de l'eau, mais son poids enfonçait les feuilles mouillées auxquelles elle se confondait. Il m'aurait suffi de descendre par les appartements du psy, traverser le grand hall et pénétrer dans le jardin. La chauve-souris était facile à saisir, je l'aurais sauvée. Rien ne m'empêchait de le faire. Mais je ne pouvais pas franchir l'étage, je ne pouvais pas. Je me détournai, me disant que d'ici que j'y aille elle serait déjà noyée. Mais, de quart d'heure en quart d'heure, je m'approchais de la fenêtre et chaque fois je constatais avec horreur que la chauve-souris nageait encore dans un effrayant ralenti, ses membranes brassaient l'eau, d'une feuille morte à l'autre, de plus en plus lentement, de plus en plus faiblement. C'est la fin, me disais-je bouleversé, trop tard, le temps que tu sois en bas elle sera morte. Vers midi, elle ne bougeait plus. A peine pouvait-on la distinguer accrochée à quelques débris visqueux. J'en fus soulagé. Peu m'importait sa mort ! Seule sa souffrance me dérangeait.

Nous allons au restaurant. Nous traînons ensuite dans Venise jusqu'à quatre ou cinq heures de l'après-midi. Il faisait froid, nous rentrons prendre une ultime tasse de thé. Je vais à la fenêtre et machinalement je jette les yeux sur la piscine. Je reçois le choc : quelque chose de sombre bouge parmi les feuilles gluantes. La chauve-souris vit toujours ! Cela faisait déjà six ou sept heures qu'elle se débattait dans l'eau glacée ! Ce n'était plus possible. Je devais faire quelque chose. Mais encore une fois je suis paralysé... et c'est Danièle qui s'élance à travers la grande maison silencieuse. La chauve-souris est repêchée à demi morte de froid et déposée sur un buisson. J'assistai à ce sauvetage lâchement dissimulé derrière le carreau.

Profondes clameurs d'un paquebot dans la brume. Le personnage recouvert de plaques de plomb, debout sur le faîte du dôme, a disparu dans le brouillard. En revenant par le *vaporetto*, isolé dans la brume, nous avons eu l'illusion tout à l'heure d'être sortis de l'univers tridimensionnel. Sommes rentrés par les quais, délicieusement serrés l'un contre l'autre, joyeux à l'idée du thé qui nous attendait.

Observé d'en haut le psy en train d'installer « notre » appartement, en vue de l'*acqua alta*.

Les cloches du Redentore sonnent plus fort que jamais pour clore la journée des morts. Dehors le brouillard descend en s'épaississant. Le Redentore éclairé semble suspendu comme une gigantesque dalle de marbre tombant du ciel. Je me suis penché à la fenêtre de la cuisine. Vu le mirador dans le brouillard coloré en orange par les projecteurs de la prison. Silhouette de la sentinelle qui marche à pas lents sur la passerelle. Doucement j'ai appelé Danièle. Nous sommes restés un moment penchés sur cette vision. D'un pas régulier, le maton allait et revenait sur la passerelle. Sa mitraillette constamment pointée sous lui.

....

mardi 2 novembre Brouillard de plus en plus épais. Une cloche grêle du côté de la Salute tinte sans cesse. Sirènes continues des remorqueurs et des cargos.

Brouillard en moi aussi.

Gombrowicz commençait son *Journal* par :

Lundi.
MOI.
Mardi.
MOI.
Mercredi.
MOI.
Jeudi.
MOI.

Ce matin, sans cesse interrompu. Non seulement je suis distrait par ce que je vois à travers la vitre : brouillard brouillard brouillard... mais la domestique des S. est montée à la recherche d'une rallonge électrique d'un calibre spécial pour machine à coudre. La maison est grande mais il semble que c'est exactement sous mon coude que cette rallonge s'est égarée. Julietta fouille tous les tiroirs du bureau, déplace les livres. J'ai dû me lever, me mettre à quatre pattes avec elle en jargonnant : *Non tocco, non tocco li fili...*

Étreint ce matin par mon incapacité à vivre. Il me semble que ce serait à travers Danièle, à travers ses nerfs, sa sensibilité, sa force d'enthousiasme et d'émotion qu'il m'est encore possible de ressentir. Je me fie à elle comme un aveugle que l'on conduit par la main. Imaginer la vie sans elle... un froid monte peu à peu dans les membres. J'admire sa vitalité... bien que je la sache aussi à la merci d'innombrables terreurs. Contre ces terreurs qui l'habitent elle oppose la force sensuelle de l'apparence. Elle est installée dans son corps comme dans un lit de volupté. Elle s'appuie sur les multiples reflets qui chatoient autour d'elle. Tu as transformé ma vie il y a trente ans de cela et tu la transformes chaque jour en donnant réalité aux apparences. Toucher avec toi les déploiements de la vie !

Elle est sans cesse penchée côté jardin, moi je suis côté prison, je ne vois que cet homme armé debout au-dessus de la fosse électrifiée. Je suis happé par ce vide au point de me lever la nuit pour vérifier... Et il est là, immuable, avec sa casquette plate, sa mitraillette accrochée à l'épaule, faisant six pas d'un côté six pas de l'autre sur la passerelle qui émerge du feuillage d'une glycine, et derrière lui, Venise. Je me dis : de là où je suis, à sa hauteur, on pourrait le tirer pour ainsi dire à bout portant comme une silhouette de foire. Je m'obsède d'une évasion strictement impossible. Et cette prison n'est pas la seule. A quelques rues, droit devant moi, par-dessus les toits des franciscains, je sais ce bloc énorme au bord du canal qui mène à l'ancienne minoterie. Partout des hommes armés, en uniforme, d'autres en civil, le revolver à demi dégainé pendu sur le blue-jean. Et les *motoscafi* de la police toujours prêts à s'élancer sur les canaux de cette banlieue aquatique.

. . . .

mercredi 3 novembre Brouillard.

La Giudecca se présente comme un cimeterre recourbé sur Venise. La partie incurvée bordée d'un long quai populeux, populaire, grouillant de monde, le soir surtout. La vie ! Toutes les boutiques se trouvent là, alignées au ras du chenal. Des sortes de *cantinas* remplies d'hommes ; dans leurs vitrines des trophées — football, régates de rameurs — et des faire-part nécrologiques où sont reproduites en couleurs les photos des morts. Sous des drapeaux rouges frappés de la faucille et du marteau, les gens discutent sans prêter attention à un spectacle des plus surprenants (si ce n'est le plus beau du monde) : la ville en face, ses palais, ses multiples campaniles, et le chenal fendu de navires hauts comme des buildings. Les gens vont à pied. Pas de vélos. Pas de motos. Les rues servent d'aire de jeu aux enfants, les rues ne sont pas des rues mais de longs cours où l'on marche en parlant à voix haute sous le bariolage des lessives. Pas d'accès vers le large, côté lagune. Les maisons butent sur l'eau sans qu'aucune promenade n'ait été aménagée sur ce flanc ensoleillé de l'île. Pas question de flânerie ici, sur la grève de ce vivier humain où, chaque matin, on puise un lot important de travailleurs. Des usines sont là, on ne les voit pas mais on les devine à de grands murs de brique aveugles au détour des maisons. Les sirènes du travail découpent le temps, et des hommes en bleu de chauffe se dépêchent, au bord de l'eau, avec leurs musettes.

Visité dans un « palais » — guillemets car toute maison d'une certaine envergure est nommée « palais » —, visité donc ce matin deux « appartements » — reguillemets —, visité avec un froid dans l'âme deux puits au fond desquels nous vîmes des machines à dormir pour touristes.

Ensuite passés au marché du Rialto. Force vitale crue ! Me voilà de nouveau un peu triste d'être exclu. La vision de ces appartements m'avait joyeusement rejeté vers *la Béate*, vers notre vie, m'avait ramené à ma dimension de gogo possible, ici. La plongée dans ce marché du Rialto — celui au poisson surtout — me remplit de nostalgie : Nice, enfant... plus tard Antibes avec Danièle sous le Baltard bleu... Saint-Tropez aussi avant la dispersion de sa population. Ce marché aquatique a la même violence que celui des Halles à Paris avant qu'on les détruise. Lieu profondément culturel, comme *culturelles* étaient les Halles avant Beaubourg. Ici s'invente la langue vénitienne, s'invente les gestes, s'invente et se perpétue l'effusion. Le jour où le *mercato del pesce* sera transformé en hall d'exposition, Venise sera devenue ville morte. Car c'est au ventre qu'il faut frapper la cité pour la « dépopulariser » — ce que Pompidou a fort bien réussi à Paris.

Entrés ce soir, à l'heure du couchant mélancolique et ouaté, dans la basilique. Nous y étions presque seuls. Curieusement je fus pris d'une tristesse insoutenable et à la fois d'un débordement de reconnaissance à la vie de nous avoir déposés là, ce soir, si proches de chair, d'âme, toi et moi.

....

jeudi 4 novembre J'aurais aimé poursuivre hier soir, dire l'impression de doux ensevelissement laissée par ce moment de silence, adossé avec elle au pilier de droite de la basilique déserte. Nous nous trouvions dans de la matière sécrétée par la foi comme au fond d'un gigantesque coquillage marin vide qui garderait pour une relative éternité la forme en creux de son occupant disparu. Cette impression d'être dedans, à l'intérieur d'un organisme pétrifié ruisselant d'ors et de marbres ouverts comme des livres. Nostalgie de la prière, nostalgie d'une protection perdue. J'envierais presque ceux qui ont gardé la confiance dans un Ordre divin... Alors que je vis constamment sous le couteau du sacrificateur anonyme, offert, oui, la gorge offerte au coup, victime d'une *association* humaine dont je ne peux et ne veux pas faire partie. Sentiment de solitude toujours plus grande dans laquelle j'entraîne Danièle, vers laquelle m'entraîne la forme du monde.

Nostalgie d'une installation savoureuse dans l'écriture comme dans une belle maison protégée. Nous autres aujourd'hui nous sommes débusqués. Nous haletons sans toit protecteur. Nous ne trouvons l'illusion du salut que dans une écriture en fuite. L'écriture ne nous protège plus. Au contraire, elle montre la place où frapper, elle dit par quoi nous sommes vulnérables. En effet, comme le soulignait Marc Nacht dans sa lettre : avec *le Testament amoureux*, je me suis remis dans un total désarmement aux mains de mes lecteurs... ou plutôt j'ai tendu les armes chargées à ceux qui ne demandaient qu'un prétexte pour se déclarer ennemis.

Sentiment de persécution depuis. Sentiment de culpabilité aussi que j'ai mis des mois à surmonter et que je n'ai pu surmonter que grâce au comportement de C.L. et de ses amis. Le moindre signe de grandeur de sa part... de leur part... m'aurait jeté dans un dédale de remords. La violence de la vengeance et les moyens employés, en confirmant point par point ce que j'avais écrit, m'ont en quelque sorte fait reprendre pied sur la réalité, m'ont rassuré sur la justesse de mon écriture. De cela je me serais passé. Mais sans *cela* aurais-je recueilli tant de signes encourageants de ceux que j'estime et admire ? Malheureusement notre esprit ne fonctionne pas comme une balance. Si mon esprit était une balance, je devrais être le plus heureux des hommes... La balance de l'esprit est faussée : sur le plateau noir, chaque poids pèse plus lourd que sur l'autre.

Puits d'inquiétude que je porte au centre de ma poitrine. Par moments je ne veux être que négation, biffant tout avenir, me délectant de l'image brisée que je me fais de moi. Ce matin tu m'as défendu contre moi-même. Tu n'es pas moi : toi, tu crois en moi.

Me suis penché à la fenêtre de la cuisine. Le gardien sur le mirador frottait avec un chiffon sa mitraillette qu'il maintenait cependant rigoureusement pointée en direction de la cour de la prison, *sous* lui.

Le *sur* et le *sous* prennent ici tout leur sens.

NOTE

Relevé ceci dans le livre de Rolfe (baron Corvo), *le Désir et la Poursuite du tout* (prêté par Manuel bien après que le point final eut été mis à ce journal). Il a pour sujet l'infirmerie anglaise de la Spinalonga (la Giudecca).

Le séjour du pape Pie VII, exilé de Sa cité souveraine, est commémoré dans l'antique escalier [celui que j'empruntais avec tant de malaise] *au moyen d'une plaque de marbre où est gravée en lettres d'or rouge l'inscription ci-après, laquelle (pour autant que je le sache) est singulière en ce qu'elle attribue l'appellation séculière de « Majesté » au vice-gérant de Dieu ici-bas.*

NOMINI MAJESTATIQ.
PII SEPTIMI PONT. MAX.
DICATUM
AD MEMORIAM GRATE. RECOLENDAM
ADVENTUS. REDITUSQ. EIUS
IN HASCE. AEDES
X. KAL. MAIAS. AN. CLICCC. POMERIDIEM
QUUM. CATHARINUS CORNELIUS CUM OMNI FAMILIA
PRINCIPEM INDULGENTISSIMUM
DEQUE CORNELIORUM GENTE BENEMERENTISSIMUM
L.L. PRO SUO PUBLICOQ. TEMPORE
AD SE VISENDI GRATIA
ACCEDENTEM. ACCEPIT
ITERUMQ. NONIS JUN. MANE
AD DOMESTICAM. ARAM. OPERATURUM
RECEPIT

Lézards sautant de tuile en tuile à la poursuite de mouches qu'ils ratent apparemment toutes.

Entrevu en biais par la fenêtre le psy installé, oui, installé, dans « notre » appartement et en train de psychanalyser un barbu à lunettes.

Midi. Cloches folles du Redentore sur notre tête. Le petit chien pleure, martyrisé.

Devant San Moise, hurlements, rires de femmes saoules. Passé la bosse du pont, un spectacle tragique : des Américaines attendent devant le petit embarcadère de l'hôtel Bauer. Des gondoliers chargent sur leurs barques funèbres des lots d'Américaines qui, au moment où elles posent le pied sur le frêle cercueil, poussent des cris indécents. Pour chaque gondole une grande bouteille de vin blanc (sans doute comprise dans le forfait) avec des gobelets en carton. De là l'immédiate hilarité de ces viandes humaines que l'on trimbale affalées au fond de la mince lame de bois. De pont en pont on retrouve ces trains d'embarcations où se vautrent des vieillards ivres cependant qu'un ténor accompagné d'un accordéoniste pousse l'immortel *O sole mi-i-o* du terrifiant Charon.

Passés avec le n° 5 par les bouches de l'Arsenal. Vu avec le même étonnement admiratif les lionnes dépareillées qui montent la garde à l'entrée des anciens chantiers. La beauté de Venise : le dépareillement. Ces lionnes, mieux que le lion ailé, sont le tranquille symbole du dépareillement. Ensuite l'émotion de passer de l'autre côté, de se trouver jetés dans l'immense nacre de la lagune avec le cimetière rose souligné de blanc, bien net, d'une architecture ramassée au centre de l'eau. Au contraire des vivants, les morts peuvent être contenus durant des siècles sur un même espace. Pendant que Venise développait sa dentelle d'îlot en îlot, la terre des morts se refermait sur elle-même.

Vision d'une gaieté printanière de ces milliers de tombes fleuries de jaune, d'orange, de rouge. Nous sommes au lendemain de la fête des Morts. La population de Venise est venue fleurir ses croix. Je pense à Chateaubriand, à sa description presque gourmande d'un coin perdu de ce même cimetière avec, parmi les volubilis, l'inévitable crâne humain dont l'orbite sert de tanière aux lézards. Vu avec une autre sorte d'émoi — derrière l'accumulation en hauteur des urnes populaires (véritables HLM funéraires) — la partie romantique, moussue, recouverte d'arbres séniles, réservée, semble-t-il, aux riches étrangers de *passage*. La tombe d'Ezra Pound : morceau de terre ovale piétiné tout autour, que marquent quelques lierres noirs. A même le sol cette simple plaque :

EZRA POUND

Pas de naissance, pas de mort : dédaigneux orgueil de ceux qui l'ont mis en terre.

Un peu partout, sur des dalles levées, les noms de ces vieilles Américaines qui, au siècle dernier, avaient encore de l'originalité. Plus loin le cimetière russe. Stravinski, Diaghilev... Sur la tombe de Diaghilev, les fameux chaussons de danse propitiatoires — l'un de satin rose, l'autre de satin noir, usés, ternis. Noms de princes et de princesses gravés en cyrillique sur les marbres de guingois.

Ensuite nous avons marché parmi les vastes champs de tombes, au milieu de la fête naïve des fleurs... jusqu'à ce que soudain la terre jetée des deux côtés d'une longue tranchée nous montre l'envers : quelques cercueils à demi recouverts avec leurs couronnes écrasées par les mottes... Danièle hâte le pas. Nous bifurquons et ressortons sur la lagune laiteuse sous un soleil pareil à un jaune d'œuf brouillé.

....

vendredi 5 novembre Ce matin, désir d'être à *la Béate.* Lcs livres de la bibliothèque me manquent. A propos d'hier, long bavardage tout à l'heure au petit déjeuner : regret de ne pouvoir ouvrir les *Cantos.* Bavardage secrètement imprégné des rêves érotiques de cette nuit. Danièle s'habillait lentement devant moi. Et à mesure que sa nudité, je devrais dire ses nudités puisque je ne voyais sa peau que par fragments de plus en plus restreints, à mesure que les parcelles de sa blancheur se couvraient, je perdais le souffle et je gémissais. Réveillé par la désagréable impression d'une entaille dans la gorge. Je suis à vif depuis le palais jusqu'à la poitrine et la douleur me fait gémir. Je sors de la chambre et, à la lueur des projecteurs de la prison, je vais par le long couloir jusqu'à la cuisine. Une infusion bouillante me calme un peu. Revenu près de Danièle. Insomnie complète pendant laquelle je me plais à retourner son corps endormi, merveilleusement confiant. Je me disais : je suis avec elle en état de perpétuelle nouveauté et à la fois d'intime habitude. Délices ! Réconfort. Sans doute la limite extrême du narcissisme : s'aimer soi-même à travers l'autre et l'autre à travers soi. L'écriture me permet de me perdre dans les délices du nous, je nous aime à la passion. J'aime à la passion cette chose unique que nous formons.

Vu hier, au moment de prendre le *vaporetto*, un homme et une femme handicapés en train de s'embrasser, sur le quai des

Schiavoni, dans un désordre de cannes métalliques tombées à terre. Ils se tenaient assis sur la passerelle de bois installée à San Zaccaria pour l'*acqua alta*. Elle semblait un peu réticente et ébahie, cependant qu'il la pressait et lui dévorait la joue de baisers.

. . . .

samedi 6 novembre Réticente à peine... mais surtout comme effrayée des baisers qu'il allait chercher sur elle, en public, bien qu'à part nous personne ne semblât les avoir remarqués.

Hier soir dîner chez Toni et Iva. Ai-je dit qu'ils occupent un étage entier de palais ? Ai-je dit qu'il leur faut 2 500 kilos de peinture rien que pour repasser une couche sur les murs de leur « appartement » ? Pendant le dîner quelqu'un a suggéré d'exposer mes grandes marines à Venise dans une partie aménagée des anciennes prisons des doges. J'ai eu comme une petite étreinte du désir que cela se fasse. J'en ai conclu que très loin en moi celui qui avait peint ces tableaux n'était pas tout à fait mort.

. . . .

dimanche 7 novembre Grippe grippe grippe ! Chaque fois que nous nous éloignons de *la Béate* nous tombons malades. De vivre à l'écart nous rend vulnérables à tous les microbes. Un rien nous jette au lit avec des fièvres disproportionnées. J'en profite pour relire *la Loi humaine*. La fièvre me déplace par rapport à mon texte. J'y pénètre comme par une porte latérale. Je surprends mes mots et ils me surprennent parfois. Le doute s'écarte un peu. Il me semble que j'ai réussi à créer une certaine ambiance poétique. Je reprends goût à moi. Phrase par phrase j'ai l'impression de me reconstruire sur l'ossature de ce texte... puis, sans que j'en comprenne la raison, tout s'écroule de nouveau et je trouve ma lecture faible et ennuyeuse.

Cloches du Redentore. Pleurs désespérés du petit chien. J'écris couché, mouillé de ma sueur, dans la même situation que lorsque j'écrivais la deuxième partie du *Testament amoureux.*

....

lundi 8 novembre Vu cette nuit par la fenêtre de la cuisine, au moment de me mettre au lit, dans la guérite vitrée du mirador, la mitraillette du gardien suspendue en train de se balancer. Profitant du froid et de l'heure, l'homme avait dû un moment se soulager de ce poids. A la lueur infernale des projecteurs braqués sur la cour de la prison, cette chose noire se balançait, seule, comme si la vitalité du gardien était passée en entier dans cet objet inerte...

Entendu à la radio Wolinski, le dessinateur, dire à propos de la Pologne : « Je n'ai pas d'atomes crochus avec ce peuple. Ils n'ont qu'à être communistes comme tout le monde ! » Et comme lui ! Cela se passait dans un studio parisien, en public. Applaudissements. Rires.

Entendu devant la façade de San Moise une touriste d'une province française dire : « Faudrait aller au syndicat d'initiative pour voir c'qu'y a à voir. »

Vu, dans le *vaporetto* n° 8 devant nous, un maçon avec sur la tête un calot fait d'un journal plié. Derrière la tête un titre d'où se détachait le mot VACANZE. Sur le côté RIVOLUZIONE.

. . . .

mardi 9 novembre Terminé la relecture de *la Loi humaine.* Impression d'avoir écrit une histoire bien française sur un mode étranger. C'est une tragédie bourgeoise. Heureusement il y a Berti le *forestiero*, son amour pour Lu... Il *sauve* en quelque sorte mon livre.

Cet après-midi traversée en *vaporetto* sous une pluie violente jusqu'à San Marco. Par la vitre éclaboussée, très près, la vision d'un énorme cargo passant devant le palais des Doges. Comme chaque fois, bouleversé par ce choc de la tôle et du marbre.

Nous achetons *le Monde* et rentrons ici, dans cette petite chambre d'étudiant où il nous plaît de nous confiner plutôt que dans le vaste salon aux meubles sombres. Thé, lecture du journal : désastreuse impression d'enlisement, impression d'alourdissement, d'inutile prise de conscience. Vivre à Venise ! Vivre dans le plus total écart. Venise pousse à ça.

Cependant ceci me fait mal :

Begin : Nous n'avions pas prévu qu'ils commettraient des atrocités.

Le juge : David Levy, au cours de la réunion du gouvernement, tenue le 16 septembre, quelques heures après l'entrée des Phalanges dans les camps de Sabra et Chatila, a exprimé son appréhension au sujet de massacres éventuels de civils par les phalangistes.

Begin : Mais il n'a demandé ni débat ni décision à ce sujet.

Le juge : Le chef d'état-major a dit au cours de la même réunion du gouvernement que les phalangistes étaient entrés dans les camps et qu'*ils avaient déjà dans leurs yeux ce qu'ils s'apprêtaient à faire.*

On ne peut s'empêcher de souligner la *beauté artistique* de cette phrase...

....

mercredi 10 novembre Ce matin : Exaspéré du rythme de ma cyclothymie. Encore une fois je pense : sans toi, sans ton amour, je ne pourrais me supporter une seconde de plus. Disons ironiquement : comment ne pas *aimer* celui qu'aime celle que j'aime ?

....

jeudi 11 novembre Venise a la forme exacte d'un turbot (*rombo* en vénitien). La *ferrovia* mussolinienne, les aires de parking, en seraient les ouïes et la bouche, l'Arsenal la queue. Le Grand Canal aurait le dessin d'un appareil digestif avec son renversement de siphon qui double en quelque sorte le trajet de la bouche/*ferrovia* au cloaque/San Zaccaria dont la situation, toujours par analogie anatomique, serait absolument exacte. Effectivement Venise fonctionne comme un organisme vivant. Tout baigne dans l'humeur verte de la lagune. Tout s'enroule sur soi-même. Ce labyrinthe crée des distances incertaines, les surmultiplie. Lorsque Napoléon entra dans cette ville fœtale, il eut ce mot : « Comme Attila je te détruirai ! » Il fit remblayer quelques canaux, il ferma la piazza San Marco en y ajoutant un bâtiment comme une écluse entre les Procuraties. Et aussi — c'est un symbole — il centralisa les morts dans un cimetière unique. Venise lui doit son île des morts, belle par ses murs rose et blanc mais lui ressemblant si peu lorsqu'on sait qu'avant son passage les morts demeuraient ensevelis dans leur paroisse au coin de chaque église. S'il en avait eu le temps, il aurait sans doute fait rectifier le cours du Grand Canal ! Ce que les doges avaient scrupuleusement respecté au cours des siècles (la forme naturelle du Grand Canal que personne n'a le droit d'altérer : les façades des palais se plient à ses courbes), Napoléon, lui, l'aurait volontiers sacrifié au rationalisme hérité de la Révolution. Une Venise française n'aurait pu éviter son Haussmann et, plus près de nous, son Pompidou qui, selon son mot, l'aurait sans doute *adaptée* à la voiture. Piazza San Marco : le plus beau « parking » du monde !

A l'inverse de tous les principes d'architecture, Venise tient sur des forêts de pilotis enfoncés sous le niveau de l'eau : pierre sur bois.

Brejnev est mort !

Belle épitaphe dans *les Ambassadeurs* : « Il n'est rien de si magnifique... pour s'imposer à la sensibilité d'autrui que de manquer d'imagination. »

. . . .

vendredi 12 novembre Dîner chez Iva et Toni avec Carlos et un musicien australien qui parle un étrange français, mélange d'accent belge, d'accent anglais et de sifflements pour les mots qui manquent. Il organise à Venise des concerts d'enfants de tous les pays. Il leur enseigne le violon : les plus jeunes ont trois ans à peine. A quatre ans, dit-il, un enfant peut déchiffrer… et jouer. Hospitalité de Toni et Iva qui cet été ont logé dix-huit petits musiciens chez eux.

Vu ce matin, en attendant mon amour, sur le pont qui enjambe le rio de la Croce, une flaque de sang assez large et épaisse. Elle s'était répandue sur plusieurs marches et les passants la contournaient avec un dégoût muet. Certains s'arrêtaient, fixaient un instant ce sang qui ne s'était pas encore coagulé puis repartaient, retournés à demi, une expression d'horreur vague et d'incrédulité sur le visage. Moi, je restais immobile, adossé à la rambarde du pont. Je voyais le quai du rio de la Santa Croce avec le mur rose de la prison et Danièle serrée dans un ciré noir qui s'avançait vers moi dans les triangles jaunes du soleil.

Déjeuné sur les Zattere à la terrasse ensoleillée de chez Gianni. Chaque fois — et peut-être cette fois-ci plus que toutes — je *touche* à une sorte d'extase où tout en moi s'apaise magiquement. A quoi cela tient-il ? Il me semble soudain atteindre à la dimension unique : plus de cet arrière-plan d'angoisse perpétuelle, je suis ici entier, près de Danièle dont les yeux frappés un peu de biais par le soleil prennent cette couleur d'or chaud que j'aime tant. Nous sommes assis côte à côte, face à la large passe de la Giudecca. Entre nous et l'eau, juste l'espace du quai où vont des gens (qui échangent des *ciao ciao !* pareils à des miaulements), des enfants, des petits chiens avec leurs muselières d'osier. Les pontons se lèvent et descendent, posés sur l'eau. Envol de pigeons, d'oiseaux de mer. En face, le Redentore rose et blanc, les quais austères de la Giudecca. Quelques cargos délestés reviennent de Mestre. Tout a un air de laisser-aller, de désordre — ce désordre des maisons d'artiste.

Vu tout à l'heure la sentinelle marchant dans le brouillard sur fond de projecteur orange. Quelques pas, demi-tour sur la passerelle du mirador et retour et retour... Je pensais à ces vers français cités par Dostoïevski :

Je vis l'ombre d'un cocher
Avec l'ombre d'une brosse
Frotter l'ombre d'un carrosse.

Ce soir le brouillard pue la chimie. Il s'insinue par les fenêtres fermées dans la chambre d'en haut.

....

dimanche 14 novembre Hier soir vu les tableaux de Carlos Revilla dans son atelier. Chaque tableau est un lieu clos obsessionnel : femmes à la peau nue marquée de cicatrices profondes, aux épaules ou aux jambes. Ce qui donne à la chair une incontestable épaisseur — on ne peut oublier la viande sous la peau lissée. Beaucoup d'accessoires entourent ces corps, les musellent, les aveuglent, les brident. La facture ingresque, d'un soin fou, oblige à accepter les thèmes déployés comme des calques incontestables de la pensée secrète du peintre. Le sujet central est toujours théâtral, mais parfois, dans un coin, une figure secondaire prend tout à coup un relief de simplicité : une petite fille assise ou une femme de dos penchée à la fenêtre... Comme toujours, de voir de la peinture dans un atelier, de la peinture en train de se faire, me ramène à mon expérience personnelle, à mes interrogations au sujet de cette sorte de suicide qui me fit fermer mon atelier. Je m'étonne du sentiment de délivrance éprouvé à travers l'écriture. Découverte de l'immatérialité des choses nommées. Maîtrise du temps. Et surtout ce soulagement à ne plus produire de l'encombrement. Désir réalisé d'allégement physique. Le mot *suicide* est mal venu. Je devrais dire *naissance à une seconde vie.* J'en souhaite sept comme les chats !

Ce matin au réveil, tirés de l'engourdissement par les cloches du Redentore. Bavardage ensommeillé, retrouvailles matinales imprégnées de tristesse sous le coup de la conversation d'hier après-midi. Quelque chose dans cet appartement nous met mal à l'aise. Nous ne nous y sentons pas libres. A *la Béate*, nos sens parlent sans contrainte. Ici, nous sommes soumis à la proximité du psy, de sa famille, des domestiques. Profondément, violemment portés l'un vers l'autre, ici nous sommes inquiets, nous restons sur le qui-vive en quelque sorte.

Dans deux jours nous rentrons à *la Béate*...

Fini ce séjour à Venise.

Sieste cet après-midi. Volupté. La conscience s'en est allée complètement : on aurait pu nous massacrer sans que nous le sachions.

« Oui, mais il faut une base solide aux choses.

— Ma base, ça me semblait être justement ce qu'apportait la beauté de cette femme.

— La beauté de sa personne ?

— Ma foi, sa beauté en tout. L'impression qu'elle fait. Elle est si diverse, et pourtant si harmonieuse. »

Toujours James.

. . . .

lundi 15 novembre Sur le départ.

Une idée : L'histoire d'un peintre qui se serait enfui d'un pays où l'intolérance va jusqu'à interdire la reproduction ressemblante du visage humain. Il aurait représenté sur un tableau les principaux intellectuels de son pays. Déjà, l'idée même d'un tel tableau déplaisait *a priori.* On le lui avait fait savoir mais il avait eu l'imprudence de poursuivre. Rarement portraits avaient été menés à ce point de ressemblance. Durs, terriblement vrais ! L'œuvre exposée fit scandale. Le lieu de l'exposition fut fermé et les visages sur le tableau furent noircis par des policiers. Le peintre s'enfuit et, réfugié à Venise, il sombre lentement dans la folie. Il voit des hommes à ses trousses partout.

. . . .

La Béate

vendredi 19 novembre Dans la masse du courrier qui nous attendait, une lettre d'Etchart d'une solitude et d'une tristesse qui m'abattent. Le manuscrit de son dernier livre a été refusé par son éditeur.

. . . .

samedi 20 novembre Repris la vie ici après quelques jours de réadaptation. Déchirement de n'être plus à Venise... et, à la fois, une sorte de certitude retrouvée de la vie à travers les sens. Certitude de l'existence physique qu'il me semblait avoir un peu perdue à Venise où l'imagination constamment exaltée vous déplace hors de vous-même.

En vérité, la maison, le vallon, les arbres fastueux jusqu'au fond du vallon, l'usure (je veux dire l'usure par nous, usure des choses par nous : murs frottés à hauteur de l'épaule, de la main, sentiers tracés à force à travers les berges, cette table polie à force par mon coude, par ma main, par le papier posé et repris, etc.), c'est ça qu'il est bon de retrouver comme la pesanteur terrestre est bonne — mais en même temps ce vallon si doux, si à nous, si nous, m'effraie par sa splendeur virgilienne, sa puissance de *rassurement* irremplaçables. Maintenant, une sorte d'écran est tendu en travers de notre esprit (je dis *nous* car je sais Danièle tout aussi habitée par le rêve d'eau et de pierre). Venise est ici — comme le vallon était là-bas —, Venise est en nous et nous comprenons que, depuis plus de vingt ans que nous vivons ici, c'était Venise déjà ici par l'italianité, la décrépitude, la décadence, la souplesse. *Aquatisme* des arbres choisis et plantés par nous, roseaux au feuillage de pluie, choix du frémissement, du non-rigide, nostalgie qui imprègne toute chose présente lorsqu'il y a amour. Hors du temps, hors des lois. Disons que cette sorte de merveilleuse « inadaptation sociale » participait, sans que nous le sachions, de l'esprit inadapté de Venise. Tout ça assez confus en moi.

Susciter les mots qui me parleront.

Repris avant le dîner *le Lys dans la vallée* où je trouve : « Mais aimer, tête levée, à contresens de la loi... »

Dans le train entre Nice et Cannes : premier contact avec la réalité non vénitienne : une voix dans le haut-parleur : « Nous avisons les usagers qu'à la suite d'une panne les *prestations* de chauffage ne pourront être fournies avant une vingtaine de minutes. »

Nous avons dû lutter avec les portes automatiques du wagon qui, à plusieurs reprises, nous ont coincés. Le cœur étreint de retrouver un monde si propret, si rangé, si haut du col.

....

dimanche 21 novembre Je disais : Bonheur de retomber à *la Béate* dans la décrépitude à l'italienne. Mais à peine arrivés le maire vient me trouver : il souhaiterait m'avoir (me coucher) sur sa liste aux élections. Argument : « Vous pouvez nous aider à lutter contre les agents immobiliers, etc. » Bien sûr, pas question ! Je sais quels lotissements nous attendent ici, quelles routes rectilignes, quelle expansion... quels crimes. Depuis le feu, ces terres sont maudites, destinées à n'être plus terre mais socle de construction. Depuis cette affreuse secousse où la nature s'est montrée *nature* — donc fléau —, les mots de la nostalgie n'ont plus de sens. Ils se sont fanés, je me prends à les détester, ils me dégoûtent comme une incontinence sénile. Quoi qu'on en dise, on ne revient pas à l'enfance, et lorsqu'on y retombe ce n'est que par une atroce caricature. Le tombeau ne sera jamais un berceau — commes les Maures maintenant pelées, envahies par les chantiers, ne retourneront jamais à leur splendeur originelle.

Cette île des Maures où nous avons passé tant d'années d'émotion, toi et moi, nous l'avons découverte « intacte » à la faveur d'un hiatus de l'histoire. Elle vacillait immobile. Ce vacillement a duré pour nous le temps d'un fort bonheur. Mais nous savons maintenant son avenir. Et nous, nous nous emporterons là où notre cœur s'est emporté. Venezia !

. . . .

lundi 22 novembre Hier Monique et Manuel de Lope. Parmi les rares amis avec lesquels nous nous savons hors de l'explication.

Aujourd'hui nous avons commencé à brûler les feuilles mortes dans la châtaigneraie. Ce soir pendant que j'écris, odeur de mon pull imprégné de l'acidité de la fumée.

Nous entrons lentement dans l'hiver.

Ce matin j'ai commencé à retaper dans la véranda les premières pages de ce journal.

. . . .

mardi 23 novembre Avant-hier matin, en attendant Monique et Manuel, je suis monté dans la pinède brûler les tas de branches que j'avais sciées sur les pins touchés par le grand incendie. De là j'apercevais le pignon doré de la maison parmi les cyprès et les eucalyptus. Délicieux réconfort de savoir Danièle dans la maison... moi ici. Un simple appel de voix peut nous jeter l'un vers l'autre. La douceur de ce vallon m'effraie. Effroi d'être si violemment pétri d'un lieu. Je devrais dire *avec* un lieu en pensant à la gigantesque main d'un dieu bénéfique qui nous aurait comme imprimés ensemble dans ce creux de terre. En jetant les branches sur le brasier, une pensée obsédante commençait à me faire souffrir. Tout travail de cette sorte laisse l'esprit vacant, s'y précipite en général le malaise des choses irrésolues. A chaque geste qui me faisait prendre une branche sur le tas, la traîner et la jeter dans le bûcher, correspondait une effroyable sensation de délabrement social, de solitude, d'injustice inouïe. Cette occupation que j'ai toujours aimée prenait ce matin-là une couleur inattendue. Plus de joie à cela. Un simple devoir de nettoiement terrien. Pourtant j'étais entouré de fumée mauve parmi l'or des feuillages... plus haut le ciel hésitait entre le rose et le bleu pâle... des mésanges, des sittelles, un rouge-gorge d'une extrême familiarité dans les basses branches des pins... Douceur sans mièvrerie de senteur de terre pourrissante. Cette fois le plaisir était détruit par une soudaine obsession : l'avocat K. était en moi. Comme en transparence sur mon regard je voyais sa moustache, son crâne brillant. Il m'occupait de sa présence *sociale*, je devrais dire de sa *surface sociale.* Et à chaque branche que je jetais dans le feu, l'avocat K. ricanait au fond de moi et chuchotait : « Tu perds ton temps à ce plaisir, moi pendant ce temps j'élargis mon pouvoir et je gagne les procès. » Ces paroles étaient aussi nettes que ça. Le feu claquait, agitait les branches mortes, et l'avocat K. se moquait de mes mains blanches que la résine tachait. Pourquoi cet effroi à la pensée de l'avocat K. et non au souvenir de son client C.L. ? Et je pensais à Venise l'année dernière, à l'état d'égarement mental où m'avait jeté ce procès mené par K., l'avocat. Venise-refuge que je parcourais, le cœur (le muscle) oppressé de douleur secrète, avec toi, ma chérie, Venise que j'avais en quelque sorte abandonnée à ta sensibilité et que tu me rendais par réfraction. L'avocat K. était là en moi comme un parasite à l'intérieur de ma poitrine, il déployait sa puissance à Paris pendant que moi je marchais dans les allées du plaisir, habité de juges d'avocats d'huissiers... les larmes pas loin... suspendu en quelque sorte à tes émotions, mon amour.

Des Français m'abordaient, ils avaient lu mon livre. Ils étaient scandalisés par la rumeur de ce procès.

Puis nous étions revenus à *la Béate.* Des huissiers, des vrais, nous y attendaient. L'ex-beau-frère, C.L., continuait à vouloir lacérer mon livre. N'ayant pu le faire saisir il exigeait de tout son poids social qu'il soit amputé. Il réclamait carrément que soient supprimés les passages où son nom, ou celui de sa sœur, ou d'un membre de sa famille, se trouvaient cités. Plus cent millions (anciens) de dommages et intérêts ! C'était aussi l'époque des feux de feuilles mortes dans la châtaigneraie. Ce qui est aujourd'hui était hier. Je brûlais des branches, la même fumée coulait dans le vallon... Une voiture monte le chemin. Je vais au-devant d'un petit homme des villes cravaté. Appuyé au capot de sa voiture, je signe le reçu de l'assignation en justice. Après m'avoir dit cette phrase surprenante :

« Quelle honte de vouloir censurer un livre ! », l'huissier repart et je reste debout sous le grand chêne avec dans les mains ce poignard de papier. Pleine de révolte et d'indignation, Danièle s'écarte pour le lire, moi je ne pouvais pas.

Tout ça est terminé aujourd'hui. Le second procès en appel a eu lieu. C.L. et l'avocat K. n'ont évidemment pas obtenu les cent millions de dommages et intérêts qu'ils voulaient m'extorquer (nous dépouiller de *la Béate* ?), mais quelques coupures dans le texte, sanctionnant ma franchise d'écriture. Premier cercle qui contient sa logique : on commence par gommer quelques mots, on *empêche* l'écrivain, on le *réveille* en quelque sorte.

....

mercredi 24 novembre Le Lys dans la vallée, terminé hier soir. Soulevé d'admiration pour la force de l'histoire : on vacille du ridicule au sublime. Dommage que, pour finir, Balzac, d'un coup de pied, rejette tout ça dans le ridicule. Il craignait trop Paris, bien que pendant l'écriture du roman il ait avoué s'être laissé aller à verser quelques larmes — comme Rousseau avec sa *Nouvelle Héloïse* à laquelle il songeait.

Hier soir nous parlions de X.X., de la mocheté de son comportement avec nous. Il nous avait croisés en voiture et poursuivis en klaxonnant. Il se trouvait seul pour quelques jours dans une villa voisine. Nous l'invitons à dîner à la maison. Il ne m'est ni sympathique ni antipathique. A plusieurs reprises il était passé dans la région et chaque fois un « heureux » hasard avait fait qu'il n'était pas venu à *la Béate*.

Comme il a toujours défendu mes livres, instinctivement je préférais qu'il en soit ainsi : certains êtres doivent rester éloignés de vous, on ne peut en dire la raison. Cette fois la visite était inévitable. Nous nous connaissons à peine. Le malaise est entre nous.

Arrivé sur la terrasse, X.X. nous dit qu'il imaginait la maison exactement comme ça, par mes livres, etc. Il entre dans la véranda où nous continuons à bavarder pendant que Danièle prépare le dîner. Il s'attendrit, il dépose ses armes parisiennes. Il boit maintenant enfoncé dans un fauteuil près de la porte-fenêtre. (Ce fauteuil joue le rôle de « divan » dans plusieurs de mes livres.) Et comme beaucoup d'autres avant lui, voilà qu'il se laisse aller à d'émouvantes confessions. Nous sommes gênés puis bouleversés. Nous le réconfortons comme un vieil ami — qu'il n'est pas. Mais secrètement je sais que cet étranger ne nous pardonnera jamais de l'avoir entendu.

En effet, quelques mois plus tard il s'associera à mes adversaires par une lettre personnelle au juge réclamant comme eux la saisie, la censure, la destruction du *Testament amoureux*. Lui qui n'est à aucun moment cité dans mon livre ! Et qui n'a jamais été en aucune façon témoin de ma vie ! Ni mêlé de près ou de loin à ma vie ! Lui qui ne me connaît pas et que je ne connais pas se transforme en justicier !

. . . .

jeudi 25 novembre « Wilson leva les yeux pour lancer entre ses doigts écartés un regard sur l'homme qui avait vu ses larmes, et ce fut un regard de haine » (Graham Greene, *le Fond du problème*).

Doute. Solitude. Silence.

Tout ça à propos du *Testament amoureux*. J'ai éprouvé la nécessité d'écrire ce livre pour essayer de rassembler ce qui jusqu'à présent n'était apparu que par fragments au détour de mes différents livres. Il m'était indispensable de refaire mon chemin justement parce que je l'avais parcouru plusieurs fois déjà de façon fragmentaire par l'artifice, la semi-fiction, le jeu de l'écriture, les renvois non explicites d'un livre à l'autre. Tirer au clair l'image qui pourrait tenir lieu de point fixe à partir duquel toutes mes déformations, je dirais picturales, prendraient sens. Façon imprudente d'ouvrir à mon lecteur toute grande la porte de ma chambre noire. On a voulu m'en punir. On m'en a puni.

L'écriture est un déshabillage lent, très lent... vêtements d'abord, puis peau muscles nerfs viscères jusqu'aux os que l'on finit par nettoyer à blanc. On souffre et on y prend plaisir. Ça se fait dans de grands espaces de solitude, dans une totale perdition, avec de grands lambeaux d'ombre parfois trop opaques... pendant qu'autour les hommes s'affairent, taillent dans le réel, eux, à grands coups.

Je commençais l'écriture du *T.A.* comme un délassement un peu comme ont commencé à Venise les pages de ce journal. Le feu venait de détruire la forêt autour de la maison, le choc nous avait laissés hébétés dans des cendres à perte de vue. Quelque chose de nous venait de brûler : notre peau d'insouciance. Enfoncés jusqu'aux chevilles dans les cendres ! Les arbres morts partout autour, morts ! Saisis dans un atroce mouvement de mort ! Abandonnés par le feu comme des caricatures de vie. Et nous étions devenus tellement mortels par leur mort ! Si nous ne voulions pas nous lamenter, il fallait fuir.

Mais en Bretagne, impossibilité d'écrire, pour moi, stérilisé par le feu. A plus de mille kilomètres de *la Béate* ! J'étais mal, je n'étais plus. Pendant ce temps, Danièle, elle, *écrivait l'incendie.* Entourée d'eau, elle revivait les flammes pour les éteindre définitivement sur le papier. Moi, pendant ce temps, je marchais parmi les flaques. La violence de ce qui venait de nous arriver m'avait coupé de toute écriture. Puis il fallut rentrer dans les cendres refroidies.

La fuite nous avait permis de nous calmer, mais c'est ici, dans les cendres mouillées par les premières pluies d'automne, que nous allions nous reconstruire.

....

vendredi 26 novembre Hier journée de pluie. Délices de la maison chaude. Le feu d'angle croule de bûches incandescentes. Sieste tous les deux dans la véranda dont les miroirs multiplient la profusion de palmes, de fleurs de yuccas mêlées au feuillage pluvieux des eucalyptus. Les chats se toilettent ensemble, pattes arrière dressées : amusante symétrie.

Promenade dans le vent d'est. Tour à travers les collines, à travers les restes de bois brûlés. A part notre vallon, la forêt n'est que chaos de troncs noirs, de branches brisées, de pieux. Désespoir de marcher là-dedans. Nous parlons de Venise, des promenades sans fin... comme ici, *avant*, lorsque « nous marchions par les yeux » à travers les mystères familiers de la forêt. Vivre à Venise ? Pourquoi pas ? Nous nous amusons à l'imaginer. Mais à peine remettons-nous le pied dans le vallon, à peine sommes-nous dans l'allée de mimosas plantés au retour de Bretagne, que nous sommes repris. Repris par nous. Ici tout est nous. Nous, ça ! Nous avons modelé ce pli de terre comme on disposerait des coussins sur une fourrure pour s'y prélasser. Vingt-cinq ans de prélassement parmi ces berges... Vingt-cinq ans d'insouciance cruellement payés par quelques mois de dure bataille contre la forêt morte, brûlée debout, qu'il fallut ensuite abattre arbre par arbre dans un brouillard de charbon. Hurlement des tronçonneuses. Crépitement des brasiers. Des hélicoptères tournaient au-dessus de nous et repartaient. Tout cela avait quelque chose d'héroïque que nous détestions. Mais il fallait faire le net autour de la tanière, dégager le chemin, finir de débarrasser la pente sud du vallon ravagée jusqu'au roc. Puis planter quelque deux cents mimosas. Travail tout aussi dur, tout aussi détestable. Creuser des trous. Déterrer des plants qu'il fallait traîner avec la motte jusqu'en bas du vallon. Planter. Arroser. Remplacer à mesure les pieds morts. Odieuse corvée qui finit par m'épuiser. Je tombai malade. Je rédigeai *le Testament amoureux* la plupart du temps couché. Curieux instinct qui me poussa à reconsidérer ma vie sur ces cendres. Le feu n'avait pas seulement détruit la surface de ce creux de terre, il était entré en moi, il m'avait brûlé plus gravement que je ne le pensais. Il me fallait me réensemencer, me réensemencer de ma propre semence. Me réensemencer de moi. De nous. De quelque chose de nostalgique et d'intime. En véritable sinistré je commençai à repêcher ce que je pus parmi les gravats. Et ainsi, à mesure que le vallon se rétablissait du ravage, le livre, le livre de ma/notre vie se constituait. A travers ces pages qui s'accumulaient sur le divan près de la cheminée d'angle, se dessinait la ligne de chance qui me conduisait vers toi, mon amour, aussi sûrement que « la flèche du désir vers l'autre rive ».

Passé voir Danièle dans la véranda. Elle peint une vue plongeante sur Venise (commencée là-bas) dans des couleurs nacrées. Elle écoute le *Treizième Quatuor* de Beethoven (qu'elle avait entendu pour la première fois dans ma chambre). « Sais-tu, me dit-elle, que Beethoven pleurait en écrivant la cavatine de ce quatuor... et que le public pleura aussi en l'écoutant... ce qui mit Beethoven en fureur ? » Je pensai : larmes de Rousseau, larmes de Rimbaud, larmes de Beethoven, de Goethe, de Benjamin Constant, de Balzac relisant *le Lys*...

. . . .

samedi 27 novembre Ce matin coup de téléphone de Jacques Laval. Il meurt de solitude. Jacques s'est fait prêtre par *amour* des autres. Mot *suspect* dès qu'il est question d'un religieux, encore plus suspect lorsqu'il est homosexuel. Il dit son besoin d'amour et surtout il l'écrit. Ses livres sont des histoires d'amour. Il aime sensuellement des hommes. Il le montre. Il dérange. Il est combattu, non pour ce qu'il dévoile, mais pour son acte de dévoilement. Celui qui déchire l'enveloppe de sa vie, par cet acte même, déséquilibre la pyramide des faux secrets.

. . . .

lundi 29 novembre En écrivant le *T.A.* j'avais tenu à ne pas tomber dans cette prudence qui fait reconsidérer chaque mot non pour sa force propre mais au regard de la force sociale de celui que ce mot qualifie. A aucun moment je ne me suis soucié du fameux « retour de bâton », au contraire même, plus ceux dont je parlais avaient de surface sociale, plus je me sentais libre de mes opinions — comme, inversement, ceux que la vie avaient laissés dans l'ombre m'obligeaient à la plus attentive discrétion.

Ce manuscrit, nous l'avions lu tous les deux, ensemble puis séparément, et relu ensemble encore une fois. Systématiquement j'avais écarté ces sortes d'anecdotes qui viennent d'elles-mêmes, ces sortes de petites indiscrétions auxquelles il est difficile d'échapper lorsqu'on écrit le premier jet de Mémoires qui couvrent un demi-siècle. Et à la relecture, Danièle avait été pour cela encore plus vigilante que moi. Certains portraits trop durs avaient été adoucis. Mais je ne me suis pas empêché de parler passionnément de tout et de chacun.

Avant-hier, promenade dans le brouillard parmi les châtaigniers aux troncs vissés, écrasés sous la lente pression des siècles. Pendant que nous marchions hors du temps, hors du monde, nous parvenaient depuis la route des crêtes les clameurs des Renault formule cinq à turboréacteur. Le Rallye du Var venait de commencer à des siècles de distance de cette forêt médiévale... et en elle pourtant ! Les coureurs tourneront toute la soirée, toute la nuit et une grande partie du dimanche par les routes forestières dorées de feuilles. Je ne peux m'empêcher d'être attendri... est-ce le mot ? par ces jeunes primitifs, ces barbares surgis de l'asphalte qui pour communiquer possèdent au maximum une trentaine de vocables. Le *dialogue* qui tient de la danse sauvage et du cri s'établit pour eux par la *musique* des reprises de cette chose d'acier qui souffre et pousse d'atroces beuglements dans ces défilés où les dernières pluies ont précipité des cascades.

Au retour de la balade, nous passons par le village où se sont rassemblés des quantités de « supporters » en survêtements publicitaires. Ambiance qui me fascine. Songé un moment écrire un roman qui se passe dans ce monde à la lisière d'une nouvelle histoire humaine. Quelques courts chapitres sont devenus les nouvelles de *la Table d'asphalte.*

Ceci écrit le soir dans l'étrange paix de cette pièce où le feu d'angle palpite comme un muscle de braises.

Norma. Callas. Danièle sur le divan révise ses leçons d'italien. Le chat s'étire et cligne ses yeux d'or. J'écris... encore imprégné des foudroyants plaisirs de cet après-midi passé à *siester* dans la chambre... Est-ce possible tant ! mon amour...

....

mardi 30 novembre Mon adolescence dont il ne me reste qu'un écho triste, un souvenir de vague grisaille où tout ce qui aurait pu saillir a depuis longtemps été recouvert par la poussière.

Quelques pas dehors dans les senteurs d'eucalyptus .... Je reviens à cette table et finalement je ressors.

mercredi 1er
jeudi 2
vendredi 3 décembre Deux journées consacrées à Jacques Laval. Avons été le voir à Cannes avant-hier. Hier il est venu avec R. et sa femme. Jacques refuse de vieillir. Tout son être se révulse, se débat contre l'encerclement de l'âge. Mais il semble plus apaisé que dans ses lettres. Pour fuir la solitude de Paris, il est venu dans le désert cannois. Pendant le déjeuner il nous parle de Diaghilev qui avait refusé de suivre Nijinski à New York par crainte de la traversée. (On lui avait prédit qu'il mourrait noyé.) Lorsque Nijinski revint en Europe, Diaghilev ne l'attendait pas au Havre. Quelques jours avant il s'était noyé dans la lagune... sa gondole se serait retournée. (Ce qui est faux, paraît-il.)

Pendant le repas il est beaucoup question de la mort mais sur un mode comique. La conversation de Jacques est rapide, d'une gaieté pathétique. On rit mais la tristesse n'est jamais loin. Histoires de dispersion de cendres. Je transpire, la tête me tourne. Trop de monde dans le restaurant. Je dois être très pâle car Danièle s'aperçoit de mon malaise. Je sors un instant sur la Croisette et reviens apaisé. Danièle et Jacques parlent maintenant de James, de *la Bête dans la jungle.* Danièle donne une explication très belle au mystère de cette nouvelle : le héros dans le cimetière envie le chagrin de l'homme en pleurs sur la tombe d'à côté. Il est jaloux de son chagrin car lui n'éprouve rien.

Nous prenons la voiture jusqu'à Vallauris pour voir la donation Magnelli. En route Jacques nous parle de son extrême solitude. De temps en temps il rencontre des jeunes types qui finissent tous par le taper et disparaître. Il le ressent chaque fois comme un échec sentimental. Il nous raconte une histoire : Un scorpion piquait tous ceux qui se trouvaient à sa portée. Excédés, les animaux décident de le tuer. Ils le pourchassent. Mais dans sa fuite le scorpion se trouve arrêté par un marécage. Voyant une grenouille il lui dit :

« Prends-moi sur ton dos et passe-moi de l'autre côté.

— Pourquoi aurais-je confiance en toi ? A peine seras-tu sur mon dos que tu me piqueras.

— Comment aurais-je la bêtise de te piquer, tu coulerais et moi avec toi.

— Juste ! dit la grenouille. Allons, monte et tiens-toi bien. »

Elle nage. Arrivée au milieu du marais, elle sent la piqûre du scorpion.

« Pourquoi m'as-tu piquée ? dit-elle au moment de mourir.

— Je ne peux pas faire autrement », répond le scorpion dont ce furent les derniers mots.

Vu la peinture de Magnelli. En ai ressenti un refus profond. Le spectre si lugubre, si appliqué de l'école de Paris des années quarante-cinq/soixante se dresse dans les salles vides ! Heureusement nous descendons un moment dans la chapelle voisine pour voir le grand barbouillage narquois de *la Guerre et la Paix*. Le vieux Picasso s'est amusé à jeter sur les murs quelques personnages allégoriques esquissés à grands coups de brosse. Ici, l'acte en soi nie la chose. C'est de la vie, de l'humour, c'est de la désinvolture déposée. On pense à l'été, à la chaleur, à la paresse. Il y a une sorte d'euphorie dans les stries et les éclaboussures de la brosse, un refus du faire, du bien-faire.

Revenus à Cannes pour voir le film d'Antonioni, *Identification d'une femme*. Touché par une scène qui se passe à Venise dans l'hôtel Gritti (cher à Tchekhov). La comédienne dit à l'homme (au héros) une fois, deux fois, trois fois peut-être : « Tu es mon amour. » Larmes au bord des cils.

. . . .

samedi 4 décembre Impression de ne pas saisir l'essentiel. J'écris sur la vie pendant que la vie continue autour. Écrire c'est se mettre à côté — donc un journal ne peut se développer qu'en marge. Je suis écartelé entre plusieurs temps. Le matin, j'écris la veille, l'avant-veille, le moment. Et le soir, je tape Venise il y a un mois. J'essaie de me rattraper mais autant j'arrive à m'intéresser à ce qui vient au jour le jour, autant me déchiffrer à un mois d'écart me remplit d'ennui.

Visite de Jacques et Régis. Choc reçu au spectacle de tant de beauté frappée d'immobilité. Histoire que l'on saisit de l'extérieur et dont les images s'enfoncent en vous comme un fer. A dix-huit ans, un accident de voiture lui laisse les jambes mortes. Même la liberté de ses bras et de ses mains est atteinte. Maintenant il a trente-cinq ans : dix-sept ans de chaise roulante. La beauté réellement angélique de son visage dit la grâce, l'élégance du corps qui, bien qu'enchaîné, continue à se mouvoir sur un mode de grâce parallèle. Même ses mains déformées restent belles — car elles sont reliées à ce visage, elles le prolongent. Ses jambes longues, croisées sur l'appui de la chaise, sont élégantes — bien qu'absolument inertes. Il se tient assis dans une pose aérée, aérienne, la mort qui l'a frappé par le bas, au lieu de l'alourdir, l'a mis en quelque sorte au-dessus du poids des choses. Il glisse hiératique et souple sur les roues silencieuses, accompagné dans cette avance liquide par sa jeune femme qui, avec adresse et comme par jeu, fait franchir à cette chaise étincelante les petits obstacles au ras de la terre. Il conduit sa voiture, se glisse de la chaise au volant avec une souplesse juvénile, toujours comme si tout cela n'était qu'un prétexte à continuer avec la complicité de sa jeune femme un étrange jeu d'enfance. Pendant le repas, devant le feu, dans cette pièce où j'écris ce matin, Jacques a évoqué la vision inoubliable de sa rencontre avec Régis : Il se trouvait à une fête donnée par un écrivain dans un grenier lorsqu'il avait vu surgir par un escalier abrupt un magnifique garçon portant dans ses bras cet adolescent d'une vingtaine d'années. Refusant l'horreur de l'accident, les deux frères continuaient à partager la vie dorée qu'ils avaient toujours eue.

Repas plein de gaieté où cependant chaque geste de Régis appelait l'admiration et la révolte.

Lu avec une sorte d'ivresse *la Salle nº 6* de Tchekhov.

Amusé, rétrospectivement, d'une conversation que nous avons eue hier soir tous les deux au sujet du questionnaire d'un journal féminin : « Quelles femmes incarnent pour vous la séduction ? » Pendant que nous bavardions et riions sur ce sujet, je pensais à part moi avec un réel vertige que j'avais le privilège d'être *en ce moment même* devant celle qui incarne pour moi la séduction.

En toi toutes les amantes
Réunies à la fois
En un seul corps pour moi.

Je me dis : Le jour où je l'ai rencontrée, *sa réalité* est venue recouvrir les images, les élans, les nostalgies. L'imaginaire et le réel se sont immédiatement confondus en elle. Voilà trente ans que je pense : Elle est telle que j'aurais pu l'imaginer si je ne l'avais pas rencontrée. Je lui dis souvent : « Sais-tu que si je ne te connaissais pas, je te suivrais dans la rue et je te parlerais ? » A Venise surtout, où elle m'apparaît soudain étrangère et tellement désirable en ces lieux étrangers. Elle correspond à quelque chose de mystérieux en moi, quelque chose d'indéfinissable et de très fort. Je suis extrêmement réceptif à son rayonnement. Je sais l'incontestable *beauté* de ce que j'avoue là.

....

dimanche 5 décembre Méfiance pour les phrases sorties du texte. Relevé dans un article consacré à Proust cette citation : « La souffrance met en marche, elle est la meilleure chose que l'on peut rencontrer dans la vie. »

Après avoir lu *la Salle n° 6* de Tchekhov ou *En déportation*, on éprouve une certaine méfiance à la vue du mot *souffrance* employé dans le sens d'un mieux possible. Cette idée chrétienne, le docteur Tchekhov la combat de toute la force de son expérience ; il s'oppose à Dostoïevski, il dit à Dostoïevski :

L'homme ne s'enrichit pas dans la souffrance, il s'y perd et s'y abrutit — qu'elle soit physique ou morale. Dépassé un certain seuil, l'homme devient la chose de sa souffrance. La souffrance est négative. Que certains la surmontent plus ou moins... s'arrangent en fait pour cohabiter avec elle, est admirable, comme est admirable l'homme qui, tombé à la mer, nagera jusqu'à épuisement de ses forces.

Le docteur Tchekhov montre cette sorte de souffrance dont on ne peut rien tirer : ni art ni élévation de l'âme, et qui descend l'homme au niveau zéro. La souffrance n'est en aucun cas une école d'humanité.

En voyant Régis sur sa chaise roulante, je pensais à cette autre citation de Proust : « Les années heureuses sont des années perdues. » Elle se retournait d'elle-même. Régis porte sur lui la lumière de ses années heureuses d'avant comme un viatique. Sa beauté, sa grâce sont comme une surprésence, elles témoignent de l'avant-souffrance, elles sont le grand répit d'avant que Régis transporte sur lui comme un fragment de ce qu'il a été. Son *port* dans l'immobilité, il le tient en souvenir des grâces du mouvement. Il a été arrêté en plein mouvement comme un danseur sur une photo instantanée — mais la photo d'un envol contient l'avant et l'*après.* Régis, lui, vit sur l'énergie de cet avant et poursuit une danse immobile. De même pour Monique Prunier, cette ancienne étoile des ballets Katherine Dunham, foudroyée par la poliomyélite à vingt-trois ans. Elle aussi sur une chaise roulante. Elle, depuis plus de trente ans maintenant ! Et qui vit, et qui bouge son buste, ses mains admirables. Et qui rit et sourit sur son capital de grâce et de beauté d'avant. Beauté noire sur sa chaise chromée, entourée de chats somalis. Pour Monique comme pour Régis, les années heureuses sont des années sauvées. De même sont irréversibles les années malheureuses de l'enfance.

On les transporte avec soi jusqu'à la fin. Elles vous ont marqué du signe plus ou du signe moins.

....

lundi 6 décembre Visite impromptue hier soir de Nata et Lal Minor. Ils sont russes et leur propriété n'est pas très éloignée de la nôtre. Que leur propriété soit proche me mettrait plutôt en retrait ; qu'ils soient russes me jetterait au contraire vers eux. Ils sentent et mon inquiétude de voisin et cette sympathie de fond pour ce qu'ils représentent pour moi de familier. Ce qui leur permet de jouer de leur tact. Ils écrivent l'un et l'autre, vivent à Paris et se replient de temps en temps ici, sur leur terre (comme on le disait des barines de Saint-Pétersbourg) dont ils tirent leur vin de table, leurs citrons, de l'huile d'olive et des amandes. Très tchékhovienne cette petite Russie méridionale reconstituée dans ce coin de Provence. On s'y sent à l'abri parmi les vignes et les oliviers, on boit du thé sur des plaids dans l'herbe, et on parle fort subtilement de Pierre le Grand à propos de ma pièce.

Ça fait peut-être une dizaine d'années qu'ils ont leur « datcha » non loin de chez nous mais ce n'est que l'été dernier que nous nous sommes laissés aller à nous « fréquenter ». Jusqu'à présent j'avais toujours évité de voisiner de trop près. Il me faut à toute force préserver cette illusion (qui devient de plus en plus une illusion) que nous sommes perdus, hors d'atteinte, quelque part dans les bois.

Nos amis venaient puis repartaient, nous les savions à Paris, et nous, nous nous savions ici. Ces présences bien que lointaines nous soutenaient, nous préservaient. Ces visites souvent brèves suffisaient, elles renouvelaient le pacte d'amitié par ces moments passés ensemble à partager quelques repas et à parler. Il nous plaisait d'être admis par certains tels que nous sommes, à part, oui, à part !

La solitude à deux ramassée autour de la création donne un sentiment d'invulnérabilité, de conquête vitale, sorte de griserie forte où les sens, l'imagination, l'intelligence sont en continuelle invention. Cet échafaudage artistique aide à créer. Vie et création s'enlacent jusqu'à faire un tout baroque : miracle de plaisir et de tension.

....

mardi 7 décembre Hier matin sommes retournés à Cannes déjeuner chez Jean-Claude Vignes avec Jacques. Il a soixante-douze ans. Il voit la mort approcher. Il ne veut pas que tout soit joué, il veut aimer encore, il a un besoin fou de contact physique. Il a besoin encore de susciter l'amour. Nous avons parlé du Caravage à propos duquel il écrit en ce moment. Jean-Claude a feuilleté un livre de reproductions et Jacques désignait à mesure les « mauvais garçons » pareils à ceux qui, sur une plage romaine, ont écrabouillé à coups de planche cloutée le visage de Pasolini. Persuadé en l'écoutant que Jacques se demande sans cesse s'il ne devrait pas tout lâcher pour aller se perdre et mourir dans quelque bas-fond. Sa trajectoire devrait immanquablement le conduire à cela — comme celle de Tolstoï devait, par un chemin inverse (mais pas si inverse que ça après tout), jeter le vieil homme hors de Iasnaïa Poliana pour mourir pieds nus dans une petite gare enneigée. Comment ne pas admirer ceux qui bravent tout et ne se contentent pas ?

Il pleut ce matin. Le vallon est comme suspendu dans le brouillard. Les eucalyptus que j'aperçois d'ici ressemblent à des chevelures mouillées.

. . . .

mercredi 8 décembre Jusqu'où, jusqu'à quelle limite peut-on s'autoriser à tracer le portrait d'autrui ? Jusqu'à quelle limite peut-on s'autoriser le témoignage ? Jusqu'à quelle limite, si vous vous remémorez votre vie, vous donnerez-vous le droit d'y mêler ceux qui l'ont infléchie en y pénétrant ?

. . . .

jeudi 9 décembre Matin.

Chaque soir je retape à la machine les pages écrites à Venise. Déprimé par cette forme d'écriture qui m'écartèle dans tous les temps. Bizarrement rien ne vous jette hors du temps comme un journal. L'écriture romanesque, au contraire, vous accroche à la réalité : ce qui s'écrit, à quelques détails près, ne peut être autrement. L'imagination vous laisse peu de choix. L'invention romanesque n'est pas de la vie, plutôt un concentré de vie mâchée, un rayon très fin, très puissant, qui contiendrait une accumulation d'énergie considérable, tandis que le journal rendrait compte de la dilapidation de l'énergie par les multiples frottements de la vie. Le journal vous laisse le choix. Le choix parle. L'écriture d'imagination, non, car le mot jailli du vide est action énergie mouvement, il vous jette sur le suivant et de mot en mot vous découvrez le tracé d'un dessin inconnu.

Depuis notre retour ce journal me paraît inutile. Pourtant il se passe ici autant d' « événements » qu'à Venise. Mais je ne ressens pas ici la nécessité de noter, de faire un choix, de mettre quoi que ce soit en relief. Chaque journée de notre vie ici est un tout compact. Le glissement est continu, rien ne peut y être divisé — pas plus en nuits, en jours qu'en heures. Bien sûr il y a ceux qui viennent, ceux que nous allons voir, il y a le courrier, les coups de téléphone, mais presque rien n'entame cette densité sensuelle de la vie. Les moments heureux n'ont pas d'histoire. Cependant c'est justement ce non-dicible qui me pousserait à poursuivre chaque matin ce journal vu d'ici. A Venise les lézards courant sur les tuiles me semblaient assez étonnants pour être signalés — et les lézards d'ici non. La lumière sur la passe de la Giudecca m'obligeait à la retenir dans une métaphore — et la lumière d'ici non. Là-bas je me réveillais en pleine nuit angoissé par mon incapacité à créer — et ici non. A Venise l'écriture d'un journal me paraissait naturelle, amusante, pleine d'imprévu — et ici sans grand intérêt.

Il y a quelques jours encore, parler des incroyables ennuis que m'avait valus le *T.A.* me mettait en joie. Il me semblait que lâcher tout ça sur le papier me délivrerait. Et puis l'espoir est tombé et je ne vois plus la nécessité de remuer tout ça. Donc nécessité de ce journal, ne serait-ce que pour en arriver à cette conclusion. Nettoyage par une écriture fragmentaire.

. . . .

vendredi 10 décembre

Béatifiques esprits se joignant
comme en un frêne en Ygdrasail.
Baucis Philemon.
Castalie est le nom de cette fontaine en le repli du mont
la mer dessous,
mince plage.

... en souvenir du cimetière de Venise, ouvrant au hasard les *Cantos* dans une édition numérotée de l'Herne à laquelle sont jointes des lithographies de Bram Van Velde et de moi (du temps où je peignais).

Cantos, musée universel que seul un Américain pouvait réunir avec cette tendresse pour les cultures antiques.

le tirage de la gravure dépend
en partie de ce qui pressé dessous
le moule doit retenir ce qu'on verse dedans.

Pound qui, par dégoût de l'usure et de l'aculture américaines, devient fasciste, lui si américain pourtant par son éclectisme, son égal enthousiasme pour les œuvres antiques et modernes, ne voyant en toute culture que les tenants d'un même arc où l'art et l'économie s'entrelacent.

Exemple de la barbarie culturelle américaine se transformant en boulimie délirante : la National Gallery of Art de Washington, « le plus jeune et pourtant le plus spectaculaire des grands musées du monde ».

Autour des années 1835, un millionnaire anglais qui n'avait jamais mis les pieds en Amérique légua sa fortune aux États-Unis en signe de mauvaise humeur contre la Couronne qui prélevait un pourcentage considérable sur les héritages. La seule condition : ce legs doit servir à l'édification d'un musée à Washington. Comme la plupart des chefs-d'œuvre universels se trouvent déjà dans les grands musées du monde, les Américains décident de construire un super-musée en forme d'Acropole — où le Parthénon serait une fois et demie plus grand que l'original puisque « plus c'est grand mieux ça vaut ». Dans ce décor grandiose on exposera les copies grandeur nature (ou peut-être un peu plus grand que nature) des plus célèbres tableaux de la planète. Ce projet dément fut vite abandonné. Une sorte de temple grec sera quand même construit, mais, grâce à une émulation astucieusement menée parmi les milliardaires yankees, ce sont des œuvres uniques, véritables, que l'on finira par y accumuler. Il ne fallut pas cent cinquante ans pour passer du projet de musée en toc au « plus spectaculaire des grands musées du monde », comme le qualifie son conservateur actuel. Les derniers chefs-d'œuvre classiques encore dans les collections privées furent pourchassés à coups de dollars.

Cette folie du musée se traduit chez Pound par une superbe mégalomanie : fusion de la culture universelle transcendée en un poème unique. S'il fallait envoyer hors de notre galaxie, dans le plus petit volume possible, un témoignage de notre humanité, ce sont les *Cantos* que l'on devrait placer dans la fusée du souvenir.

Pound parle de l'écrivain comme d'un homme doué d'une immense curiosité.

« Le passage d'une émotion reçue à son enregistrement, à sa mise en place, voilà ce qui réclame toute l'énergie d'une existence. »

. . . .

samedi 11 décembre Me suis réveillé ce matin avec la nostalgie de Rapallo. (Toujours à propos de Pound.)

Hier soir lu divers textes de lui. Me suis trouvé replongé dans une époque — derniers éclats du surréalisme — que j'ai eu la chance de vivre à travers Mony de Bully et ceux qui faisaient de Paris une ville d'énergie créatrice. Le langage de Pound est « impitoyable » — comme l'était celui de Breton, d'Artaud, d'Adamov, de Picasso, de Bataille, de Tzara, de Céline, d'Henry Miller, etc., toujours au bord de l'insulte. L'indignation claque dans les mots. Combien loin de la prudence actuelle. Le moindre journaliste croit être un Céline mais sait-il que son argot lèche ?

. . . .

lundi 13 décembre Rêve de serpents.

. . . .

mardi 21 décembre Huit jours passés à retaper ce journal. Enfin je me suis rattrapé ! Maintenant je pourrai mettre au propre le soir ce qui se sera écrit le matin.

Huit jours passés aussi à la dernière lecture (Danièle de son côté, moi du mien) de *la Loi humaine.* Ultimes corrections suggérées par Danièle. Impression qu'elle aurait quelque chose comme un an d'avance sur moi dans la sensation du texte. Elle décèle des négligences là où je ne les vois pas encore, des faiblesses de construction là où j'hésite sans réussir à trouver le lieu du fléchissement, des maladresses là où je viens d'apporter quelques modifications malvenues ou trop tôt venues. Je pense à notre proximité dans le décalage — moi qui écris, elle qui lit. Coïncidence qui trouverait *ici*, sur ce lieu de papier, le point de rencontre, je dirais ironique, de nos sensibilités.

Donc, huit jours pour moi de crise, d'extrême malaise. Je laisse chaque matin Danièle dans la véranda ensoleillée. Je l'abandonne avec le manuscrit. Elle lit, allongée sur le divan, les feuillets recouvrant ses jambes, ensevelissant même les chats qui ronronnent près d'elle. De mon côté, je revois certains passages du manuscrit que je retape une dernière fois... ou bien je reviens à ce journal que je tape aussi. Je suis rongé, morcelé. D'un côté le manuscrit que je devais envoyer lundi chez Grasset (hier, chose faite) à Z. qui le sollicite, de l'autre ces pages accumulées sur ce cahier dont je veux avoir maintenant la frappe nette.

A tout moment je sors, m'astreignant à une troisième tâche, celle-là de diversion (qui, elle, me donnera une satisfaction totale par sa bêtise utilitaire) : je refais le chemin à coups de pic et de pioche. Quelque deux cents mètres de roc à réduire en morceaux, de terre à déplacer, de dur concassage. Après chaque séance de lecture, Danièle descend le chemin maintenant superbe, ratissé comme une allée de parc, elle court dans le soleil d'hiver, elle se réjouit et du chemin et du manuscrit. Nous remontons l'allée de mimosas en parlant du livre du livre du livre. Déjeuner dans la véranda puis sieste sur le divan en bas ou dans la chambre. Et de nouveau le manuscrit que nous ouvrons sur les pages relues par elle le matin. Des mots sont pesés, soit remplacés, soit raturés, soit maintenus, parfois un paragraphe change de place. Bonheur de la justesse de ce qu'elle perçoit. Étendus l'un près de l'autre nous jouissons de cette surmultiplication de notre proximité. J'ai le sentiment d'utiliser l'écriture... comment dire ? Elle est moyen, moyen d'approche, moyen de conquête, moyen par lequel nous nous replongeons dans les résidus du temps vécu, tout en étant, doublement peut-être, présents à nous, à notre proximité physique et intellectuelle, à une sorte d'humour à nous qui fonctionne à la virgule près. Disons que même les passages tragiques du manuscrit contiennent dans les épaisseurs de leurs sédiments cette strate de malice entre nous, ce dépôt invisible à tout lecteur étranger mais qui cependant charge aussi le travail d'écriture de cette chaleur-là.

Relisant ces lignes je pourrais dire aussi que les pages écrites jouent le rôle de corps étranger entre nous. Sorte de coin que je ficherais entre nous et que par un travail proche de la chimie nous dissolvons et absorbons.

J'écris ça avec l'impression presque insoutenable que mon manuscrit posté hier est en ce moment jeté d'un panier à l'autre, tamponné, manutentionné, trié, dirigé vers Paris, débarqué peut-être à l'instant gare de Lyon, projeté dans un wagonnet, tassé avec les cadeaux de Noël, sorti puis rejeté dans le tas et, enfin, repêché pour être dirigé vers... Et des mains inconnues vont défaire le paquet. Un an et demi de... Livré nu à la lecture... à l'édition.

Me revient ce mot du facteur constatant chaque jour la progression de mon travail sur le chemin : « Monsieur Rezvani, vous êtes *aussi* un artiste en voirie. »

....

mercredi 22 décembre Reçu avant-hier le manuscrit du dernier livre de Salvat Etchart. Ce texte a été refusé, je dis bien *refusé* par le Mercure de France qui pourtant avait publié *Le monde tel qu'il est* et *l'Homme empêché.* Etchart est un des auteurs que j'admire. Depuis deux jours je suis plongé dans ce manuscrit au point de rêver la nuit que j'en poursuis l'écriture. Qu'Etchart soit refusé est un signe des temps. Son livre est superbement *indigeste.* Chaque phrase en est lourde comme ce sang que l'on entend par 40° de fièvre taper au fond de nos organes. Rien ne bouge, tout bat sur place, tout se tient aux aguets dans les épaisseurs palpables des mots. Impression de se déplacer dans une forêt humide, un foisonnement de lourdes membranes végétales, c'est un perpétuel accouchement. Rarement la vie des sens a été mêlée aussi étroitement à celle des rêves. La sensualité imprègne les visions qui courent sans fin comme ces frissons sous le cuir des chevaux ou le pelage des félins endormis. L'ensommeillement de cette écriture lui donne quelque chose de médiumnique, elle est comme une parole en catalepsie, une parole qui sortirait d'une bouche apparemment immobile, une bouche dont les lèvres trop épaisses de leur propre chair n'ont plus la force d'articuler, de remuer, de prononcer. L'empêchement est partout, dans le sujet, dans les tentatives de transmission, dans le besoin de clarifier l'inclarifiable jusqu'à l'ensevelir sous l'excès voulu, pesé, des vocables. Quelque chose vit sans être sûr d'être, se déplace sans être sûr de son mouvement ; quelque chose, à peine quelqu'un, étreint, prend conscience de vivre à travers, à travers la Jeune Femme ensommeillée, à travers la circulation immobile dans les glaces, à travers des séries de réflexes qui conduisent ce quelque chose vers la bouteille de rhum ou vers l'un des nombreux fusils qui encombrent la maison au fond de la nuit polaire. L'homme se demande s'il pense ou s'il est pensé. Il tâte, tâtonne, il s'assure, indécis, il se cherche dans sa mémoire intime, parasité par la mémoire collective. Il me semble qu'un texte comme celui-là — sur l'empêchement — est aussi important que les lettres d'Antonin Artaud à Jacques Rivière. Mais qui publiera cette masse de surconscience écrite ? Et qui aura le temps aujourd'hui de s'enfoncer dans *ça* ?

Etchart vit au Canada quelque part sous le cercle polaire. Sorte de sentinelle engourdie, il s'effraie du JAMAIS PLUS et le dit. Nous ne nous rencontrerons pas sans doute. Nous échangeons une ou deux lettres par an, nos livres, et quelques pensées informes et fugitives d'amitié sans espoir. Se peut-il que son livre ne trouve pas d'éditeur ?

Je pense à *Passion* de Godard. Un des plus beaux... quoi ? film ? poème en mouvement ? Une des plus belles *transfusions* filmées. Nous l'avons vu seuls dans un cinéma de Cannes, seuls tous les deux comme dans une projection privée. Danièle et moi nous nous tenions la main et notre regard s'embuait de larmes tirées par la beauté. Et nous étions seuls pour voir cela ! Seuls dans une salle payante de la rue d'Antibes ! Serons-nous les seuls à avoir lu le dernier livre de Salvat Etchart ?

....

jeudi 23 décembre Avant-hier, tentative démoralisante de nous ravitailler à La Garde-Freinet. Bien sûr pas de pain, plus de fruits, plus de légumes aux étalages des deux dernières boutiques encore en activité. Ce village, nous l'avons connu tout aussi rude, il y aura bientôt trente ans, mais vivant d'une population rurale, pleine d'énergie, digne de ce climat âpre. La rue principale était, à l'époque, proche par son atmosphère d'austérité délabrée de ce quai de la Giudecca occupé par un peuple bavard, cousin de celui que nous avons connu dans ces collines. Maintenant le village attend. Il attend, d'une fête à l'autre, le retour des vacanciers qui lui redonneront brièvement un semblant de vie. Quelques vieux increvés nous accrochent dans la rue, ils s'imaginent nous attendrir avec leurs évocations de la vie d'avant... d'avant quoi ? d'avant ces « autres » qui ont racheté le pays pour la villégiature. Nous sourions, nous acquiesçons, mais au fond, nous nous en foutons de plus en plus. Presque plus rien ne nous tient encore ici. Seul le vallon de *la Béate* reste inchangé dans ces collines dégradées. Le vallon témoigne de notre amour pour lui et de ce qu'a été cette nature magique comme un parc des fées.

Hier, descendus à Saint-Tropez pour les quelques courses que nous ne pouvons plus faire au village. Ici, *ils* sont arrivés. Les rues sont animées, les premières familles de « Parisiens » envahissent les magasins, passent les commandes pour le réveillon de Noël. Les commerçants reprennent du moral. Une gaieté un peu factice anime le port. Quelques guirlandes d'ampoules multicolores dessinent des diadèmes ou des étoiles filantes. Un petit chemin de fer tout en pointillés de lumière fait le tour du port. Un père Noël embarque les enfants dans les wagons miniatures. Je pense au conte allemand du joueur de flûte. Pour se venger de l'ingratitude des habitants d'une bourgade, il enlève d'un coup tous les enfants. Et si le petit train plein de mioches ne revenait plus ? Si le père Noël qui conduit la locomotive disparaissait avec sa cargaison ?

Mon livre en ce moment à Paris... à Paris, entre des mains étrangères !

Je poursuis la lecture du manuscrit d'Etchart.

Entendu hier dans une vieille mercerie tenue par plusieurs générations de grosses dames qu'on dirait taillées dans des mottes de beurre :

« Elle ne mangeait pas.

— Oui, mais il faut bien le reconnaître, elle n'aimait pas faire la cuisine.

— Ce n'est pas qu'elle n'aimait pas faire la cuisine, elle ne savait pas.

— Elle était seule, que voulez-vous.

— A l'hôpital, souvenez-vous, elle avait grossi. On l'obligeait *de* manger.

— Oui, mais à peine rentrée chez elle, elle a recommencé à ne plus manger, et elle a remaigri. »

Tout cela entrecoupé de *peuchère !* et dit sur un ton un peu geignard. Au moment de sortir, entendu ce reste de conversation à propos cette fois d'une autre de leurs vieilles amies :

« Oh, elle, elle mangeait, ne craignez rien !

— Trop !

— Trop, vous avez raison.

— D'ailleurs elle en est morte. »

Et mon livre en lecture à Paris ! D'en prendre conscience me donne des chocs dans l'estomac. Comment poursuivre un journal lorsqu'on se sait entre des mains étrangères ?

. . . .

vendredi 24 décembre Attente. Le livre à Paris ! Fêtes de Noël et Parisiens ici. Je vais du manuscrit de mon livre à celui d'Etchart, je vais du dedans au dehors et du dehors au dedans. Instable, rongé par le doute, je m'accroche à ce qui me semble la réalité : nous, la gaieté de nos repas, les grands feux de feuilles dans la châtaigneraie, leur odeur acide.

Je m'aperçois que la lecture d'un manuscrit vous met malgré vous en situation de critique. Preuve que l'écrit est un bien collectif, que le mot, le langage n'appartiennent à personne et appartiennent à tous, et que le livre *en train de se faire* concerne tous ceux qui y glissent un regard.

Etchart me bouleverse lorsqu'il ouvre à la lumière les fosses de son esprit où s'enlise son amour pour la Jeune Femme, lorsqu'il montre la Jeune Femme, lorsqu'il montre sa maison, ses fusils, ses juments à l'orée de la forêt, le Canada moderne si terrifiant. Savoir Etchart enfoncé dans ses glaces, *en ce moment,* son manuscrit entre des mains étrangères... et avec la quasi-certitude qu'il sera refusé par la plupart des éditeurs. Malaise ! Malaise !

Et en plus, des gens descendus pour les vacances téléphonent et proposent — comme exprès ! — tous le même jour pour passer nous voir. Des semaines sans personne et tout à coup *tous* veulent venir le même jour, à la même heure. J'écris n'importe quoi car je suis rongé de savoir mon manuscrit aux mains de Z.

. . . .

samedi 25 décembre Comme chaque soir, réveillon tous les deux.

En état de rencontre avec elle depuis trente-deux ans ! Nuit de réveillon à Paris en 1950, tu te souviens ! Pourquoi cet émerveillement ? Pourquoi ce sentiment de privilège immense ? De bonheur tel, qu'encore aujourd'hui je retiens mon souffle. Pourquoi cette admiration, ce goût qui me précipitent vers toi ?

Ce qui m'a donné ce vertige, ce fut la prise de conscience immédiate de la différence. Jamais je n'avais ressenti à ce point la différence entre le féminin et le masculin. Jamais ce mystère ne m'avait paru aussi troublant qu'à l'instant où je me retrouvai contre toi. Pour la première fois je ressentais au contact d'une femme qu'il n'y aurait ni camaraderie ni amitié mais quelque chose de fiévreux de ténébreux d'irrésistible et de fatal. Je sus qu'il n'y avait pas de hasard. Ce qui venait de se rencontrer à travers nous nous dépassait. Tu étais cette autre part du monde qu'il me fallait rejoindre. Tu me souriais et me tendais les mains depuis l'autre rive.

En lisant hier soir le manuscrit d'Etchart, j'ai retrouvé dans son adoration pour *l'être féminin aimé*, dans son saisissement perpétuel devant la *somptuosité du féminin*, ce que j'éprouve moi-même si intensément. Peut-être faisons-nous partie de cette dernière génération de la ségrégation ? LA FEMME ! ELLE ! Cette *autre* mystérieuse, inapprochable, *artistique*, si radicalement notre contraire vers laquelle tout notre être s'obsédait — et dont tout nous privait à l'époque. Oui, nous venons d'une époque où tout tendait à la différenciation. Où tout la mettait en relief. Nous avions encore la chance de nos différences.

. . . . , ...

dimanche 26 décembre Journée d'hiver chaude, ensoleillée. Écrit un peu. Après le déjeuner, pris le soleil sur les chaises longues. Montés en riant dans la chambre pleine de soleil où nous nous sommes jetés sur le lit en faisant voler nos habits. Adolescence perpétuée... perpétuel étonnement. Ah, ne jamais *savoir* autre chose que cet état de rencontre, cette suspension du temps.

Ensuite nous avons profité du chaud soleil pour débarrasser la terrasse des feuilles mortes, dégager les lys, les iris, les narcisses, les jonquilles, les trèfles roses, les arums...

Dérangé ce matin par une battue au sanglier dans notre colline. Des chiens de chasse hurlent parmi les fourrés, leurs aboiements ressemblent au cri d'agonie du cochon que l'on vide de son sang. Des chasseurs en armes ont pris position sous les berges, tout le long du chemin qui contourne la colline. Le doigt sur la détente de leur fusil, ils attendront, immobiles comme des souches mortes, cinq ou six heures s'il le faut. Je déteste ces sentinelles qui semblent nous avoir encerclés, nous ! Je ne peux m'empêcher d'y voir comme une anticipation : « Ah, vous avez joui de la vie, eh bien, payez maintenant ! » (la fin de mon adaptation de *la Guerre des salamandres*).

Hier soir, en écoutant à la radio les vœux des multiples chefs d'État, nous n'avions plus aucune raison d'être gais. Journée ensoleillée qui se termine sur l'assurance que nous donnent toutes ces voix convergentes. Ce sentiment d'urgence a été tragiquement illustré par une jeune femme que nous rencontrons dans la rue. Voilà deux ans on l'opérait d'un sein. D'un cancer. Depuis elle semble hors de danger. Aux premiers mots que nous échangeons, elle nous dit son désir désespéré de vivre — non par la peur ou l'angoisse de son cancer, mais de savoir tant d'armes suspendues. Elle parlait au nom de tous comme si tous nous nous trouvions condamnés à l'Apocalypse. Dérivait-elle ainsi l'angoisse du cancer ? Projetait-elle son cancer sur le monde ?

Nous nous sommes aimés pendant la guerre de Corée. Nous nous sommes connus dans le souvenir des bombes d'Hiroshima et Nagasaki. C'est sous cette menace que nous avons à chaque instant choisi l'instant. Comme si nous le volions à la communauté déréglée.

. . . .

lundi 27 décembre Hier visite successive des N. puis des C. Ils sont venus les uns après les autres comme des messagers de tragédies. En quelques heures, tour d'horizon culturel qui nous a laissés stupéfaits : à la fois exaltés d'être à l'écart et un peu déprimés du climat de Paris dont quelque chose restait flottant dans cette pièce où j'écris. A eux quatre, nos visiteurs recouvraient par leurs activités le théâtre, la littérature, le cinéma, la télévision. Notre situation périphérique, comme d'habitude, déliait de la retenue, de la prudence habituelle. Ils ont dit la déception qui perce de toutes parts. La gauche au pouvoir apparaît comme un monolithe ignorant le doute. On est « du bon côté » : ceci décrété, on se permet d'agir comme jamais peut-être les autres n'auraient risqué de le faire sous l'œil d'une opposition intelligente. Depuis la guerre, la culture est de gauche, c'est autour du bastion culturel que les meilleurs esprits et les meilleures volontés se sont regroupés pour combattre un pouvoir pragmatique, de vues étroites la plupart du temps. Aujourd'hui la gauche s'est installée dans les structures laissées intactes. Elle a repris au vol les leviers encore chauds. Et on aurait la naïveté de s'étonner de la « camaraderie » de ces gens qui depuis si longtemps se rongeaient à attendre *le moment.* La gauche détient LA VÉRITÉ, elle le pense sans une ombre de doute. Tant qu'elle était dans l'opposition, elle ne risquait de se tromper que dans les mots. Ainsi le ministre de la Culture vous assène qu'il n'est pas seul ministre de la Culture mais qu'il y a autant de ministres de la Culture que de ministres au Conseil. Comme leur président, ils ont fait leur traversée du désert... des mots. Pendant la longue attente, ils ont beaucoup parlé, beaucoup lu, et surtout beaucoup écrit. Ils ont eu le temps de se frotter aux artistes, s'imaginant l'être un peu eux-mêmes puisque par le courage de leurs idées ils prenaient le risque de ne jamais déboucher sur la réalité. Ce discours du ministre de la Culture est naïf, de bonne volonté, boy-scout, bien-pensant, il n'est que mots encore, mais qu'un tel discours ait été prononcé dans une assemblée d'hommes de gauche sans qu'une seule protestation s'élève suffit. Que les créateurs, les « artistes » aient accepté, non seulement de se savoir soumis à un ministre (à ses fonctionnaires) — ce qui fait déjà un ministre de trop ! —, mais soient associés à celui de l'Intérieur, des Armées, de la Justice, des Transports, de l'Industrie, etc.

On parla aussi de l'édition, de son accouplement avec la production cinématographique, de la critique littéraire, des derniers prix littéraires que les critiques littéraires se sont décernés mutuellement. Il fut question du théâtre si bien enfoncé dans les structures. Il m'a semblé entendre les plaintes d'une sorte de « dissidence » qui s'ignore encore, qui réagit d'instinct, par un sursaut moral, un langage de santé.

. . . .

mardi 28 décembre Je m'immerge dans tout. Ce qui me nourrit sollicite de ma part une telle tension que je reste sans force comme si j'avais *tout* donné pour absorber, comme si je m'étais vidé pour prendre (que ce soit une lecture, une conversation avec des amis ou un simple travail manuel — rempierrer le chemin, élaguer des arbres). Conscience de vivre sous une pression considérable, une surpression d'énergie mentale, et que c'est par cette énergie contenue en moi que tout tient en place. Le monde n'est pas tel qu'il paraît, je ne le reçois pas tel qu'il est, je le tiens en quelque sorte à bout de bras jusqu'au moindre détail, je le maintiens par une attention, une réflexion, un effort qui ne se relâchent presque jamais. Cet état d'affût m'est venu de vivre depuis tant d'années dans la solitude de ce vallon où presque rien d'étranger ne pénètre. Au contraire de Venise qui m'ouvre chaque fois à un monde agissant dont je deviens le spectateur détendu, irresponsable et délicieusement sans importance. Venise vit sans moi et en pénétrant dans Venise c'est enfin moi que j'abandonne. Ici, je vis resserré sur un *je* compact, le *je* d'un dieu assis au centre de son ciel. Ici, j'anime jusqu'au nuage qui passe. D'une main je peux détruire, et reconstruire de l'autre. D'un regard je calme le vent et déplace les rayons du soleil. Chaque feuille est comme suspendue à la pointe de mes nerfs. Même les chats, leurs jeux, leur sommeil, leur attente anxieuse des bouts de viande quotidiens, c'est en mes nerfs qu'ils se roulent, font leurs griffes, dévorent régulièrement. Cette surprésence au *tout* de ce lieu ne serait pas tenable sans la part de vie intuitive introduite à chaque instant par Danièle. Elle apparaît, et du *je* de ce papier je glisse au *nous* de la vie tremblée ; tout se complique et se double de son regard, de sa pensée.

Aujourd'hui j'écris sans réussir à me tendre vraiment. Une part de mon esprit est auprès de mon manuscrit envoyé l'autre jour. Une autre part de moi est absorbée en ce moment par le manuscrit d'Etchart dont je poursuis chaque soir la lecture. Division qui me fait souffrir. Incapacité de vivre plusieurs choses à la fois. Ce journal, en plus, qui s'est comme bloqué depuis que mon manuscrit m'a échappé et qu'Etchart m'a envoyé le sien.

....

mercredi 29 décembre Je ne m'abandonne jamais tout à fait à mes lectures ou si cela m'arrive il reste quand même quelque part une sorte de bourdonnement qui dit : et toi et toi et toi, qu'as-tu écrit ? Ce matin j'ai ouvert au hasard *les Années-Lula* qui traînaient dans la bibliothèque. Violent rejet.

Le rythme des phrases, l'ingénuité du style me font refermer immédiatement le livre. Qu'ai-je rendu de notre vie ? Un vague écho, une certaine nostalgie, je me dis, une effusion naïve. Suis-je ça ? Suis-je cette voix ? Et pourtant jamais peut-être je n'ai été si sincère. Ce qui est dit, ce qui fait le trajet de l'ouvrage, c'est bien ça, oui, c'est bien nous, notre jeunesse d'alors, notre ingénuité d'alors, notre fragilité et notre force d'innocence d'alors.

....

jeudi 30 décembre Réveil mélancolique. Sommeil hanté par le doute. Nuit pleine de lune. Je me suis glissé jusqu'à la fenêtre de la salle de bains et j'ai contemplé un long moment le vallon silencieux éclairé par ce fantôme de soleil. Les arbres blanchis, annulés par cette lumière morte, jetaient une ombre trop nette. Chaque roseau, chaque palme, chaque buisson dessinait sur le sol un signe de fer. Des ombres solides pour un monde qui, pour le reste, semblait terriblement irréel. J'étais triste. Serein et triste. Il y a cinq ans, des daims allaient par ces mêmes berges, sous cette même lune. Ils bondissaient, je me souviens, sans prendre d'élan, d'une terrasse à l'autre. Leur détente avait quelque chose de si doux, de si soyeux. Les chasseurs ont fini par les exterminer. Plus de daims par les nuits blanches.

Me suis recouché près de Danièle, rassuré par le poids d'acquiescement inconscient de ses genoux de ses seins de ses hanches. Son beau corps de femme endormie dont les mouvements ralentis par le sommeil répondent aux miens. Respiration lente, lourde, extrêmement charnelle. Délicieux engourdissement dans la boue chaude de nos corps mêlés. Rêves sans souvenir. Infimes réveils. Rêves plus précis. Nous sommes tous les deux devant la maison. Un doux soleil de printemps enveloppe le vallon. Danièle est étendue sur une chaise longue. Quelques chats inconnus vont et viennent sur elle. Cela me déplaît mais je ne dis rien. Bien que visible depuis la terrasse, et pourtant ailleurs dans une sorte de hangar ou dans un garage anonyme, une table est mise. Près de chaque assiette un morceau de pain. Je suis ici, et aussi là-bas. Je suis avec Danièle au soleil sur notre terrasse fleurie et à la fois dans ce garage de banlieue. Les chats qui vont et viennent sur elle me contrarient de plus en plus. Je me décide à le lui dire. Au même moment je vois dans le hangar inconnu notre chien Maki (mort depuis plus de dix ans) redevenu jeune et bien vivant. Il tente de voler un morceau de pain. Je le réprimande et le frappe — ce qui me réveille. Désespoir d'avoir battu Maki-chien qui se laissait faire en me caressant de ses yeux tendres. Je me lève. Je vais ouvrir les volets intérieurs. Il est sept heures. Le ciel se teinte de rose ; la forêt sur les collines orientées au levant semble rousse par réflexion. Je me recouche. Je suis mélancolique. Le regard trop tendre de notre chien mort est encore en moi. Des idées tristes me traversent. Je pense au livre d'Etchart refusé. Je pense à mon livre que malgré moi je lie à celui d'Etchart. Me reviennent des bribes de conversation d'hier avec les N. que nous avons été voir près de Saint-Tropez. Je pense à leur dégoût de la dégradation des pratiques littéraires. Ils rentrent à Paris. Je leur ai parlé avec enthousiasme du livre d'Etchart. Secret espoir qu'ils répandent la nouvelle du scandaleux refus. Lent réveil de Danièle sur mon épaule. Tout redevient plus net, vital, le sang recommence à circuler.

1983

dimanche 2 janvier Ces « fêtes » m'ont donné envie d'abandonner ce journal. Si je le reprends aujourd'hui c'est parce que je n'ai pas l'énergie et le courage de mettre en route quoi que ce soit de neuf. Curieusement la lecture quasi continuelle du livre d'Etchart m'a séparé de moi. Je me suis complètement donné à Etchart. Je désespère tellement pour lui ! Son livre va au fond de la solitude et d'une sorte de désespoir blanc. Au moment où je rencontrai Danièle je me trouvais dans un état assez proche de celui d'Etchart — sauf que j'avais vingt-deux ans... lui en a près de soixante. J'ai connu cette sorte de désagrégation de l'espérance, cet état nul où il ne reste même plus une aspérité à laquelle s'accrocher. J'étais au-delà du malheur... avec comme chance mon extrême jeunesse — donc une relative innocence. Etchart, lui, est arrivé au-delà du malheur. Sans innocence, sans rien devant soi qu'un sous-humour sans rire.

Coup de téléphone de Z. Il prétend ne pas avoir reçu mon manuscrit qui se serait donc égaré. Ne veut-il pas gagner du temps ? Quelque chose de trop familier dans sa voix me laisse penser que le manuscrit est effectivement entre ses mains.

De temps en temps, j'ouvre le double de *la Loi humaine* et j'essaie de me surprendre en lisant au hasard quelques phrases ou un paragraphe. L'instant d'après je désespère.

Et puis, tous ces gens qu'il nous a fallu voir ! Chaque contact introduit en moi un peu plus d'incertitude. Les autres existent si fort, ils ont un tel besoin d'être, ce besoin est si pathétique, si bouleversant, qu'après chaque visite j'ai du mal à recoller les fragments du bouclier mental derrière lequel je tente chaque jour de me rassembler. Impression d'une fuite continuelle d'énergie. Mon besoin de solitude à deux est assez monstrueux, cependant seule la solitude me donne l'assurance de mon existence. Besoin de me situer au centre : au centre de cette page, au centre de cette pièce, au centre de notre maison, au centre du vallon, et le vallon au centre de ces collines encore relativement sous-peuplées. L'écriture m'aide à cela, à ce rassemblement de choses éparses en un même lieu, sur ce point précis que va poser à l'instant ma plume.

Hier visite aux parents de Danièle qui « finissent leurs jours » à Cannes dans un immeuble de « standing » planté dans un vieux parc rempli de palmiers et d'eucalyptus centenaires. Ils relisent Proust ou des livres d'histoire, se promènent en voiture, jouent au bridge et évoquent le passé avec des fléchissements pathétiques de tout leur être.

Avant-hier soir réveillon chez Nata et Lal Minor, avec des amis à eux, Marie Moscovici, Céline Zins, Marc Nacht et leur fils Thomas. Toujours cet attendrissement de me retrouver en « milieu juif russe ». Quelque chose de ma « matrie » remue... me remue l'âme... oui, *âme*.

Tout à l'heure nous emmenons Nata chez Charles. Nata veut écrire sur la grand-mère de Charles, la princesse Marie Bonaparte.

Impossible ce matin de me tenir plus longtemps à cette table. Demain nous reprenons notre vie intime.

. . . .

lundi 3 janvier Splendeur de nacre de la baie des Salins si solitaire en cette saison. Depuis la maison de Charles, vue totale sur la mer, rien que la mer. A gauche, sur la plage, le *Lys de mer*, cette sorte de bunker blanchi à la chaux construit autour des années trente par la vieille princesse. Plus loin au bout de l'anse, sur la pointe d'un rocher boisé, le tombeau d'Émile Olivier. Cette partie à l'écart de la presqu'île témoigne encore de ce qu'a été ce pays.

Puis nous avons pris du thé à *la Béate*. Nata a eu cette phrase qui, je ne sais pourquoi, m'a beaucoup touché : « On se croirait dans une maison géorgienne, ne trouves-tu pas, Lal ? » En effet, un charme étrange se dégage de cette pièce (d'où j'écris), une ambiance lourde, dorée, comme si on se trouvait à l'intérieur d'une icône. Par sa décrépitude, notre maison *parle* pour nous. Elle dit notre indolence, notre plaisir du rien faire, de ne rien faire d'autre que de nous laisser vivre.

Donc hier soir, devant le feu, longue conversation à propos de Marie Bonaparte. Je pensais à l'époque où mes parents vivaient encore. A leurs amis russes. A la princesse Yourevitch qui possédait — disait-elle — une malle entière de lettres de Rilke. Je m'aperçois aujourd'hui combien je suis étonnamment sensible aux nostalgies de l'émigration russe, cette pauvre communauté décadente. Moi, dont l'enfance s'est pourtant passée hors du cercle chaleureux : hors famille, hors amour, hors religion, hors communauté quelle qu'elle soit, toujours en situation d'étranger, et cela quasiment dès le berceau... me voilà à cinquante-cinq ans rempli encore de l'éblouissement du monde russe défendu. L'enfant empêché vit plus fort que jamais en moi. Je vibre à Tchekhov dont je découvre les nouvelles avec cette sorte de désespoir que donnerait la vision d'un continent perdu. Et sans en avoir décidé, nous vivons, Danièle et moi, à la russe, en effet. Hier la réflexion de Nata m'a ouvert sur cette sorte d'image que je n'avais pas vue.

Marie dirige une collection aux Éditions de Minuit. Je lui ai confié le manuscrit d'Etchart pour qu'elle le passe à Lindon. J'ai autant le trac que si c'était pour moi.

Nuit sans vrai sommeil mais remplie d'une suite continue de rêves complexes. D'un ensemble d'impressions étouffantes je dégage cette *séquence* car elle est obsessionnelle. Avec des variantes, ce rêve se répète depuis des années. Je suis à l'intérieur de la maison. Un bruit de voix m'attire au-dehors. Je découvre que des gens ont envahi les terrasses de notre vallon. Certains même ont réussi à passer les murs hauts de trois mètres en voiture. Je suis oppressé. C'est à peine si je peux prononcer les phrases. Cependant j'arrive à dire aux indiscrets qui déjà remplissent la cuisine puis l'atelier qu'ils n'ont rien à faire ici. Qu'ils violent notre intimité. Qu'ils sont trop nombreux.

Dans d'autres rêves nous avons été envahis par des

Américains *jet-tour*, par des Français moyens de Marseille ou de Paris, par des universitaires fouineurs, des jeunes « relax », etc. Cette nuit ce sont des Yougoslaves (nouvelle de Tchekhov qui se passe à Fiume — Rijeka —, évocations de Duino, de Trieste, de la princesse Yourevitch prétendant à je ne sais quel royaume monténégrin, un disque de chants yougoslaves qui traîne depuis deux ou trois jours sur le tourne-disque)... donc, envahissement de Yougoslaves cette nuit. J'allais dans cette foule, suppliant qu'on nous laisse, mais les Yougoslaves, très sympathiquement, s'étaient installés un peu partout. Ils avaient sorti des provisions et mangeaient maintenant entassés autour de longues tables disposées dans la maison, sur les terrasses, sur les berges du vallon... Une femme aux yeux recouverts d'une taie blanche m'arrêta au passage et me parla longuement. Elle me fixait de son regard aveugle et me souriait avec beaucoup de douceur. Puis des hommes se mirent à chanter en s'accompagnant avec des guitares. J'étais désolé de les trouver si sympathiques, si rustiques, si peu « modernes », si aimables, car malgré cela je m'obstinais à vouloir les chasser.

....

mardi 4 janvier Ce matin par ce temps d'une beauté parfaite, décision impromptue d'aller au marché d'Aix. Plaisir d'une virée tous les deux. Besoin de faire quelque chose d'inutile.

Claude Mauriac m'a téléphoné samedi dernier. Il déjeune aujourd'hui avec Z. De là aussi peut-être ce besoin de fuite. Ne pas être chez moi. Injoignable.

L'autre soir avec Marie, Nata et Lal, nous avons parlé du secret. Marie cita ce mot de Sade : « Tout dire ! » Je pense qu'être indiscret sur soi-même (par l'écrit) est bon, non seulement comme équilibrant mais comme source de *déséquilibre.* La parole écrite contourne les objets que l'on croit connaître, nous les montre sous un jour inconcevable. Se passer au crible des mots ne peut être qu'un enrichissement, un élargissement de la personnalité. L'écriture vous place devant le vide.

....

jeudi 6 janvier Hier, impossible de m'asseoir à cette table. Passé la journée dehors à brûler des feuilles mortes malgré un fort mistral.

Mon manuscrit semble s'être égaré. Très déprimant d'être si loin, passif, à la merci des autres. Revers d'une vie indépendante.

Avant-hier à Aix, après avoir fait un tour au marché, déjeuné dans une célèbre brasserie, sorte de Lipp provincial. Longue hésitation devant le menu. Autour, frites frites gros bouts de viande gras, salades manifestement mal lavées. Les clients confiants, rougeauds, mangent des choucroutes, des steaks tartares crus pareils à du vomi, tout nage dans la sauce, même les œufs durs. Nous commandons deux soles qui arrivent quasiment invisibles sous un bon doigt de beurre fondu. Nous dégraissons comme nous pouvons avec de la mie de pain. Là-dessus une vague salade de tomates et un millefeuille qui nous fait regretter les sublimes *mandorle* de Venise. Ah !

Aix, ville exemplaire pour la déliquescence d'une beauté partout visible et partout dégradée. Elle ressemble aux jeunes étudiants qui l'encombrent. La beauté des visages détruite par le chewing-gum logé dans la joue, les cheveux coupés en escaliers, les maquillages volontairement asymétriques, les vêtements d'une théâtralité de poubelle.

. . . .

samedi 8 janvier Depuis quelques jours je me sens étranger à ce journal.

Cela a commencé avec le manuscrit d'Etchart qu'avec une hâte inquiète j'ai voulu lire vite. En donnant tant d'énergie à cette lecture, il me semble m'en être retiré — comme si l'énergie était un capital que l'on déplace et qu'on ne peut engager partout à la fois.

De plus en plus étonné que Z. prétende ne pas avoir reçu mon manuscrit. Danièle a obtenu avant-hier, en téléphonant à la poste, à Paris, la date à laquelle il a été effectivement touché : 23 décembre ! ! !

A Aix l'autre jour, passés par hasard devant la prison. Beaucoup d'Arabes misérables dans leurs petits vestons cintrés piétinaient sur place dans le froid en attendant l'heure de la visite. Ils se sont engouffrés par la porte immense brusquement ouverte. Un groupe de visiteurs sortait au même moment. Une jeune femme s'en détachait. Elle marchait la figure levée, les yeux grands ouverts sur le ciel, refusant de toute son énergie de laisser couler les larmes qui débordaient ses paupières. Sa démarche était décidée, alourdie par des bottes d'homme. Elle alla un moment devant nous au milieu des rues *piétonnières.* Je voyais sa veste d'homme, ses blue-jeans, ses cheveux assez longs sur le dos, informes, rougis de henné. Et j'imaginais celui qu'elle venait de visiter au parloir, maigre, grand, tout aussi poussiéreux qu'elle. Je reconstituais leur vie, le lent désenchantement qui les avait menés des Cévennes à cette ville piège, de la « nature » à la banlieue, du cabanon au taudis, des chèvres à quelque vague artisanat de poupées en laine que l'on tortille sur le trottoir. Enfin elle tourna dans une petite rue, marchant toujours de ce pas décidé que lui donnaient ses bottes d'homme.

Je pense à *Ma vie*, nouvelle de Tchekhov lue ces derniers jours. Même atmosphère poussiéreuse de vêtements fripés, de henné violine, de bottes usées, de prison, de droiture cassée par la friponnerie des « gens bien »... quoique en vérité il n'y ait rien de tout cela dans cette nouvelle. Mais le dos de cette jeune fille portait écrit comme sur une pancarte : *Voilà ma vie.* Court trajet de l'espérance au désastre.

....

dimanche 9 janvier Retapé hier soir les quelques pages précédentes. Impression de n'avoir retenu qu'une part infime de la somptueuse complexité de ce que nous vivons. Si peu surtout de son lyrisme.

Si je poursuis ce journal c'est par une sorte de curiosité morbide (*morbida* en italien : molle) : jusqu'où oserai-je aller dans ce rien... ou ce trop de rien ? Rendre la vie ? Comme le peintre rend la ressemblance. A quoi tient la ressemblance ? Sûrement pas au rendu photographique. Deux ou trois touches éparses suffisent souvent à fixer le mystère d'une personnalité. Le rapport des ombres qui tapent un visage. Le rapport entre les vides. Le rapport mystérieux de deux ou trois traits et *cela* s'anime et *cela* est incontestablement *ça.* Je ne peux accumuler le détail des sensations. Je suis incapable de travailler par touches. Mais les quelques traits que je jette chaque matin sur la feuille ont-ils ce mystérieux rapport qui laisse (ou ménage) des plages blanches ? *C'est alors que je m'aperçus qu'on ne peut rien dire d'une femme. Je remarquais, quand ils parlaient d'elle, combien ils la laissaient en blanc* (Rilke). Sublime description d'une femme ! Pour ces pages : que l'essentiel y soit... mais en blanc. Je me console comme je peux de ce violent sentiment d'*être au-dessous* qui me brûle chaque fois que je me mets à cette table. Je me console aussi en me disant : l'œuvre véritable c'est le *comment tu vis ta vie ?* Mais ça c'est la femme laissée en blanc dont parle Rilke. Les mots, la parole, resteront toujours comme le fusain — autour.

Hier longue promenade tous les deux par Valverdun. Châtaigneraies dans de grands vallons au sol velouté de mousse. Le hameau à mi-pente posé sur un pré lisse et doux. Contourné les vieilles maisons par un chemin charretier sous un tilleul et des chênes verts dont les racines ont enveloppé les rochers avec une énergie qui ferait croire que ça s'est fait d'un coup. Les rochers ont été empoignés par les racines. Passés devant le bassin où nous avions tourné l'année dernière une des séquences du film *la Vie des Maures.* L'eau de source qui le remplit à ras bord est noire de son extrême pureté. Revenus par la route qui domine le hameau. Toits verdis de mousse. Bergerie, écurie, porcherie, poulailler : autant de maisonnettes surajoutées, maintenant à l'abandon. Impression chaque fois renouvelée, ici, d'un bonheur à jamais perdu. Nostalgie que dégage ce lieu resté à la périphérie du temps. Je ne sais quels regrets d'un ventre, d'une tanière familiale où se blottiraient des femmes, des enfants, des vieillards, pendant que les hommes défricheraient autour et poseraient des pierres sur des pierres. Rentrés. Le soir montait des vallées. Longues heures de lecture près d'un grand feu de bois. Les chats s'étirent et ronronnent. Dehors il fait froid. Le mistral frappe la façade. Je passe une partie de la soirée à mettre au net les dernières feuilles de ce journal. Danièle lit sur le divan. Je la rejoins et me plonge dans *les Moujiks* de Tchekhov. Atroce réponse à mes rêves virgiliens de l'après-midi.

....

lundi 10 janvier Il venait « faire de l'herbe aux lapins ». Il nous a apporté six œufs de ses poules. « Vous pouvez les boire », a-t-il dit en y mettant le geste. Il sort de Tchekhov. Il pourrait être russe — bien qu'il soit italien, ou disons parce qu'il est italien. Il a le « don des larmes » — selon l'expression si bouleversante de Dostoïevski. Soudain il s'émeut, son nez devient rouge, il ne trouve plus ses mots, son regard se liquéfie : « C'est quelque chose d'un autre monde, dit-il. Si vous avez besoin, vous le dites. Je peux vous prêter. » Sa générosité le met encore une fois au bord des larmes. Incapable d'un mot de plus il fait un geste de la main comme pour dire : « Ah, vous ! » et me touche le bras ou le genou. Ou bien il marmonne : « Je sais ce que je veux dire. » Avec une sorte de hâte d'enfant qui aurait quelque confession urgente à faire, il nous parle d'elle. Longue histoire d'une brouille perpétuelle et de minuscules réconciliations. Il raconte aussi vite qu'il le peut, il ne veut pas nous importuner. Puis il s'en va.

Coup de téléphone de Z. Il prétend n'avoir toujours pas reçu mon manuscrit. Je lui signale qu'à la poste de son arrondissement on m'a affirmé qu'il a été touché le 23 décembre.

....

mardi 11 janvier Crise d'attente.

....

mercredi 12 janvier Crise d'attente.

....

jeudi 13 janvier Journée presque intolérable d'attente. Impression de n'avoir plus aucune prise sur le monde — tout au moins le monde abstrait personnifié par le vide d'une voix de métal dans l'objet vide du téléphone. Je suis effrayé. Folie de la persécution. Persécuté en vérité. J'ai peur de tous ces gens que je ne vois pas. Je ne sens plus ce qui se passe hors du contact vivant, porteur d'un tant soit peu de tendresse. Désir de la poignée de main qui scelle, du regard dont les ondes palpent, se détournent, reviennent. Même impression de vide « concrétisé » par *le Monde* reçu quotidiennement. Odeur d'encre d'imprimerie du journal déplié, odeur des événements d'encre et de papier. Les pages culturelles écrasantes de commentaires. Exemple : le metteur en scène Antoine Vitez monte *Hamlet* à Chaillot. Plusieurs jours d'affilée de propagande en pleine page où on vous explique explique explique *Hamlet*. Plus de mots qu'il n'en a fallu à Shakespeare pour composer son ouvrage. La culture est-ce ça ? Le commentaire.

Un bonheur abstrait dans ce vide abstrait : au courrier, une demande de traduction de ma pièce *le Palais d'hiver* pour les États-Unis. Pièce mise à l'écart en France par les hommes de théâtre d'aujourd'hui.

....

samedi 15 janvier « C'est ainsi que les Russes (de l'époque de Iaroslav) se servaient de l'épreuve par le feu et par l'eau pour reconnaître les coupables. L'accusé prenait un fer rouge à la main ou bien plongeait le bras dans une cuve d'eau bouillante et en retirait un anneau ; ensuite les juges enveloppaient la main et y apposaient un cachet. Si, au bout de trois jours, il ne restait aucune trace de brûlure, l'innocence était constatée. »

Hier sieste dans la chambre assourdie de fourrure, de tapis, de tableaux, de rideaux. Volupté. Ensuite restés au lit pour relire ensemble quelques pages sur Venise que nous avons pas mal élaguées. Principalement un passage où il était justement question de volupté. De toutes les voluptés d'une vie ensemble. Sujet à propos duquel il m'apparaît de plus en plus impossible d'écrire. Et pourtant ! N'est-ce pas l'axe autour duquel tout s'ordonne ?... ou se désordonne ? Le goût effréné de nos voluptés nous a écartés de la « normalisation » sociale. L'attirance qui sans cesse nous fait nous retremper en nous, nous a chassés du « paradis social ».

. . . .

dimanche 16 janvier Un jeune « cibiste » s'amuse à insulter ceux avec lesquels il entre en contact. Tout en roulant il engage un dialogue de plus en plus violent au hasard des ondes. Un autre « cibiste », légionnaire en permission, met au défi l'insulteur invisible. Ils conviennent d'un lieu vers lequel ils dirigent leurs voitures. Une dizaine d'autres « cibistes » arrivent au rendez-vous. Ils ont capté le défi, ils veulent voir. Armé d'un couteau de cuisine, le légionnaire s'avance vers celui qui l'a provoqué et le tue sans qu'aucun témoin n'intervienne. Fait divers exemplaire dont la barbarie a sur moi un effet de fascination/répulsion. L'objet sollicite une fonction atrophiée : l'homme-machine se trouve tout à coup obligé de parler. Comme il ne possède qu'un maigre capital de mots, il ne peut mesurer la puissance de son émission que par le raccourci de l'insulte. De même qu'il sollicite du pied l'accélérateur pour tester sa (la) puissance (de son moteur).

. . . .

lundi 17 janvier Dcpuis quc j'ai envoyé mon manuscrit et que Z., par toutes sortes de moyens, gagne du temps, j'ai l'impression de tenir un faux journal. Je m'y maintiens de force, je m'oblige à y revenir chaque matin mais en vérité j'éprouve un malaise qu'il me serait impossible de décrire exactement, et ce malaise me chasse de ma tête. Il me semble penser avec mes nerfs. Mon corps entier devient comme la caisse de résonance de mes nerfs. J'ai mal à mes os, à mes muscles, à mes entrailles. Par une douleur permanente je me sais inquiet, mon corps plus que mon esprit sait mon angoisse.

Je comprends comment on peut pousser quelqu'un à se détruire par la perte de sûreté de soi.

Interrompu justement par un coup de téléphone de Z. Il me dit le plus grand bien de *la Loi humaine*. Mais que vaut ce qu'il dit ? Il me demande encore quelques jours. (Pour tester, à mon sujet, les jurés des prix, les principaux critiques, etc. — ça, je le sais !)

....

mardi 18 janvier Après le coup de téléphone de Z. nous nous sommes évadés à Cannes. Nous n'en pouvons plus de parler de ça, d'interpréter, de douter de toute manifestation extérieure. Danièle pense que l'emballement de Z. est l'écho de quelque chose de vrai. Moi je ne veux pas y croire. Je me suis réfugié au fond et ne veux pas en remonter si vite que ça.

Déjeuner au « Festival » dans une ambiance très « Riviera ». Mer bleu vif, palmiers, ciel qui monte haut par-dessus le massif de l'Esterel. Moment que nous aimons. Les gens vont et viennent autour de nous. Impression d'être à l'étranger (bien qu'à une heure de chez nous) entourés d'Américains, de Libanais, d'Iraniens... Ambiance tellement artificielle, qui nous distrait violemment des certitudes de *la Béate*. Il est là soudain si fort, si imagé, cet univers dont nous ne captons en général que la vague rumeur tout au long des semaines solitaires. L'argent est partout, en plaques rouges sur les visages, dans la surface des regards, dans les crispations, les tics, il module les voix, il assèche les gestes. Tout cela est d'un luxe vulgaire. Seule réalité : la mort. Elle déambule lentement par les rues, elle remplit les salons de thé, elle vous jette sa grimace poudrée en pleine figure. Toute la France moribonde est là, comme une eau usée que l'on aurait balancée vers le bas, vers cette côte sud où le plaisir de vivre semble s'être transformé en patience mortelle. Encore une fois nous sommes reconnaissants à Venise de n'être pas devenue ça. Dans un mois et demi nous y serons de nouveau !

La guillotine du *Danton* de Wajda fit pousser des *ah !* au *peuple* de la salle — le même qui, à quatre-vingt-dix pour cent, vous envoie Ranucci se faire tronçonner.

Il me semble que, si on voulait lire la Révolution hors de l'image d'Épinal, il faudrait la mettre en perspective à travers un personnage aussi complexe et ambigu que Fouché. Les figures de Danton, de Robespierre, de Saint-Just sont un peu comme *la Marseillaise*, cette sanglante chanson dont on n'entend plus les paroles. Comique comme la gauche perd la tête dès qu'il s'agit de la Révolution de 1789 !

. . . .

mercredi 19 janvier Lindon refuse le manuscrit d'Etchart. Je l'envoie à Paul Otchakovsky. Je suis assez pessimiste. Bien que nos deux livres soient très différents, je finis par les lier dans mon esprit. Les successifs refus qui frappent son manuscrit me frappent moi — c'est peut-être pour ça que je vis si mal cette attente.

Exaspérés par le mistral. Toute la nuit il a secoué la maison. A peine réveillée Danièle a parlé de Venise, de ses cheveux à Venise, de sa peau à Venise. Besoin fou d'humidité. Trois ans que nous subissons une sécheresse profonde, absolue, jamais vue. La source est à son plus bas niveau. Les arbres, éprouvés par le feu de 1979, dépérissent. Nous-mêmes séchons sur place. Nous nous souvenons avec envie des longues longues journées de pluie. Délices d'une maison chaude avec de grands feux de bois pendant que dehors il pleut il pleut...

....

jeudi 20 janvier D.H. Lawrence disait d'elle et de ses amis : ils sont beaux comme des scarabées et ils piquent comme des scorpions.

Entrée dans le fleuve, les poches remplies de cailloux, en laissant sa canne plantée dans la boue de la rive.

A la parution de son premier livre V.W. a eu son premier accès de folie : flot de paroles incohérentes, anorexie, coma. Elle n'a repris pied que lorsqu'elle fut rassurée par une critique unanimement élogieuse.

La Combe de Tchekhov. Ton d'écriture, images, thèmes particulièrement « américains ». On croirait se trouver aux sources du grand fleuve Faulkner.

Crise d'attente qui m'empêche d'écrire.

. . . .

vendredi 21 janvier Et ce qui est pire : je ne cesse de relire mon manuscrit — comme si j'étais un étranger — en prenant quelques pages au hasard. Tout devient signe. A tout moment je me surprends à parier sur la qualité de mon livre (qu'au fond de moi je sais singulier). Dépression maniaque : je lis de droite à gauche tout ce qui me tombe sous les yeux. Depuis longtemps je suis sujet à cette sorte de manie du déchiffrement, mais maintenant ça tourne à l'obsession. En voiture, par exemple, les publicités, les plaques des carrefours, il faut que je les lise à l'envers. LATOT (pour Total) LLEHS (pour Shell) LETOH (pour Hôtel) SENNAC (pour Cannes), ainsi de suite. Et même, l'autre jour, pour « livres » : SERVIL — ce qui n'est pas mal. Ou bien SALLIV (pour « villas »... à vendre). Le matin où Z. m'a téléphoné, je m'étais obstiné, dans la salle de bains, à décoder « coton hydrophile Codex », lu à l'envers sur un paquet qui traînait. Ce qui fait : XEDOC ELIHPORDYH NOTOC. Interprétation aberrante quasiment extorquée : XEDOC = xedac (c'est dac = d'accord). ELIHPORDYH = eli po r'dit (eh ! li pot, dis !) (en clair : quel pot, dis !). NOTOC veut dire bien sûr « note : OK » (note-le, c'est OK). Moral sérieusement remonté, je descends. Le téléphone sonne et Z. me dit qu'*on* trouve mon livre « magnifique », etc. Il demande encore quelques jours.

. . . .

samedi 22 janvier Elle dit :

« Quand ça va mal, il y a toujours des gens pour s'occuper de vous. Cela leur donne une fonction, cela excite leur curiosité, leur générosité. Dans le malheur, on fait pitié. Les gens n'ont plus peur de vous. »

Une journaliste répond :

« C'est drôle ce que vous dites là, parce que c'est plutôt le contraire de ce que l'on pense généralement. D'ordinaire, on pense que l'on a plutôt des amis quand ça va bien.

— Moi, je pense profondément le contraire. Les vrais amis sont ceux qu'on voit dans le bonheur. Il y a des personnes qui ont été magnifiques avec moi quand je n'allais pas bien, mais ces personnes m'ont déçue quand je commençai à aller bien.

— Pourquoi ?

— Parce que j'ai senti une jalousie... »

Elle s'appelle Nathalie Baye.

Toujours en attente d'une réponse. Je mesure ma fragilité (ou ma force) à l'immense malaise où me plonge le sentiment de dépendance. Ne dépendre de personne et ne faire dépendre personne de moi. N'être soumis à aucun pouvoir et n'en avoir aucun. Mais comment ne pas attendre un coup de téléphone dont vont dépendre deux ans de vie à venir ?

Cette nuit j'ai vu des fragments de terre se rassembler et se mettre en mouvement. J'ai appelé Danièle et, par la fenêtre de la salle de bains, je lui ai montré ces choses informes — pareilles à des morceaux de viande gélatineuse — qui bougeaient dans une lente reptation. Nous nous tenions l'un contre l'autre, immobiles, saisis d'une muette horreur.

Plus tard, j'ai eu froid. J'ai remonté la couverture de fourrure et je suis resté longtemps éveillé, attentif au souffle de Danièle. J'ai passé ma main sur tout son corps. Émerveillé de cette sorte d'épanouissement de splendeur que seules mes mains voyaient dans la nuit. Puis, la tenant à la hanche et au genou, je l'ai écoutée dormir. Tirée du fond de son corps si abandonné si liquide et soyeux, cette respiration avait quelque chose de pathétique, de tellement peu en accord avec la paisible détente du ventre des seins des cuisses. Une lutte immobile habitait ce corps déplié, comme si une machine à absorber et à rejeter de l'air faisait, ailleurs, un travail d'une immense difficulté. Quelque chose de réellement surhumain, très loin de ce corps, quelque part dans les fondations de la maison, ou bien même dans l'épaisseur de la terre... cette même terre que nous avions vue ramper dans le rêve qui m'avait réveillé tout à l'heure.

....

dimanche 23 janvier Anecdote chinoise citée (et américanisée) par Ezra Pound :

« Qu'est-ce que tu dessines, Johnny ?

— Dieu !

— Mais nul ne sait de quoi il a l'air.

— On le saura quand j'aurai fini. »

Des femmes assises les unes en face des autres dans ce qui semble un salon étroit. Au fond, présidant cette assemblée, un petit homme, sorte de gamin aux allures de prestidigitateur. Il lance : « Et alors, mesdames, ce fameux point G ? » Rires assez égrillards parmi les femmes. On parle du point G. Ensuite gros plan sur une vieille femme peinte dont le châle, bien que ne glissant pas, est sans cesse remis en place. Mains chargées de bagues, ongles rouge vif parmi les nœuds de veines. « Et alors, dit le petit homme vif, aurait-elle oui ou non assisté à la scène primitive ? » La vieille femme peinte arrange son châle, branle de la tête, et ses lèvres laissent couler les mots. Il est question de clitoris, de canal de l'urètre, il est question de Freud, d'excision. « Mais dites-moi, relance le petit homme, oui ou non a-t-elle eu la vision du coït entre Pascal le piqueur et sa nounou Minau ? » La vieille femme peinte répond que Freud, à la lecture des cinq cahiers de la petite Mimi, n'a eu aucune difficulté à rendre son diagnostic. C'était écrit entre les mots. La petite Mimi a vu, oui, bien vu, la « scène primitive », etc. Le prestidigitateur fait un habile retour sur le point G. Ce qui relance la bonne humeur. Il ouvre le chapeau claque et le referme. Maintenant c'est une vieille dame à cheveux gris, assise bien droite, qui se met à parler sur un ton tranquille, rassurant, si adorablement grand-mère. Enveloppée d'un imperceptible humour, elle élude le point G, glisse sur le clitoris, dit grand bien de la princesse et termine en assurant que, sans Marie Bonaparte, la psychanalyse en France ne serait pas ce qu'elle est. Bref, des platitudes. Ensuite d'autres femmes ont parlé et le petit homme s'est pas mal agité, etc., etc.

Charles, hier après-midi, a tenu à nous passer la cassette de l'émission sur sa grand-mère. Nous nous trouvions dans sa maison des Salins, à deux pas du *Lys de mer* (où Marie B. a vécu tant d'années). Tout ce remous autour de la dernière Bonaparte l'affecte. Je sens qu'il aimerait mesurer son opinion à travers nous. Je comprends qu'il soit exaspérant de n'entendre parler *que* du clitoris de sa grand-mère, et de sa frigidité. La princesse a eu le caractère de vivre *ouverte*, elle a rejeté le secret en osant manifester haut ses hantises. Les vulgarisateurs se sont jetés sur les « meilleurs » morceaux. De quoi souffrons-nous aujourd'hui ? Non du dévoilement mais du commentaire. Toute vulgarisation est caricaturale et rien ne peut être plus vulgarisant que le laminoir du petit écran. Le salon s'est retourné sur l'envers des apparences. Jadis le petit comité s'émerveillait du demi-mot. Aujourd'hui le nombre obtient à la commande une parole massive, carnavalesque.

....

lundi 24 janvier Le vieil ouvrier agricole italien dit : « Je marque sur l'agenda toutes les misères qu'elle me fait. Quand elle le trouve, elle lit et elle déchire les pages. »

A bout de patience, envoyé le double du ms. à J.M.B. au Seuil. C'est décidé, Z. n'aura pas mon livre.

....

mardi 25 janvier En fin de journée, hier, promenade dans les Maures. Je ne me souviens pas, en tant d'années de vie ici, d'une lumière si tendre si unie dans les dégradés. L'air qui nous entourait était d'un bleu pâle, presque glycine. Nous nous sommes arrêtés au centre d'un immense cirque de collines troubles. Souvenirs de volcans. Pachydermes mauves délayés par une brume hivernale. Un vaste soleil s'enfonçait parmi les dos arrondis. Un instant il y eut sur une crête un ultime scintillement rouge. Puis ce fut le commencement du soir.

Mon père et Nahidé n'étaient pas morts. Je me trouvais à une table d'un banquet rustique. Ça se passait dehors, parmi une foule étrangère, gaie jusqu'à la vulgarité. A un moment Nahidé fit un tour de cartes, imitant mon père avec une ironie, une maladresse appuyées. Je remarquai ses doigts très maigres, ses poignets aux os minces, ses bras, sa poitrine osseuse sous des dentelles fanées. Quelqu'un parla de mon père. Une voix dit très distinctement : « C'est le plus grand prestidigitateur du monde. » Je compris qu'il était là, assis dans un fauteuil, derrière moi. Je n'osais le regarder franchement, car, malgré le rêve, je savais qu'il était mort — donc je craignais qu'il ne m'apparaisse comme un cadavre surgi de terre. Je ne pus m'empêcher cependant de faire rapidement glisser mon regard un peu à côté de son visage qui en effet ne se ressemblait pas (ou plus). J'entrevis une chose ridée qui prononça : « Si tu as besoin d'argent, il faut le dire à papa. » Puis tout s'effaça dans la confusion.

Pénible résultat de ces jours d'attente. Victime des dérobades trop habiles de Z. J'y retrouve le *style* de mon père. Dès que la mauvaise foi apparaît c'est mon père qui se dresse. Je n'en finirai donc jamais d'être frappé par lui ?

....

mercredi 26 janvier Je m'aperçois que je répugne, dans ce journal, à entrer dans le détail des petits événements qui entourent *la Loi humaine.* Pourquoi, puisque c'est là l'essentiel de ce que nous vivons en ce moment ? Tout est imprégné de cette attente. Même mes rêves volent à mon secours pour me soulager de ce pénible état.

Hier soir un coup de téléphone flou de Z. nous a mis sur les nerfs. Au lieu de lire et de nous laisser dériver dans le bien-être engourdissant de la nuit, nous nous sommes mis à parler parler parler... Comment agir face à ce monde dont nous sommes si éloignés ? Comment recevoir les mots qui ne sont pas ce qu'ils prétendent signifier ?

. . . .

jeudi 27 janvier Aujourd'hui Danièle termine un tableau qu'elle appelle *la Porte d'or.*

. . . .

vendredi 28
samedi 29
dimanche 30
lundi 31 janvier Je me promettais d'écrire, bien que rongé par l'attente, parce que rongé par l'attente.

Pour me distraire de l'obsession — une chance ! : le toit de l'atelier manquait de s'écrouler. Il a fallu le renforcer avec deux poutres énormes. Un maçon et son fils sont venus les poser. Intermède que j'ai accueilli avec un soulagement malsain. Mercredi j'ai fait le vide dans l'atelier. Remuer une cinquantaine de tableaux de toutes les époques. Effrayant retour sur moi-même qui m'a montré à quel point je me refuse dans mes sécrétions. J'ai soulevé, déplacé, entassé cette part de moi morte. Je l'ai traînée de là à là, avec dans la gorge un nœud de tristesse. Autant de cadavres de moi-même, debout, que de tableaux. (A remarquer : je ne dis plus *toiles*, je dis *tableaux* car plus rien en moi n'est complice de ces objets lourds, poussiéreux. Dire *toile* marquerait une familiarité — comme on dit *bouquin* au lieu de *livre* —, ce serait ressentir encore quelque tendresse pour mes œuvres matérielles.) J'ai profité de cette remise en ordre obligatoire pour brûler une dizaine de toiles (dis-je *toiles* par réconciliation dans la destruction ?). Désagréable bûcher près du grand cerisier où se tordaient ces strates de peinture à l'huile. Félicité de me sentir délivré de ça, au moins. Si Danièle ne m'en avait empêché, j'aurais profité de ce feu pour brûler les trois quarts de ce qui reste.

mardi 1er février Quand aurai-je le courage de faire mon « examen de conscience » ? Comprendre tout cela ! Commencer par regarder tous ces tableaux avec la froideur qu'il y faudrait. Car que sont ces tableaux, sinon les plis d'une conscience en évolution ? Les regarder vraiment. Au lieu de les traîner à travers l'atelier délabré, les regarder en silence. M'asseoir pour les dévisager. Me taire au lieu de jérémier sur tant de poussière. Les plus anciens datent de 1947 ! ! ! Que disent-ils ? Rien ? A quoi m'ont mené ces maillons si douloureusement accrochés les uns aux autres ? A rien ? Il reste cet encombrement bien sûr, mais aussi beaucoup de questions irrésolues. Que tout cela est excessif ! Ces débris parlent. Ils me disent mon manque de suite dans les idées, une dispersion de la personnalité qu'il m'est insupportable de déchiffrer aujourd'hui. Mais, depuis, ne me suis-je pas tout autant dispersé dans mon écriture ? Suis-je cela ? Suis-je ça ? Où suis-je dans tout ça ? Qu'ai-je réussi hors ma vie ? La vie doit-elle devenir le résidu de l'œuvre ? Pour ma part j'ai choisi la vie. *Mon* œuvre (si je peux employer ce possessif) restera comme une sécrétion, un résidu de ma vie. Quelle autre conclusion tirer du recensement des tableaux accumulés dans l'atelier ? Et pourtant, la somme des tourments si visiblement exposés sur ces tableaux, n'est-ce pas cela l'écriture réelle ? Comme sur ton visage, ces plis, ces inscriptions creusées, n'est-ce pas la trace écrite de ton refus de mourir ? Reconnais que tu ne portes pas sur toi la sérénité. Les rides inquiètes qui vont de ton nez à ta bouche, qui donnent à ton front cet aspect d'impossible labour, toutes ces contractions de la peau, des muscles, ne ressemblent-elles pas à tes terribles tableaux ? Alors quoi ? Il reste l'*indicible.* Il reste ce présent de vie prolongée...

Donc j'ai brûlé les moins « réussis » de mes tableaux. Au lieu de les faire tous disparaître, nous avons sélectionné. Nous en avons mis de côté. Bah ! à la longue je finirai bien par m'en débarrasser ! Mais en vérité ces tableaux me gênent parce que je ne peux m'empêcher d'y voir comme la caricature de certains défauts d'écriture. J'ai beau polir ce que j'écris (*pulire* : faire le ménage, en italien), il ressort toujours quelque part ce quelque chose de grimaçant que je refuse dans mes toiles peintes. Cette fuite dans les moyens m'a ramené à mon point de départ. « Tous les chemins mènent à Samarcande. » Maintenant il ne me reste qu'à me regarder bien en face. Écrire sans ciller le livre où tout ce que je déteste dans mes *œuvres* sera assumé et transcendé.

Ce soir, coup de téléphone de J.M.B., du Seuil. *Ils* acceptent « d'enthousiasme » mon manuscrit. Ouf ! Aucun problème pour la somme demandée. Donc deux ans devant moi pour écrire le livre en question.

Soirée faste.

Mourir.
A l'envers, ça donne RIR UOM = rire homme.
« Le rire est le propre de l'homme. »
« L'homme est le seul être qui sait qu'il va mourir. »

. . . .

mercredi 2 février J.M.B., du Seuil, m'a dit hier au téléphone : « Ce qui m'a surtout fait plaisir c'est de voir combien votre livre n'est pas manichéen. »

Hier après-midi, sommes passés chez Salvator pour payer la pose des deux poutres dans l'atelier. Avons assez longuement bavardé avec lui et sa femme. Depuis vingt ans que nous les connaissons, nous avons pu voir par quelles difficultés ils ont passé. Il émane d'eux une bonté, je dirais : sociale. D'avoir eu neuf enfants et de s'être efforcés de « comprendre la jeunesse », comme ils disent, leur a donné cette tolérance compatissante qui me ramène (comme avec tous les Italiens) à la Russie de Tchekhov. Bien que par-dessous, mais comme se dessine le squelette sous la chair, on sente affleurer les structures d'une éducation rigide telle qu'on la perpétue dans leur village de Sardaigne. Mélange de fermeté morale sur les grands principes et de souplesse quant aux détails de la vie quotidienne.

Avons appris au village qu'un jeune Arabe a été tué sur son vélomoteur par une voiture qui l'attendait. Cela s'est passé l'autre nuit. La voiture a démarré au moment où l'adolescent sortait d'un café et l'a tué net. Bien sûr les coupables n'ont pas été retrouvés. Ils auraient abandonné la voiture (volée) à la sortie du village et se seraient enfuis avec une autre voiture garée là avant le coup. Ce crime nous a frappés. Il ne nous étonne pas tout à fait. La vitalité expansive de ces familles arabes exaspère l'esprit rétréci de certains nouveaux petits-bourgeois ruraux.

Dans quinze jours Venezia ! ! !

A la radio, hier soir, *Ode funèbre* de Mozart. Nos deux chats endormis sur le divan respiraient ensemble dans l'exacte cadence de cette musique d'outre-monde.

....

jeudi 3 février J.M.B., du Seuil, vient demain me porter le contrat pour *la Loi humaine.* Enfin nous voilà sortis de la crise d'attente.

Deux médecins français ont été témoins, au Pérou, de la pratique suivante pour réduire les fractures : les Indiens entourent la jambe ou le bras cassé avec une vipère en train d'agoniser. Adroitement blessé, le serpent met environ six heures pour mourir. Le long muscle se contracte progressivement de la queue vers la tête, exerçant ainsi une traction régulière sur la fracture qui, une fois réduite, sera maintenue par des lattes de bambou et des emplâtres de plantes. Les médecins français ont constaté une consolidation nettement plus rapide qu'avec les techniques habituelles.

Dans l'attente de J.M.B. demain, ce matin je n'ai pu m'empêcher — encore une fois — d'ouvrir le manuscrit et de tenter de *saisir* par surprise des pans entiers de mon écriture. (Il en était ainsi du temps où je peignais et qu'à tout moment je *saisissais* ma toile sans m'y attendre.) Certains passages de *la Loi humaine* m'ont ému. Oui, débarrassé un tant soit peu de l'inquiétude formelle ; pour la première fois j'ai réussi à ressentir l'émotion contenue dans cette tragédie. Est-ce un manque de caractère ? Dois-je passer par la sensibilité d'autrui pour m'ouvrir à la mienne ? Me faut-il supposer un lecteur « sous le charme » (J.M.B. en l'occurrence) pour me laisser aller à moi ? Ai-je un tel besoin des autres ? Pour m'aimer moi-même, faut-il donc qu'on m'aime ?

Hier, reçu une longue lettre d'Etchart en retour de la mienne. Que nous ayons lu et tant apprécié son manuscrit semble, lui aussi, l'avoir apaisé, réconcilié avec lui-même. Il dit ceci, entre autres : *Pour que je communique (par mon roman) avec vous, il faut que soit exclu cet informe, ce brouillage, ce « social ». Il faut donc* a priori *qu'il y ait, avant toute lecture, un point de rencontre, un accord, le refus, ou au moins le doute, sur... le monde et la société, sur leurs valeurs.*

Que ceux que j'aime m'aiment, que ceux que je choisis m'aiment comme je les aime c'est bien. Mais ce qui m'inquiète et m'apparaît comme un manque de force vitale c'est de me sentir rassuré par une appréciation extérieure. J.M.B. aime mon livre et me voilà calmé, lavé. Alors quoi ? Comment faire pour rester un loup ? Comment se durcir, comment se resserrer sur son caractère lorsque, à la fois, *vorrei e non vorrei*, on veut plaire et ne pas trop plaire ?

Mais dans l'excès d'incertitude le succès serait un peu comme la vipère agonisante autour du membre cassé.

....

vendredi 4 février Remarqué ceci : Un Arabe viole une « Blanche ». Que dit la presse ? Comment le dit-elle surtout ? « Un Maghrébin *fait* subir des violences sexuelles à une jeune fille », etc. Chaque mot incite à l'exaspération raciste. Un « Blanc » viole une « Blanche ». Comment le dit-on ?

En utilisant ce vocable courant devenu abstrait à force d'usage.

....

samedi 5 février Hier, Jean-Marie Borzeix m'a apporté le contrat. Jamais contrat éditorial n'a été signé dans de plus exquises conditions : sur la table ensoleillée, encore encombrée des restes du repas. C'est avec plaisir que j'écris ce matin le nom de Borzeix en toutes lettres. Il nous a plu. Déjeuner au soleil dans la véranda. Trait assez rare et qui m'a rendu Borzeix encore plus... je dirais familier : pendant le repas il se préoccupait des oiseaux qui viennent picorer du beurre contre la vitre dans une coupelle suspendue à un rosier grimpant. Il les a tous nommés. Peu m'importe les oiseaux mais les nommer montre un esprit qui a su préserver sa part d'enfance.

....

dimanche 6 février ÉVIAN : eau Naïve.

Ou bien : NAÏVE SEPLA SED EVIV UAE.

Ce qui peut se lire : Naïve ! C'est par là ! Accède ! Vive ! Ah ! Hé !

Serait-ce mon ascendant persan qui m'entraîne à cette lecture paranoïaque de droite à gauche ?

Par ailleurs je poursuis de gauche à droite *le Métier de vivre* de Pavese. Rarement ressenti une si totale nudité.

A propos du *T.A.*, mon unique remords : n'avoir pas maîtrisé le pointillisme des informations données au cours des pages sur C.L. Je n'avais pas vu le portrait total qui est en effet très dur. Ça, je le regrette profondément. Chaque détail me paraissant rigoureusement exact — tout au moins exactement ressenti — j'avais négligé de cligner des yeux pour voir l'ensemble. Mais le comportement de C.L. a réussi à atténuer ce remords jusqu'à l'effacer — illustrant ce mot de Picasso : « On finit toujours par ressembler à son portrait. »

. . . .

lundi 7 février Se souvenir qu'il y avait Klaus Barbie mais aussi des sous-Barbie depuis le haut de la pyramide jusqu'en bas. Et que, plus on descendait vers le bas, plus il y avait de miliciens français et de flics français, sans parler du petit peuple de travailleurs, qui faisaient fonctionner l'immense machine à entasser les familles juives pour les convoyer vers Drancy et de Drancy vers l'Allemagne...

Ne pas oublier non plus les rafles, le Vel' d'hiv'. Se souvenir que, pour arrêter, déplacer, parquer, exterminer et dissoudre une telle masse d'êtres humains, il a fallu une certaine bonne volonté. Que Barbie ait pris un plaisir sadique à exécuter son *travail* d'occupant n'a rien d'étonnant. Les lois naturelles de la sélection ont fait que celui qui avait les meilleures aptitudes pour l'emploi grimpe à la place qui lui revenait. Mais tirer aujourd'hui un Barbie de son relatif néant, le jeter soudain en pleine lumière, n'est-ce pas encore une fois, en pliant le bouc sur la pierre, restreindre l'infamie, l'isoler, l'individualiser ? C'est ramener le « crime contre l'humanité » à un cas lorsque, en vérité, c'est un système de valeurs qui se trouve en cause. En avançant Barbie au premier plan, c'est un masque usé que l'on étend comme un cache sur la réalité.

....

mercredi 9 février A la radio, hier soir en voiture, entendu les résultats livrés par la commission d'enquête sur les massacres de Chatila et de Sabra. « Sharon doit démissionner », concluent les enquêteurs. Begin, de son côté, est reconnu « personnellement responsable » de la tuerie. Après la stupeur devant la violence du sionisme moderne, le réconfort de retrouver encore vivant là-bas ce réflexe de conscience morale du grand fond d'humanité juif.

Déjeuner chez Monique et Manuel. Ils vont être chassés de chez eux, de la vieille maison carrée. Manuel se découvre frappé dans sa chair : décharges nerveuses dans le cerveau, tétanisation des muscles enserrant les vertèbres cervicales ; il vit raidi par la surconscience du désastre qui les atteint dans leur vie quotidienne. Et nulle part où fuir !

Saisi au vol à France-Culture : *D'après Pierre Chaunu, la France serait le pays au monde où il y aurait le plus de morts enterrés.* Phrase étrange.

Passé la soirée à lire une montagne de journaux au sujet de deux événements dont le rapprochement est insupportable :

Klaus Barbie de retour en France, quarante ans après ses crimes.

Mise en cause de Begin et de son cabinet dans les massacres de Palestiniens.

La commission Kahane a sauvé le peuple juif de la honte.

Le procès Barbie en aucun cas ne sauvera le peuple français, non seulement de ses collaborateurs, mais de son « laisser-faire » envers les juifs.

. . . .

jeudi 10 février Dans huit jours Venezia !

Je lis Pavese avec un vertige d'effroi.

Son 13 août !

Sans la rencontre de Danièle, n'aurais-je pas eu comme lui mon 13 août ?

Totale extase de Pavese devant le « monde féminin ». Il est resté en état d'enfance face à la femme. Il dit : « Aimer sans restriction mentale est un luxe qui se paie, se paie, se paie. »

Il dit encore : « Pourquoi celui qui est vraiment amoureux demande-t-il la continuité, la durée (*lifelongness*) des rapports ? Parce que la vie est douleur et l'amour partagé une anesthésie, et qui est-ce qui voudrait se réveiller au milieu d'une opération ? »

Terrible constatation qui rabaisse l'amour à l'utile.

Amertume de l'enfant qui aurait subi la pire injustice. Le sanglot de Pavese résonne très fort en moi. Comme lui je vois dans la femme un être différent et inaccessible. Cette différence infranchissable m'attire jusqu'à désirer me perdre en elle. Désir inouï du corps féminin qu'on divinise. Paroxysme de ce désir qui chez Pavese a eu son 13 août : éjaculation irrépressible produisant l'effondrement mental dont il ne pourra se remettre.

Il dit encore : « Voici qui est définitif : tu pourras tout avoir de la vie, sauf qu'une femme t'appelle *son homme.* Et jusqu'à présent, toute ta vie était fondée sur cet espoir. »

Tout homme, je crois, porte en lui le spectre terrifiant d'un possible 13 août. De là don Juan qui restreint la femme à ce territoire de chair qu'il marque : passer d'une femme à l'autre sans jamais en projeter aucune ; prendre avant de désirer ; rester avant tout maître du cours des choses ; à aucun moment ne se soumettre.

Pavese, lui, s'est soumis en plaçant la femme à une hauteur inaccessible. En éjaculant avant, par ce spasme il se signifiait qu'elle était hors d'atteinte. Restait donc l'amère jouissance de l'échec qui se savoure seul dans les « larmes mortelles ». Si Pavese me bouleverse c'est qu'en aucun cas je n'aurais fait un don Juan. Je suis trop attiré par l'inaccessible *monde féminin* et pas assez par les femmes. Sans la rencontre de Danièle par laquelle j'ai pénétré dans la passion, je crois que j'aurais, comme Pavese, sombré dans le masochisme et me serais coupé de la femme. Répugnant à les courir toutes je me serais retiré dans l'échec. Tu ne sais que trop vers quoi tu étais en train de glisser lorsqu'elle fit irruption dans ta vie ! Vertige d'écrire cela.

George Jackson terminait certaines lettres de prison par : « From Dachau with love. »

Cinquante millions de *nègres* ont été déportés d'Afrique vers l'Amérique pendant la traite. Combien sont morts en route — on prétend quatre à cinq millions — de maladie, de douleur morale... ou bien tout simplement jetés par-dessus bord avec leurs fers ?

Elle me dit tout à coup : « Je suis heureuse de vivre avec toi. » (Soir du 10 février.)

. . . .

vendredi 11 février A propos du *Don Giovanni* de Mozart : Ottavio est un ténor. L'héritier des castrats, l'héritier du « sublime » traditionnel italien est chargé aujourd'hui du « ridicule » des timbres efféminés. Culturellement nous sommes décalés. Le ténor pour nous n'est pas *un homme.* Questions que j'aimerais poser : Comment recevait-on Ottavio à l'époque de Mozart ? Qu'était-il pour Mozart ? Quelle place avait le ténor dans la convention d'alors ? Je ne pense pas à la voix mais à la charge émotionnelle de cette voix. De quoi était chargée cette émission qui nous paraît insipide ? De charme ou (déjà) de ridicule comme aujourd'hui ? Le *Lo juro* suivi du duo vengeur était-il lu à l'époque de Mozart comme nous le lisons ironiquement aujourd'hui ?

Sur le personnage de don Giovanni, pas d'ambiguïté, son diabolisme n'a jamais beaucoup varié d'une mise en scène à l'autre. Inutile de revenir sur la fascination qu'il a toujours exercée et qu'il exerce plus que jamais sur l'homme du vingtième siècle, ne serait-ce que par la distance qui sépare ce féodal plein de cruelle fantaisie, de mépris, d'ironie sublime, du rouage social réduit à son minimum d'invention ironique. Moins ce matricule se trouvera libre de défier les valeurs, plus il se perdra en esprit dans « l'aristocratique élégance du mal » d'un don Giovanni. Don Giovanni est en chaque homme son double sulfureux. Il représente notre nature. Il vient d'aussi loin que notre sexe qui veut tout posséder, tout défier, tout détruire, tuer Dieu, tuer le Père, *rapter* toutes les femmes et pour finir étendre son territoire jusqu'à l'enfer même. Ce surhomme nous fascine, nous l'avons reconnu dans Gilles de Rais, dans Faust, dans toutes les grandes figures insatiables et exaspérées. N'importe quel metteur en scène arrivera toujours tant bien que mal à faire tenir debout la figure de don Giovanni — avec l'aide de Leporello. Ottavio, non. Donna Anna, tant bien que mal aussi. Donna Elvira, à peine. Zerline et Masetto, au contraire, presque à la perfection réaliste dans la mesure où le « peuple » a réussi, depuis, à faire plier l'histoire et qu'un metteur en scène d'aujourd'hui ne pourra pas ne pas en tenir compte. Donc entre ces deux pôles — d'un côté don Giovanni, de l'autre Zerline-Masetto — il reste trois personnages (les Masques), parmi lesquels Ottavio dont on a fait, par simplification, un « impuissant » (Jouve et Hoffmann, entre autres), un petit-bourgeois timoré, ridicule et autant que possible mal vêtu et laid. Mais pourquoi Ottavio n'aurait-il pas quelque chose d'extrêmement jeune ? Pourquoi ne serait-il pas d'une extrême beauté ? Pourquoi sa voix proche de celle d'un castrat n'indiquerait-elle pas qu'il fait partie de l'univers courtois, qu'il a la beauté, la fragilité, la bonne volonté naïve non pas d'un futur époux mais d'un adolescent profondément épris d'une femme brûlée par un feu qui la dépasse ? Pourquoi ne pas imaginer un Ottavio dégageant un charme gracieux ? Pourquoi les naïvetés que Mozart a mises dans sa bouche ne prendraient-elles pas une dimension digne de la puissance générale de l'œuvre ? Pourquoi ne pas le rendre, par son aspect, digne de la « hauteur » de ses sentiments ? Ottavio ne serait-il pas Mozart ?

....

samedi 12 février « Le rêve des uns fait le cauchemar des autres. » Phrase trouvée dans un article à propos du tourisme dans les pays du tiers monde.

. . . .

dimanche 13 février Grippe.

Interrogé sur le retour à Lyon de Klaus Barbie, le secrétaire général du C.Œ.E. a répondu : « *Je suis originaire d'une île près de l'Amérique du Sud, et cela fait mal de savoir que des milliers de nazis ont trouvé asile dans des pays de ce continent. En réalité Barbie et ses semblables sont des produits de votre histoire. Hitler, Barbie, Eichmann et compagnie représentent la fin de l'Aufklärung (siècle des Lumières), qui a produit quatre choses : la révolution industrielle, qui a subordonné l'homme à la machine ; la fondation des États-Unis sur une déclaration d'indépendance où la liberté et l'égalité sont appliquées à tous les hommes — sauf aux Noirs et aux Indiens ; — la Révolution française, où la liberté, la fraternité et l'égalité sont en fait revendiquées par les seuls bourgeois ; et les impérialismes à fond raciste.*
Est-ce étonnant si de telles compromissions et de telles conspirations du silence chez les intellectuels devant la prise de pouvoir par Hitler débouchent sur de tels résultats ? Les Barbie de ce monde ne peuvent rien faire sans collaborateurs. C'est en cela que nous sommes tous coupables, car nous cherchons un bouc émissaire, alors que Barbie sommeille en chacun de nous. »

(*Le Monde.*)

. . . .

lundi 14 février Fui la grippe dans Jules Verne. Étonnement devant cette écriture qui chatouille (en livres sterling) le penchant pour les petits comptes des Français du second Empire.

. . . .

mercredi 16 février Les Cinq Cents Millions de la bégum. Livre raciste, revanchard, haineux contre l'Allemagne. Qui pourrait penser qu'après la guerre de 70 tant de haine et de mépris de l'autre s'était déposé dans les esprits ? En cela Jules Verne a assez d'ingénuité pour ne rien masquer.

Un professeur français et un docteur allemand se partagent un fabuleux héritage. Que vont-ils en faire ? Chacun achète aux États-Unis une immense portion de terre sur laquelle l'un comme l'autre vont créer leur utopie. Que fait le Français ? Il fonde France-Ville. La cité de l'hygiène : « A corps sain, esprit sain. »

Et pendant ce temps, cette brute d'Allemand ? Eh bien, Herr Schultze, lui, s'enfonce sous terre. Il extrait du minerai, fond des canons démesurés. Sa ville fonctionne comme un camp de concentration. Tout est divisé en *blocks* séparés par des murs de barbelés. Des hommes en armes partout. *Ausweis* pour passer d'un *block* à l'autre. A la moindre faute de discipline : la mort. Le docteur Schultze a écrit un mémoire dont voici le titre : *Pourquoi tous les Français sont-ils atteints à des degrés différents de dégénérescence héréditaire ?*

Obligés de remettre Venise. 80° de fièvre à deux.

Repensé, dans ma fièvre, au cauchemar de l'enterrement de Brejnev vu à la télévision il y a quelques mois en Italie. Des cubes monumentaux sur lesquels sont postées à distances égales des figures cubiques proférant des discours cubiques. Exacte réplique des dessins de Syssoïev (qui, après quatre ans de vie clandestine, vient d'être arrêté en Russie).

. . . .

vendredi 18 février Hier, lutte effrénée contre la gripe KGB. Ainsi la nommons-nous en riant. (Souvenir d'un article de propagande dans lequel il était question de nouveaux virus expédiés vers l'Occident par les services secrets soviétiques. Dans la guerre économique cela se solderait par des milliards d'heures de travail perdues ! ? !)

Mon corps se traîne à travers la maison. L'épaisseur de la fièvre me donne l'impression d'être à l'intérieur d'une loupe. Tout est huileux. Très pénible, ici, isolés, de tomber malades ensemble. Nous voilà tout à coup écrasés par ce qui fait notre légèreté. Ne dépendant que de nous-mêmes, nous nous rendons compte, du fond de notre lit, que nous ne sommes plus : nos corps ne répondent plus : se lever, descendre chercher un verre d'eau devient un acte lourd, complexe. Et je ne peux m'empêcher de penser à ce que doit être l'impensable vieillesse, à cet immonde enfoncement dans les difficultés de détail, où ce qui est fluide devient chaque jour un peu plus épais, plus dense, insurmontable — pouah !

Refus de la maladie comme distraction de soi. Nous vivons avec tant de passion notre vitalité qu'à aucun moment il ne nous est arrivé de souhaiter la maladie comme lieu de refuge — ce qui fut mon cas avant Danièle. Pendant mon enfance surtout, et une partie de mon adolescence, la maladie a été le seul refuge, le seul lieu où nul ne pouvait me suivre. Très jeune j'ai appris à provoquer la fièvre et à m'y enfermer, hors d'atteinte. La maladie, je m'en souviens, me permettait ce luxe : me glisser hors du rang, dériver en paix à l'intérieur de mon imagination, ne plus être ce matricule fait pour obéir. Les crises de paludisme de mon enfance furent chaque fois reçues comme des moments d'affirmation de moi, de différence, comme des sursis.

Je lis Pavese toujours avec le même déchirement. Immense méchanceté de son immense bonté. Amertume des mots pour dire la désillusion d'une bonté mise en pièces. La douleur le faisant tomber dans un infantilisme coléreux qui le pousse à se blesser davantage — comme celui qui frappe un meuble pour s'y être cogné. Il s'assomme contre le spectre inerte de la femme.

....

dimanche 20 février Passé la nuit à me figurer écrivant ce journal. Malaise où l'écriture envahit tout, où la respiration même devient rythme d'écriture. L'émission de cette écriture imaginaire se solidifie sous les formes les plus comiques — telle la bave qui suinte sur l'oreiller, ou une douleur régulière dans les côtes qui, à chaque respiration, forme des mots, des phrases, des périodes dont la construction se fait sur cette douleur ramassée autour d'un mauvais pli du corps. J'inspire : se forme un mot illisible. Temps d'hésitation entre l'inspiration et l'expiration : une virgule ou un point se pose pareil à une goutte d'eau tombée dans une cave — ploc !... Expiration : quatre ou cinq mots s'écrivent. Temps d'arrêt avant une nouvelle inspiration. Et de nouveau, après la virgule ou le point fantôme, l'écriture de la nuit reprend ses boucles vides pour former une construction abstraite dans mon mauvais sommeil.

Je me lève, je vais à travers la maison morte, oui, morte sans nous. Je fais quelques pas, je me recouche et je pense à cet absurde journal que la grippe a mis si facilement en déroute. Je pense à une phrase lue dans une interview de... de qui ? Ah, oui ! Sidney Lumet. Il dit : « Je me fiche de ce qu'ils pensent, mais ça me plaît qu'ils me détestent. » Un peu plus tard il dit : « Ce sont des gens suffisamment vains pour publier des recueils de leurs propres critiques. » Un peu plus tard encore, il dit de Barbie : « Lui *et d'autres* l'ont fait. Il ne faut pas qu'il serve de bouc émissaire car il n'y a pas la place pour un quelconque sentimentalisme. »

Et puis, toujours dans ce demi-sommeil aux relents de fièvre, je me transporte à Venise, chez S., le psy. Je m'obstine à vouloir faire surgir dans mon esprit... de mon esprit, à projeter hors de mon esprit comme une figure filmée, l'Allemand, notre voisin de la Giudecca, qui vit seul dans l'appartement mitoyen — face au mirador de la prison, à la même hauteur que le mirador. Je reconstitue l'immonde parfum d'eau de Cologne dont il s'asperge à chaque sortie — au point d'empuantir le couloir jusqu'à la suffocation. Vêtu comme un mannequin de vitrine : costume gris trop parfaitement coupé, paletot à col de velours, chapeau de feutre gris aux bords légèrement roulés, gants gris souris de peau souple comme du caoutchouc, canne. Légèrement boiteux, il déambule quai de la Santa Croce, soulevant son chapeau en croisant Danièle — ce qui montre un instant à nu son visage maquillé. « Il a juste l'âge », je dis à Danièle. L'homme solitaire sortait et rentrait à des heures précises — que scandaient les cloches du Redentore. Et je pensais que, sans l'Allemand d'à côté, Franz n'aurait peut-être jamais existé dans *la Loi humaine.* Franz était là, vieilli, terminant paisiblement ses jours sur la Giudecca.

. . . .

Venezia

dimanche 27 février Venezia !

Cette fois, sous les toits. Retour à notre adolescence. Nous voilà dans un petit grenier aménagé où, pour peu qu'on sorte de la partie centrale, on ne peut pas ne pas se cogner la tête — parfois très durement. Le lit est sous la pente. Ainsi que le coin où sur un réchaud électrique nous pouvons faire du thé. Tout cela très précaire mais je m'aperçois que j'aime assez cette « simplicité » qui vous fait jouer à la vie. Il me semble que nous recommençons notre vie, Danièle et moi, ici, maintenant, dans cet espace étroit, dans ce petit lit fait pour de hâtifs rendez-vous d'amants.

Devant moi, sur les planches d'une petite bibliothèque, sont réunis quelques dizaines de livres. Parmi eux des traductions. Entre autres *I fiori blu* de Queneau. *Les Fleurs bleues* que Raymond nous avait envoyées, à l'époque où il venait souvent à *la Béate* avec Janine : « Dis-lui que vous avez aimé, dis-le-lui, je t'assure, tu lui ferais tellement plaisir. » Les yeux sombres de Janine, ce regard anxieux dès qu'il était question de lui.

Janine est morte !

Raymond, mort !

Et *les Fleurs bleues* sont devenues *I fiori blu* !

Deux autres livres, en français :

Mort à Venise de Mann.

La Tête d'obsidienne de Malraux.

mardi 1er mars Hier, fièvre tous les deux. Rechute de grippe qui nous a jetés au lit.

Lu dans un brouillard la plus grande partie de *Vénus erotica* d'Anaïs Nin. Je suis frappé par la grâce avec laquelle elle parle des caresses, des gestes tremblés qui entourent l'acte sexuel, l'attente de la montée du plaisir... Dans la littérature érotique féminine, le sexe n'est pas une arme aveugle comme dans la littérature masculine. Peu importe la *conclusion*. Le sexe est psychologique, il est intelligent. Je pense à *Histoire d'O* surtout, à cette femme qui vit mystérieusement le don de son corps, de son sexe, de sa liberté. Combien loin de la *Justine* de Sade qui subit son sort de fille bête pour la seule satisfaction des mâles obsédés de frapper, d'entrer, de conclure. Que ce soit le fouet ou les transpercements, toutes les violences sont reçues obscurément, sans arrière-plan psychologique. Justine est une victime. Elle n'existe pas. Elle est une figure sur laquelle Sade accroche ses images de prisonnier exaspéré. Justine est écrite par l'homme. O est écrite par la femme. Justine est stupide et c'est sa stupidité qui excite ceux qui l'utilisent. O, au contraire, reste maîtresse de son destin. A chaque instant, d'un mot, elle peut résilier le pacte qui l'enchaîne. D'être consentante lui donne une dimension que Justine n'a pas. O s'est soumise de sa propre volonté. Cette volonté de passivité fait qu'elle n'est jamais objet — bien que traitée tout aussi sauvagement que Justine. Le fouet, les chaînes sont les signes de son humiliation, et c'est cette humiliation qu'O recherche — là sont ses délices.

Dans les textes érotiques d'Anaïs Nin on trouve un peu de cette même complication psychologique. Cependant il y entre trop de santé, comme dans Henry Miller — bien qu'avec plus de subtilité. Chez Nin, les corps de femmes ne portent pas des orifices à remplir (commc cela aurait été le cas, imaginés par un homme), ses corps dénudés sont habités de rêves, de désirs, de projections complexes. Le plaisir est fragile, à tout moment l'excitation peut être rompue. L'amour ne se *fait* pas, on entre dans un état d'amoureuse excitation, on en gravit les différents paliers. La femme est son propre objet — avant d'être celui de l'homme. Elle est à l'affût de chaque frémissement de ses replis obscurs. Elle ne jouit pas de l'homme mais d'être femme. C'est ce qui fait la joliesse de ces textes. Mais pour qu'ils soient vraiment érotiques il y manque cette pointe de puritanisme qui trouble. Bien sûr je pense à Klossowski.

Modernisme de Nin : la femme prend plaisir à l'homme, elle ne le subit pas.

....

mercredi 2 mars Amusement de constater que le préparateur a souligné dans mon manuscrit tous les mots relevant de la sensibilité incertaine et incernable (que je reconnais employer beaucoup) tels que : il sentit, il eut l'impression, il avait le sentiment, il ressentait, il lui semblait, etc. Étonnement aussi de l'accent mis sur les répétitions, sur certaines images qui reviennent avec obsession. *Impression* de froissement de mes fibres les plus délicates, les plus cachées. Faux médium que l'écriture ! Malentendu qui fait croire que les mots sont à tous lorsque en vérité ils vous appartiennent exclusivement dès que vous en accolez deux.

Danièle grippée.

Sorti à la première heure faire quelques courses. Toujours le même choc d'être mêlé à la population de cette ville que le tourisme de masse ne réussit pas à exclure. Ici, sur les Zattere, comme sur la Giudecca, la vie populeuse, toutes classes mêlées, se manifeste partout. Je ne finirai jamais de m'en émerveiller.

Avant-hier, vu à la télévision un montage de bribes de films de Marilyn Monroe. Marilyn s'offre comme l'image de l'image. Elle ne vit pas ce qu'elle joue, elle reproduit. Elle est une reproduction. Ce qui fait son pathétique : la découverte tardive de la fragilité de sa chair mortelle. Du sexe elle ne transmet que les symboles, les lieux communs vidés. Elle est l'objet poussé à sa perfection américaine. Au contraire de Marlène Dietrich qui est sexe. Qui est chair. Qui est odeur. Ce qui touche chez Marilyn c'est cet air travesti : elle ne s'habite pas. Elle remue. Elle ondule. Elle caresse ses hanches en remontant aux seins mais pas de sueur, pas de fièvre malsaine en elle. C'est une petite marquise XVIIIe perruquée de blanc, une mouche au coin de la lèvre, qui reproduit naïvement les appels des putains. Ce serait un peu comme si elle prononçait des mots obscènes dans une langue qu'elle ne comprend pas. Le contraire de Marlène qui, elle, *sait* l'ivresse que suscite le sexe.

....

vendredi 4 mars Hier, pendant tout le déjeuner, au restaurant, une femme, seule à une table au milieu de la salle, s'est comportée comme si elle se trouvait en face de son amour. C'était assez effrayant de la voir chuchoter, pencher la tête, lancer devant elle des regards d'une tendresse éperdue, et rire en rosissant comme si celui ou celle qu'elle adorait était là à lui tenir les mains par-dessus la table. Par moments elle penchait la tête, semblant fondre sous des paroles délicieuses mais très vite son expression changeait, elle s'étonnait, écoutait, incrédule. Que lui disait son fantôme d'amour ? Elle restait un moment les yeux levés au plafond, retenant des larmes... puis de nouveau elle chuchotait, s'agitait, riait derrière sa main, confuse. Elle avait un sourire de femme très jeune. Pour le reste, un être assez gris, informe.

Hier, passés chez un vieux Vénitien auquel on nous a recommandés. C'était comme si nous étions tombés à travers la trame du temps dans un repli oublié du dix-neuvième siècle.

....

samedi 5 mars Revu le vieux Vénitien. Stupéfaction d'apprendre par sa femme française qu'elle a passé son enfance à quelques kilomètres de *la Béate* (son grand-père possédait le domaine de Saint-Maur — les Angles de *la Loi humaine* !). Cette vieille dame m'a rappelé la grand-mère de Danièle. Comme elle, elle a la grâce et l'élégance un peu fanée des Niçoises du temps où on disait de la Côte : la Riviera. Par quels raccourcis la vie accole tout à coup le domaine rêvé (les

Angles) à Venise ! *La Loi humaine* écrite en grande partie à Venise pour le plaisir de transporter Venise au pied du massif des Maures ! Les Angles devenus dans mon livre un morceau de folie vénitienne (un morceau d'art rose et blanc) tombé dans la rusticité de nos montagnes sans histoire. Autre coïncidence : chez le vieux Vénitien arrive par hasard un jeune peintre français. Il apporte avec lui à Venise *Le fou parle* où viennent de paraître quelques fragments de ce journal : *Vu de la Giudecca.*

De grosses langues de veau entassées dans une *macelleria* sur un plateau près de la caisse. Vu une très vieille femme qui, en comptant la monnaie, tirait vers les langues de veau une langue qui me parut au moins deux fois trop volumineuse pour sa bouche et d'une force de vie surprenante dans un corps si usé.

Vu immédiatement après, en sortant de la *macelleria*, un vieux chat couvert de cicatrices dont la langue très rose pendait faute de dents pour la retenir.

. . . .

dimanche 6 mars Brouillard.

. . . .

lundi 7 mars Brouillard d'une luminosité surprenante : de la lumière pulvérisée sur les palais.

. . . .

mardi 8 mars Brouillard.

Travail sur *la Loi humaine.* Je ne suis plus tout à fait dans mon livre. Je ne suis plus dans ce journal. Je ne suis pas vraiment à Venise. Ni à *la Béate.* Je constate que l'écriture m'est devenue aussi indispensable qu'une nourriture. Mais pour écrire il faut se maintenir en état d'écriture. L'écrit devient le lieu solide à partir duquel on peut faire des incursions dans l'irréalité du réel.

. . . .

mercredi 9 mars Travail sur le manuscrit.

Brouillard.

Je sais Venise autour. Mais je n'arrive pas à y *entrer* cette fois. Il faut croire que le manuscrit absorbe toute la part de réalité que je peux accorder aux choses.

Nous vivons dans cette soupente dont la précarité nous renvoie par petits éclairs de réminiscence à notre soupente du Champ-de-Mars. Nous avions vingt ans. Émotion de surprendre Danièle dans tous les petits gestes de sa vie de femme. Émotion surtout de découvrir en moi cette réserve d'émotion intacte après tant d'années.

. . . .

jeudi 10 mars Enfin ! Point final !
A partir de demain, Venise vécue et écrite !

. . . .

vendredi 11 mars Rentré de nuit de chez Toni et Iva par le *vaporetto* n° 1. Lent glissement sur le Grand Canal au milieu du brouillard. Les palais défilent déformés par cette pulvérisation lumineuse sur la nuit. Les lanternes oranges des pontons où le grand bateau vient s'amarrer un instant répandent une lueur ressemblant à du jaune d'œuf délayé. Le bruit des machines résonne entre les palais fantômes. Une mouette masquée se soulève lentement, plane d'une pile à l'autre. Le *vaporetto* avance avec une lenteur théâtrale. Sur le pont envahi de brouillard quelques personnages se tiennent immobiles, saisis dans leur solitude. On pense à une mise en scène. Ils sont trop *justement* disposés sur ce plateau flottant qui avance en grondant sourdement. Je repense à ces mots de Danièle l'autre jour alors que nous marchions dans la beauté : « Ici, j'aime tellement être nous. » En effet, on se sent. On se sait. On sait quelle présence on dessine dans l'espace. La nuit sur le *vaporetto* qui glisse entre les palais, j'ai l'impression que cette même certitude de *présence* remplit chaque voyageur.

. . . .

samedi 12 mars Rentrés sur les Zattere pour trouver Jacques Laval arrivé à Venise par surprise. Il nous cherche depuis deux jours. Il est descendu à la Calcina — où, coïncidence,

Monique et Manuel arrivent aujourd'hui. Nous voilà subitement entourés d'amis.

Je ne cesse d'imaginer une vie nouvelle à Venise. Pourquoi ne pas tout larguer pour nous installer ici ? Au moins nous savons ce que nous risquons de trouver : une ville dont la vocation est de témoigner non pas d'un autre temps mais de sa décrépitude. Je pense à ce que nous disait le conservateur français du casino Venier. La municipalité refuse toute restauration trop flagrante (au contraire des Français qui ont remis Versailles à neuf, par exemple). Pas dc redorure à la feuille. Pas de peinture trop franche. Il faut croire qu'à force de vivre depuis des générations dans cet immense corps fané les Vénitiens ont pris goût à cette usure, à cette décrépitude. Là est l'immense fossé qui sépare les Vénitiens du reste du monde. Eux, ils savent qu'ils vivent dans une ville vivante qui chaque jour se dégrade un peu plus. Cette dégradation, ils la ressentent non comme une défiguration mais comme une manifestation de la vie même. Donnez Venise aux Français, ils la ravaleront à neuf. Ils la feront ressembler à ces horribles cartes postales (ravalées par l'œil des photographes). Que jamais Venise ne devienne une « restauration réussie ».

D'ici j'entends la scie du petit chantier de gondoles. Tout à l'heure nous descendrons faire quelques courses pour le déjeuner. Nous passerons le long du canal où subsiste ce dernier vestige : un hangar archaïque, quelques maisons de bois. Un plan incliné permet une immédiate mise à l'eau des gondoles. Deux ou trois artisans travaillent là, perpétuant une technique d'une incroyable complication (une centaine de bois d'essences différentes entrent, paraît-il, dans la construction des gondoles). Leur travail est resté tout aussi subtil qu'il l'était il y a des siècles. De même celui des souffleurs de verre — sauf que la production de verre s'est dévoyée. C'est l'utilisation de l'objet du travail qui se déprave. Juste retour :

l'œuvre finit par être infiniment *au-dessus* de son nouvel usage. C'est pourquoi, depuis peu, des hommes d'affaires de Hongkong proposent de nouvelles gondoles d'apparence identique à celles qui ont toujours existé à Venise, mais en matière plastique moulée d'une pièce. Photographiées par des Japonais elles auraient le même aspect que celles devenues inutilement sophistiquées de la tradition vénitienne.

Tendresse de la *Cinquième* de Tchaïkovski (qui me rappelle *Capitaine Schelle Capitaine Eçço*).

. . . .

dimanche 13 mars Passé la soirée avec Monique et Manuel. Demain nous devons dîner tous ensemble avec Jacques et un ami.

Manuel a lu par hasard à Aix quelques pages de ce journal — données à Jacques Vallet pour *Le fou parle*. Il me dit avoir eu l'impression que je m'adresse à un lecteur. Ce qui est tout à fait vrai, cher lecteur. Je n'aurais pas la mauvaise foi de prétendre écrire cela pour moi seul. Je ne sais si au bout du compte ce journal, que j'espère bien tenir pendant un an, sera publié mais je l'écris en sachant qu'il sera lu. L'expérience me met en état de curiosité. C'est cette curiosité que j'aimerais transmettre. Que reste-t-il de la vie qui passe, au jour le jour — pas de la mémoire qui, elle, constamment remet en perspective comme si, à mesure qu'on s'éloigne du moment vécu, les différents plans du paysage glissaient les uns par rapport aux autres, mais du moment d'écriture, du choix quasiment inconscient qui se fait à travers l'écriture ? Que vat-il s'écrire aujourd'hui ? Qu'est-ce qu'a été hier ? Et ce qui s'écrit n'a parfois rien à voir avec ce que ma mémoire gardera de cet hier. C'est donc unc seconde mémoire qui se développe ici, disons une mémoire artistique.

Parlé hier soir avec Manuel du texte de Sartre sur le Tintoretto (que Marguerite Duras, rencontrée l'année dernière sur les Zattere, considère comme un des plus beaux textes de Sartre. Elle avait dit, péremptoire : « Ce texte, oui ! C'est ce qu'il a écrit de mieux. »).

J'ai l'impression que Sartre a voulu à toute force faire entrer dans sa grille idéologique l'effusion du Tintoretto. Là où la sensualité de la main a guidé le peintre, Sartre s'efforce de répondre par une explication sociologique. Cette démonstration politique vous renvoie bien sûr immédiatement à Élie Faure qui, lui, a toujours répondu au chant par le chant. Même impression de méthode froide chez Sartre à la lecture du *Mur* (trouvé dans la petite bibliothèque de notre soupente).

J'aime, lorsqu'elle lit, le rire intérieur de Danièle soulevée de joie complice devant le comique de James.

Jacques aurait par certains côtés quelque ressemblance avec Strether des *Ambassadeurs.* Sauf qu'il est d'une totale netteté quant à ses penchants.

....

lundi 14 mars Serait-il vraiment fatal que certaines situations produisent d'elles-mêmes les combinaisons de la tragédie ?

Chaque secousse de l'histoire jetterait-elle fatalement sur l'éternelle scène : la mère le fils le frère la fille le père ? Le fratricide fait-il fatalement partie de l'histoire intime de l'humanité ?

Même la bourgeoisie française n'est pas à l'abri de la tragédie. Il suffit qu'elle soit mise en situation de l' « accueillir ». Dans *la Loi humaine*, tout se déroule avec le maximum de classicisme. Le récit commence par le retour du héros. Le sujet devient donc le temps et le travail du temps sur la mémoire (ses encombrements, l'accumulation des déchets déposés). Les différents personnages de cette tragédie s'étonnent de la violence des transformations qui les ont fait dériver si loin de leur image initiale. Et, à mesure qu'ils sont poussés à s'engager dans le labyrinthe de leur mémoire, ils découvrent ce qu'a été (aurait pu être et n'a pas été) leur vie. La France de ces quarante dernières années s'est construite sur la perte de mémoire ; on a commencé par détruire les repères dans l'espace en transformant avec violence la topographie. Puis le reste s'est défait comme de soi-même.

Ceci est un aspect de mon livre. Disons que c'est sur cette banalité-là que je l'ai construit. Mais la part de jeu ne pouvait se développer que sur un défi. Défi que j'ai puisé dans *le Maître de Ballantrae* de Stevenson : Comment aujourd'hui mettre deux frères en situation d'inévitable duel ? Comment faire disparaître le supposé cadavre de l'aîné ? Comment faire passer la fiancée du « mort » dans les bras de l' « assassin » ? Voilà, à quelque chose près, les bases sur lesquelles je voulais bâtir cette tragédie bourgeoise. Ceux qui comme moi sont fascinés par Ballantrae comprendront ce jeu.

. . . .

mardi 15 mars Aujourd'hui Monique et Manuel doivent emporter le manuscrit définitif qu'ils posteront en France. Passé la journée d'hier presque entièrement avec eux et dîné le soir tous ensemble avec Jacques et L. Confidences de Jacques qui se trouvait avec moi au bout de la table. Pendant qu'il parlait, penché par-dessus la table, je regardais de près son visage à la fois sensuel et ascétique. Ses yeux interrogent et se moquent un peu de lui-même. Sa bouche parle et rit mais il y a de la souffrance inscrite dans les plis. Son nez grand et libre dévoile la présence, je dirais « souveraine », du sexe chez cet homme qui a cru un moment l'enfouir sous le voile de saint Dominique. Jacques m'a longuement parlé de L. Son histoire serait presque banale à force de détails tragiques. Un bandage au poignet gauche cache en permanence les entailles de plusieurs suicides. C'était un condamné qui parlait avec Manuel, Monique et Danièle, pendant que Jacques, au bout de la table, disait à mi-voix ce que d'un seul regard n'importe qui pouvait lire sur son ami. Et j'étais ému de voir encore une fois Jacques occupé par cette sorte d'amour obscur. Puis nous avons parlé du Caravage. Jacques nous a admirablement mimé le thème obsessionnel qui revient dans la plupart des tableaux du Caravage : « Un vieil homme se trouve renversé ainsi (il s'était renversé sur sa chaise dans une pose d'offre à la mort), et un jeune homme d'une immense beauté, la plupart du temps nu, debout au-dessus de lui, le frappe à coups de dague. » Jacques avait dit *dague*, puis *dard.* Et pendant qu'il parlait je pensais à sa vie. A un moment il a dit : « Le Caravage a été tué par le soleil. »

. . . .

mercredi 16 mars Trouvé dans la petite bibliothèque *Mort à Venise* de Thomas Mann. Je l'ai relu avec étonnement — non pour le livre lui-même (qui traduit avec beaucoup de grâce l'angoisse de l'homme vieillissant — si poignante chez Jacques) mais pour l'extraordinaire proximité du film de Visconti avec le livre. J'avais lu *Mort à Venise* bien avant de voir le film. A aucun moment le film ne m'avait fait penser au livre. Hier je relis le livre et voilà que les images du film recouvrent pour ainsi dire mot pour mot le texte de Mann. Force irremplaçable de l'image. Vol de l'imagination. J'avais eu déjà, mais d'une manière moins nette, ce choc avec *le Docteur Jivago*. Les images m'avaient paru plus *parlantes* que les mots. Mais avec *le Docteur Jivago* le jeu de réflexion livre-film-livre était faussé puisque je n'avais jamais réussi avant d'avoir vu le film à lire le livre entier. Je butais toujours sur les cinquante premières pages. Et ce n'est qu'après avoir été chargé par les images cinématographiques que je m'étais enfoncé dans le roman de Pasternak jusqu'au bout — sans cependant l'aimer vraiment. Ici, avec *Mort à Venise*, expérience beaucoup plus savoureuse puisque j'ai fait le va-et-vient complet : livre-film-livre.

Une séquence m'avait frappé comme un exemple d'improvisation (je le croyais) : celle des musiciens ambulants. Ils chantent, accompagnés de mandolines, sous la terrasse de l'hôtel des Bains.

Violence prolétarienne, arrogance canaille. Le meneur roux, lorsqu'il monte faire la quête, s'aplatit, obséquieux jusqu'à l'insulte. La sérénade se termine sur une chanson de rire. Pitrerie insupportable que ces édentés lancent en adieu aux riches attablés gagnés par ce rire absurde jusqu'à ce que soudain, au moment de disparaître, le chanteur roux leur tire une langue obscène.

En voyant le film, je m'étais dit que Visconti n'avait pas pu s'empêcher d'inclure dans son œuvre des chanteurs rencontrés par hasard pendant le tournage. Il y avait en eux quelque chose de tellement homogène, de si vrai, qu'il semblait impossible qu'ils aient pu être prévus. Même le temps que Visconti accordait à cet incident trivial me paraissait ajouter à cette idée de complaisance. Et voilà que dans le livre de Mann je retrouve décrite minutieusement la troupe de chanteurs vomis sur la plage. Le rire immonde. La langue tirée. Tout ! Dans ce détail on peut mesurer le génie illustratif de Visconti. Sa puissance de transfusion. En général, une séquence comme celle-là, on la vole, on ne la construit pas. Et c'est cet aspect volé, occasionnel, si vital justement parce que apparemment saisi au bond, qui vous donne le plaisir secret d'adhérer au cinéaste jusque dans ces sortes de facéties. Et vous découvrez que même ce que vous preniez pour une improvisation préexistait (par l'écriture) dans ses moindres détails : couleur des cheveux des chanteurs, aspect de leur peau, leurs vêtements, leurs gestes, leurs expressions, et même l'inimitable fluide maléfique inventés par Mann.

« Souvienne-vous de celuy à qui, comme on demandait à quoy faire il se peinoit si fort en un art qui ne pouvait venir à la cognoissance de guère de gens : " J'en ay assez de peu, répondit'il. J'en ay assez d'un. J'en ay assez de pas un " » (Montaigne).

....

jeudi 17 mars Sur les Zattere, au moindre rayon de soleil, la population de Venise envahit le quai, la vie éclate tout à coup avec une ivresse communicative qui me soulève de cette même joie enfantine que je vois sur tous les visages. L' « échange » la « communication » la « convivialité » ces mots nostalgiques forgés loin de la rue par les sociologues des brouillards sont inutiles ici puisque vécus dans l'innocence. Pourquoi nommer ce qu'on possède ?

Les Zattere ont l'aspect de vastes faubourgs maritimes. Les quais sont crasseux, des pontons y sont amarrés en désordre. Pas de boutique d'alimentation comme en face sur la Giudecca mais quelques petits restaurants populaires. Nous n'avons qu'à descendre pour nous mêler à cette foule qui bavarde et rit. Ce contact avec des êtres humains délivrés des machines me rend heureux, je suis heu-reux ! Plus d'angoisse, je marche enlacé à Danièle et je suis heureux. Nous allons jusqu'à la pointe de la Dogana, nous revenons, nous croisons des gens, nous les regardons, ils nous regardent, nous nous sentons vivre parmi les hommes comme nulle part ailleurs.

Mais Venise vue d'en face nous manque. Nous aimions aussi les quais sévères des Zitelle, avec leurs hommes ivres, cette sensation de léger exil, de recul idéal qui déploie la ville rose comme un fil sur l'eau.

Désir très fort de situer mon prochain roman quelque part sur une île de la lagune. Venise au loin, vue de dos, comme une cité à laquelle on n'aborde jamais. Des étrangers vivent sur un îlot, dans une maison qu'ils ont plus ou moins bien aménagée. Restes de bâtiments du dix-neuvième siècle (ancienne poudrière). Quelques maisonnettes de maraîchers. Une femme écrivain d'une quarantaine d'années, malade. Elle boit. L'homme qui l'aime et qu'elle aime la déplace sur un fauteuil roulant : sorte de sirène gonflée par la cortisone et l'alcool. L'île basse, dépotoir où les semi-marées de la lagune laissent une vase pestilentielle. La femme qu'on traîne comme un objet. Amour plein de désespoir. Bien sûr, je pense à Carson McCullers. Ou à Flannery O'Connor détruite à la quarantaine par une maladie des os. Des étrangers à Venise. Parmi eux des musiciens américains ayant étudié à Paris. Puis ayant vécu à Rome, à Florence. Quelques Français, artistes aussi. Tous sur l'îlot !

Autour, les cultures maraîchères travaillées par des Italiens pauvres qui logent dans des petites maisons peintes. Ils se déplacent en barque à fond plat pour livrer leurs légumes. Les étrangers vivent là, un peu exploités par les Italiens mais aussi à leurs crochets pour les déplacements car ils n'ont pas de barque et dépendent donc des allées et venues des maraîchers. Ce serait ça : une immense périphérie d'où on voit de partout le mirage de pierre.

Ces lignes en souvenir de l'automne dernier, chez Gianni, un jour que nous déjeunions au soleil. Une femme — une Américaine — relativement jeune mais abîmée par l'alcool, l'excès de médicaments et les souffrances, est arrivée sur un fauteuil roulant poussée par un homme assez jeune lui aussi, assez beau, assez « racé ». Ils ont déjeuné à une table voisine. Il a lu le *New York Times* en avalant des lasagnes. Elle prenait des notes sur ses genoux. Continuellement des amis artistes venaient les saluer : Américains, Français, Italiens...

....

vendredi 18 mars Comme pendant notre dernier séjour sur la Giudecca, nous avons trouvé dans cette mansarde une vieille télévision à moitié démolie. L'automne dernier chez le psy nous avions réussi à voir quelques films sur les deux chaînes qui fonctionnaient encore. Il fallait beaucoup de patience et d'habileté pour attraper, en passant vivement d'une chaîne à l'autre, les images qui avaient tendance à fondre et à sauter. Cette fois nous ne pouvons prendre qu'une chaîne, la *Rete 4*, dont les programmes sont coupés par des annonces. Ainsi nous avons revu *Bonnie and Clyde* mélangé à des recettes de pizza. Ce qui est accepté par tous nous surprend encore —

nous qui n'avons jamais eu la télévision. Nous serions un peu comme la *punaise* de Maïakovski brusquement réveillée d'une congélation de cinquante ans. Notre regard s'exaspère de ces brisures, de cette destruction de la continuité. Nous ne pouvons rester passifs, nous nous insurgeons. Cette vision déconstruite du monde, ce perpétuel sabotage de la continuité laisse imaginer par quelle gymnastique passe aujourd'hui l'esprit d'un enfant qui grandit face à ces images brisées. Le ravalement de toutes les images au même niveau finit par détruire leur contenu moral. Cette dislocation par la publicité serait alors le signe ultime de santé. Ce rappel à l' « ordre social » par le biais de l'humour de colporteur serait peut-être le meilleur des garde-fous. Ces flashes publicitaires renvoient au réel de l'achat. Ils disent, entre deux crimes, entre deux rêves, ils rappellent la situation sociale du téléspectateur : « Peux-tu, ne peux-tu pas acheter ? » Et ce *peux-tu ne peux-tu pas* lui dit avec exactitude quelle place il occupe sur l'échelle de la dévaluation humaine.

Hier, par hasard, en effleurant un bouton, déclenché une ronde ininterrompue de brèves séquences de toutes les chaînes. Les images se matérialisaient et se dématérialisaient dans un fondu enchaîné assez lent, une sorte de respiration dont les points culminants ramassaient pendant cinq ou six secondes un morceau d'action qui cédait la place à un autre morceau puis à un autre et ainsi de suite. Le dérèglement du vieux poste au bord de l'implosion venait de pousser à la limite le système des images discontinues. Quelque chose de très artistique se passait là, tout seul.

Là-bas de Huysmans trouvé dans la petite bibliothèque. Éternelle fascination des écrivains français pour la figure ambiguë de Gilles de Rais. Style plein de *parbleu*, de *que Diable !*, etc.

Cette phrase des annales du procès : Gilles de Rais repentant pleure sur la poitrine de Jean de Malestroit (l'inquisiteur) qui lui dit : *Prie, pour que la juste et épouvantable colère du Très-Haut se taise ; pleure, pour que tes larmes épurent les charniers en folie de ton être !*

. . . .

samedi 19 mars Amusement, hier, à l'Accademia, en repensant à Marguerite Duras rencontrée il y a exactement un an sur les Zattere : « Bellini ! Très très important ! Bellini ! Les Bellini de l'Accademia ! Les regards ! Il faut remarquer les regards ! Le jeu des regards ! Bellini ! Très important ! » Dramatisation qu'elle met à tout comme si sa pensée ne pouvait progresser autrement que par spasmes. Marguerite détient une vérité universelle dont elle vous livre juste le premier fil. A vous de le dévider. Devant les Bellini, hier, à l'Accademia, je revoyais cette silhouette courte, cahotant au bras d'un jeune homme à lunettes de fer qui ne disait rien, semblant entièrement occupé par le bonheur d'être à Venise avec la grande Marguerite.

Peintures-images que je regarde avec un plaisir froid. Splendeur d'une peinture peinte par la *tête*. Nulle trace de déchéance sur ces grandes toiles maîtrisées par un peintre qui ne laisse à aucun moment oublier l'artisan sublime. Tout est tenu, retenu. En effet, les regards dont parle Marguerite décrivent à travers l'espace peint des lignes croisées qui jamais ne se rejoignent. Les personnages sont comme des solitudes muettes arrêtées à l'instant mathématique de l'harmonie :

toutes s'ignorent et toutes pourtant participent d'une même tension car *il se passe quelque chose ailleurs,* dans un coin ignoré du tableau. Le sujet superflu du tableau est là, comme pour mieux mettre en relief la charge compacte de solitude qui anime de son immobilité chaque figure de ces foules déployées. En général je reste assez indifférent à ces peintures où l'homme peint debout se trouve répété un certain nombre de fois. Impression toute différente devant la *Présentation de la Vierge* de Titien où un certain nombre de petits incidents créent une relation entre les figures. L'une fait la charité, l'autre dit quelque chose en aparté, une autre se retourne... On sent que Titien a voulu à toute force arracher à leur solitude les personnages, les rendre acteurs d'une sorte de théâtre intime. La petite fille gravit les marches dans une buée saint-sulpicienne, son naturalisme plein de sensualité semble vouloir tirer l'art hors du hiératisme qu'imposent les alignements verticaux hérités des Byzantins. La petite fille serait alors la peinture en marche...

Agacement ce matin devant cette sorte d'automatisme qui se déchaîne lorsqu'on recrée un tableau par l'écriture. *Lecture* du tableau qui pourrait se développer sur des pages.

Mais, pour moi, le chef-d'œuvre absolu qui *occupe* le musée de l'Accademia : le portrait du *Procuratore Jacopo Soranzo* du Tintoretto. Une œuvre comme celle-là contient une charge d'humanité qui laisse espérer, cent ans à l'avance, les grands Rembrandt pathétiques de la fin.

Revoir avant de partir de Venise les Tintoretto de San Rocco que je sais porteurs de toute la peinture d'expression... ou plutôt d'*écriture* émotionnelle tracée par la main.

. . . .

dimanche 20 mars Perte d'identité par le nombre. Ce que je n'ai encore jamais éprouvé à Venise, voilà que dans le palais des Doges nous en avons reçu l'agression. De salle en salle, des groupes compacts se déplacent. On les canalise sans qu'à aucun moment, semble-t-il, un individu ne s'en détache pour contester le sens absurde de cette visite. Ce que Danièle a tenté de faire dans son affolement de ne pouvoir remonter la poussée des visiteurs. Nous nous étions retrouvés, sans savoir comment, dans les étroits boyaux des prisons souterraines. Son angoisse m'a fait mal. Je l'ai serrée très fort par le bras et l'ai maintenue tant bien que mal comme une pouliche cabrée que ces tunnels cloisonnés de barreaux épais raidissaient. Le lent écoulement des visiteurs qui se penchaient avec une écœurante jouissance de cellule en cellule ne nous permettait pas de remonter à contre-courant. Et il a bien fallu, malgré les éclats rentrés de son impatience de cavale rousse, passer par le pont des Soupirs, faire la boucle par les souterrains à sens unique, repasser le pont des Soupirs pour se retrouver, au bout de cette immersion dans l'épaisseur de la pierre, à l'air libre. J'aime chez elle ce furieux besoin de liberté, de large. Cette fois j'en ai mesuré toute la violence.

Ensuite nous nous sommes assis au soleil chez Quadri. Midi : cloches graves battant leur son feutré en haut du campanile. Émotion de Danièle de se trouver sur cette place aérée, vibrante de vie, de cris.

Rentrés sur les Zattere. Sieste comme un long évanouissement dans la coïncidence des sens.

Lu hier dans *le Monde* un compte rendu des poursuites engagées par la LICRA contre Roger Garaudy, le père

Michel Lelong et le pasteur Étienne Mathiot pour leur appel à propos de l'agression israélienne au Liban. Veut-on vraiment décourager toute initiative en faveur du dernier des peuples déshérités du Moyen-Orient ?

. . . .

lundi 21 mars Burano, un dimanche ensoleillé de mars. Une population gaie dans l'unique rue du village aquatique. La porte de l'église ouverte. Parfum d'encens sur la place où bavarde et rit la jeunesse de l'île. La lagune partout autour. Je suis passionné par tous ces îlots à l'abandon : anciens couvents détruits pendant la dernière guerre, anciennes fabriques, restes pourrissants d'une vie extrêmement active. Aujourd'hui tas de briques envahis de buissons et d'arbres rêches. C'est ici que viendraient se perdre les « étrangers » de mon roman, sur un de ces affleurements de terre — avec, pas loin, l'envol des long-courriers, le bruit de leurs réacteurs.

Au retour, longue traversée par les chenaux balisés en S sur ces eaux de boue avec par endroits des nappes d'ordures qui de loin me font voir des cadavres vêtus de lambeaux de cirés noirs.

Venise comme la concrétion malade, le *défaut* sublime sur la lèvre de cette gigantesque nacre pourrie.

Hier, en fin d'après-midi, Carlos et Nadine Revilla sont montés nous voir à l'improviste. Ils ont demandé à quelques antiques Vénitiennes qui possèdent des palais à quel prix elles nous loueraient un appartement l'automne prochain. Le chiffre de deux millions cinq cent mille lires par mois a été avancé. Il semble que toutes les vieilles fées du Grand Canal passent leur vie au téléphone à se communiquer les derniers prix extorqués aux touristes. Sorte de syndicat de Carabosses recluses que j'imagine entassant leurs dollars.

Dans dix jours *la Béate*. Pincement d'angoisse à l'idée de retrouver nos collines passées peut-être aux mains d'une nouvelle municipalité. Seule cette feuille de papier peut me donner la fugitive illusion d'un territoire préservé.

Monté sur la minuscule *altana*. Vu entre les maisons, comme à travers des brèches dans une muraille de roche, des bribes de canaux, des bribes de la grande minoterie en brique au bout de la Giudecca, bribes du chenal, bribes de cargos passant lentement d'une venelle à l'autre, des bribes d'églises, de clochers, de campaniles. Et j'ai écouté la rumeur feutrée par l'eau.

Matinée d'hier sur les îles qui avait valu une nuit blanche à Danièle : angoisse d'avoir répondu à cette invitation de Pupa. Elle se voyait sur un grand *motoscafo* avec le même troupeau qui nous avait empêchés de remonter des oubliettes. Agréable surprise : nous étions quasiment seuls avec Pupa et son amie hôtesse, sur la vedette de bois vernis. Seul acte touristique : visite d'une verrerie à Murano. Devant une petite foule émerveillée, deux souffleurs de verre ont tiré de quelques gouttes de pâte en fusion un cheval et une carafe. Dérisoire magie qui faisait pousser des exclamations à ce public venu là de tous les coins du monde. Puis les gens ont acheté des quantités d'affreux bibelots. A voir le tas d'horreurs sorties de l'exquise habileté de ces souffleurs, on se dit qu'en fin de compte c'est le touriste, par la pression de ses petits choix, qui *produit* cet art dégénéré.

. . . .

mardi 22 mars Remarqué hier, affalée sur les marches d'un pont, une grosse femme qui, au moment où nous passions, ramassait par terre, entre ses pieds, un vieux chewing-gum écrasé qu'elle remodela avant de le mettre dans sa bouche. Plus tard, dans l'après-midi, alors que nous rentrions vers les Zattere, sur un petit *campo*, la même femme se lamentait assise sur une chaise. Ses beuglements affreux résonnaient tragiquement sur le *campo* vide. Nous accélérâmes le pas mais les cris nous suivirent longtemps.

En nous promenant la nuit sur les Zattere, vu par un hublot, sur le flanc d'un paquebot à quai, un écran de télévision transmettant un gros plan d'eau bleue. Par un jeu de perspective, l'écran remplissait exactement le trou du hublot, donnant l'illusion que le paquebot entier contenait (et peut-être transportait) cette eau lumineuse (d'une nature si différente de celle de la lagune).

Elle était entièrement vêtue de blanc : escarpins blancs, jupe blanche étroite. Elle était assise sur les marches de marbre d'une église blanche. Elle riait vers moi, les jambes écartées, et je voyais le sombre de son sexe dans l'ombre blanche de sa jupe étroite distendue par les cuisses. Rêve qui n'a duré que quelques secondes cet après-midi alors que je m'étais assoupi sur le lit, près d'elle. Son plaisir sensuel lorsque je lui racontai cette vision.

. . . .

mercredi 23 mars Cinquante-cinq ans !

Lire la vitalité du Tintoretto. Trace d'une main d'esprit. Suivre le trajet de sa main. Se dire : est-ce possible qu'il ait résolu cette surface et aussi ce détail ? Cinq cents ans plus tard, assister à cela dans la trace sur le tableau. Avec quelle franchise, quelle énergie ! Il semble que pas un instant la main ne se soit arrêtée : les surfaces peintes gardent l'empreinte d'un mouvement unique, d'une unique coulée de l'esprit et des muscles, sans *repentir*, sans réflexion étrangère au moment de l'action. Toute la peinture d'effusion des siècles à venir est contenue dans l'espace de San Rocco. Le Tintoretto ouvre l'éventail entier des libertés. Il ouvre l'avenir à un Rembrandt, un Goya, un Manet, un Turner, comme s'il les portait en lui.

En sortant de San Rocco : Vu du ponton du *vaporetto* où nous attendions, deux hommes et une femme au balcon d'un palazzo. Les hommes en petits costumes, cravatés, ternes. La femme encore plus terne qu'eux, en cardigan gris étroit. Ces palais étaient faits pour des paons humains.

Orgueil que de croire à son écriture à soi ici, à l'intérieur de ce monument du lieu commun. Venise s'impose avec une telle force qu'elle brûle d'avance toute interprétation. Et pourtant il semble que c'est justement à partir du lieu commun qu'une personnalité a quelque chance de se redessiner. Écrire sur Venise ? Oui ! puisque c'est toujours de soi qu'il est question. Comme tout le reste, Venise est un prétexte à se sentir sentir.

Certaines drogues exaspèrent les nerfs, Venise exaspère la perception que nous pouvons avoir de notre présence dans l'espace. Elle nous situe comme des corps de beauté dans la beauté.

Passés chez le *signor* O. qui nous a parlé de Peggy Guggenheim. L'ombre de cette Américaine est partout sur la ville. Ombre mondaine puisque le *signor* O. s'est cru obligé de nous parler de sa « simplicité » : « son » marché ! Épinards qui dépassent du cabas, etc.

. . . .

jeudi 24 mars Nuits inquiètes. Fausses insomnies : je rêve que je n'arrive pas à dormir. Désir d'être enseveli dans l'écriture d'un roman.

Hier, alors que nous faisions la traversée vers le Lido, des îles entr'aperçues au loin sur la lagune m'ont donné cette même sorte d'éveil que l'idée du duel des frères Ballantrae pour mon dernier livre. L'esprit s'accroche à une image : la nostalgie du livre à venir coule en vous.

Pendant ce temps Danièle, près de moi, relit *les Ambassadeurs*. Délices ! Délice de retrouver dans les éclats de son enthousiasme les points exacts où ma propre sensibilité s'était soulevée. Danièle s'élance dans un livre avec une capacité d'emballement, une générosité que je n'ai pas.

Je regrette de ne pas avoir son don. J'entre avec méfiance

dans un livre, j'attends, jusqu'au moment où l'œuvre force mon adhésion. Alors commence la douloureuse admiration.

. . . .

vendredi 25 mars Ce matin, parlé pendant le petit déjeuner de *la Béate*, des collines boisées que nous allons retrouver dans une semaine. En quel état ? Quels nouveaux chantiers ? Après chaque absence, je rentre avec angoisse et nostalgie. Je ne supporte pas qu'on touche à la « nature » des Maures. On ne vit pas un quart de siècle dans un espace libre sans qu'il finisse par vous appartenir. C'est bien cette dépendance que nous avons rompue en venant ici. Nous ne sommes plus les otages d'un lieu. Plus exclusivement en tout cas. En nous attachant ailleurs, nous nous donnons l'illusion d'un possible détachement. Illusion de réduire ainsi les risques de se trouver pris au piège. Quoi qu'il arrive, nous pouvons fuir d'un côté ou de l'autre — par l'imagination tout au moins.

Notre soupente donne en biais sur la petite fabrique de gondoles. Dès le matin sept heures jusqu'au soir sept heures un marteau frappe régulièrement le bois. Je pense à *Tandis que j'agonise.* Les longs cercueils peints en noir s'alignent sur le plan incliné qui permettra de les lancer dans l'eau boueuse du canal.

Avant-hier, pendant que Danièle téléphonait dans un petit bar, je suis resté accoudé au-dessus des gondoles rangées en désordre — comme des allumettes brûlées que l'on aurait jetées à poignée sur l'eau — dans le bassin de l'hôtel Cavalletto. Écœurement attendri devant les enjolivements minuscules : larmes noires, poignées d'argent, bas-reliefs badigeonnés de noir, sièges en plastique, fleurs de plastique piquées dans des flûtes d'argent, bouts de moquette sur lesquels se tiennent les rameurs, petits tableaux triangulaires à l'avant (en général une vue de Venise). Chacune de ces minces lames flottantes *représentait* le rameur. A première vue elles semblent toutes pareilles mais c'est à partir de cette uniformité que, par le jeu d'infimes détails, le gondolier affiche sa personnalité sur ce totem couché.

Dans les boutiques : théâtralisation des gestes qui disent l'art dans le métier. Gestes à la limite de l'inutile : envol des mains dans un élan frivole au-dessus des viandes, des poissons, des légumes ; le corps entier participe de cet envol dans des sortes de saccades de patineurs. Cet aspect théâtral est renforcé par le « costume » qui signifie le corps de métier. Par ces détails on sent quelle forte conviction de son utilité anime celui qui tient ce « rôle » social avec un plaisir si évident. Balbo a gardé de son Italie ces pantomimes qui dépassent toujours l'action.

. . . .

samedi 26 mars Il me disait : « Je n'ai jamais envoyé de lettre au juge. Qui vous a raconté une chose pareille ? Je n'ai rien à voir avec ces écrivains russes qui dénoncent leurs confrères. »

Où nous trouvions-nous ? Dans un lieu vague, dans cette pénombre qu'on ne voit qu'en rêve. Il se tenait devant moi, tendant par moments la main pour me toucher le bras — mais moi je reculais. Il me semble que ce désagrément a duré une bonne partie de la nuit — en tout cas entre une heure et demie du matin (moment où le premier moustique m'avait piqué la paupière inférieure, soulevant mes cils pour atteindre la partie sensible au ras de l'œil) et cinq heures et demie (moment où le second moustique m'avait réveillé en décollant de mon nez). Il voulait absolument devenir mon ami. « Vous savez combien j'aime ce que vous écrivez. Allons, tendez-moi la main, effaçons tout. » Mais moi je reculais, je reculais, je reculais...

Me suis traîné ce matin hors du lit en me cognant à toutes les poutres. Pleine d'entrain, rieuse, gorgée de sommeil, Danièle se moquait de moi. Elle était sortie sur l'*altana*, je la voyais entre les clochers et les scintillements des canaux, au-dessous d'elle. Des mouettes rieuses, masquées de noir, tournaient près de sa tête. Venise partout, et nous ici, en plein ciel ! Par-dessus les maisons passe un paquebot, lent, très lent : ses superstructures compliquées glissent entre les antennes de télévision. La faucille et le marteau, or sur rouge, plaqués sur sa cheminée, avancent très haut, passent devant les murs de brique ocre de la minoterie. Tap-tap de la fabrique de gondoles. Cris. Aboiements. Klaxon d'une péniche du bâtiment abordant le carrefour des deux canaux.

Regard réaliste sur une petite famille allemande. Amour incestueux du père envers sa fille. Tout cela dans des tonnes de chair nues. La mère se lave les dents, empaquetée d'une combinaison d'où déborde sa graisse. Le père s'est collé des poils postiches sur la poitrine et peut-être sur les bras. La fille, de la graisse à venir mais déjà gagnée par ce tremblement gélatineux d'une peau alourdie par le saindoux. Des bleus partout. Avec ses tatouages et ses poils le père vit entre ces deux femmes. Catastrophe ! La jeune motte de saindoux se donne à un loulou mi-cuir mi-bleu de chauffe. Ils s'aiment dans le foin. Ils s'aiment dans des gravats. Ils s'aiment dans la cave d'un pavillon de banlieue à l'abandon. Images assez japonaises de deux jeunes corps pleins de poils, de grains de beauté, de grumeaux, de boutons : la caméra a tout enregistré, hésitant cependant entre la viande et les flous picturaux. Fureur du père apprenant que sa fille a été « violée » par un *mascalzone* (tout ça doublé en italien). Regrets du temps où les *mascalzoni* on les jetait dans les camps. Le mot *castrato* revient de plus en plus souvent entre lui et la femme. Scènes familiales comiquement théâtralisées entre papa maman la fille, sur du Beethoven. Beaucoup de graisse obstrue la caméra. Brusquement le drame. La petite, excédée par un père si allemand, vole son revolver d'ordonnance, le met entre les mains du *mascalzone* qui le décharge dans la viande haïe du père nostalgique de l'Ordre. Scène digne des tragédies de haute époque : la petite motte de saindoux se jette sur le cadavre du père, le tâte, le secoue, ne peut croire au bonheur de le voir sans vie, enfin, mort ! Finale : le *mascalzone* est en prison, la petite à l'asile : on les réunit pour un suprême adieu. Deux gardiens (une femme et un homme) dans un coin assistent à ce dernier baiser. Ils disent sur un ton plein d'humanité : « Ce ne sont que des enfants. » Fin.

Venise en sortant de cette charcuterie cinématographique due à Fassbinder. Venise partout que nous traversons *a braccetto* follement joyeux.

Croisé tout à l'heure deux jeunes Françaises, un plan de Venise à la main. Elles semblaient perdues : « Ne demande pas », avait dit l'une d'elles, « sans ça tu as affaire à des gens qui ne te lâchent plus. »

. . . .

dimanche 27 mars A propos du jeune Goethe, ce qu'écrit un ami de Kestner et de Lotte : « Il est dangereux d'avoir un auteur pour ami. »

Dans son *Werther,* Goethe avait utilisé Lotte et Kestner sans même prendre la précaution de travestir le nom de Lotte.

Werther dit : *Elle m'aime ! Combien je me deviens cher à moi-même... combien je m'adore depuis qu'elle m'aime.*

Pénurie de livres français à Venise. Une ignoble librairie non loin du campo Goldoni en a quelques-uns sur une étagère. Un système antivol magnétique insulte le client. On entre par un tourniquet, on ressort par un autre. Les livres sont démagnétisés au moment où la caisse fait *clinc !*

Pour les trois jours qui nous restent à Venise j'ai pris *les Souffrances du jeune Werther.*

Ému par l'amour. Ému par cette approche éblouie de la femme. J'aurais fait, je crois, un bon Werther. Je suis encore de ceux qui éprouvent cette fascination irrépressible pour la différence entre les sexes. Le « monde féminin » m'est exquisement étranger. Je le veux étranger. Je le veux inatteignable. Il gardera toujours pour moi cette ombre mystérieuse. Aucune intimité ne déchirera ce voile bleuté. La femme restera ce qui ne peut être complètement atteint.

Bien que n'ayant rien en commun avec Werther — sauf peut-être la jeunesse de mes sentiments — je m'identifie à lui

. . . .

mardi 29 mars Acqua alta. Sirènes sur Venise. Violente tempête. Pluie extrêmement bruyante sur nos têtes toute la nuit. Ce matin, descendu téléphoner à Paolo L., depuis une cabine du quai. Les vagues viennent jusqu'à mes pieds pendant que je compose le numéro sur l'appareil accroché au ponton du *traghetto.* Une équipe de cantonniers vêtus de cirés orange délavé dépose des tréteaux le long du quai envahi d'eau. Je parle debout au milieu des vagues. Paolo n'est pas à son bureau. Il est resté sur la Giudecca. Je téléphone chez lui, en face. Pendant que ça sonne pas libre, je vois sa maison enfoncée dans l'eau du chenal. Des nappes de pluie passent en biais, brouillent par moments la vue sur l'île. Tout ça prend un petit air de drame, surtout à cause des sirènes et des cloches.

Je me souviens l'année dernière, sur la Giudecca, cette impression que nous avions d'être hors d'atteinte : Venise devenue tout à coup si lointaine ! Même Paolo donc — lui, un Vénitien — a renoncé à faire la traversée ! Là-bas, sur la Giudecca, tous les magasins sont illuminés. Les enseignes rouges diluées (vu du ponton où je suis debout en train de téléphoner, au milieu des vagues) semblent s'enfoncer un peu plus à chaque instant. La pluie frappe si fort sur le toit de zinc, sous lequel je m'abrite, que la voix de Paolo s'efface comme si l'île de la Giudecca venait réellement de couler.

La Béate

samedi 2 avril Étonnement d'être aussi neuf en arrivant ici. Toujours la même émotion au moment de prendre le petit tournant. Rouler lentement le long des mimosas. Le grand chêne, les cerisiers en fleur, les cyprès, le palmier, les eucalyptus en fleur... et soudain la façade entre les branches. Si vénitienne par sa lumière vieil or, la maison semble à l'abandon. Délice de retrouver notre empreinte, ce moule de notre vie. Tout y est nous. Cette maison est notre histoire.

Souffrance, à l'aube, de passer d'Italie en France. De lire cette frontière nette entre le vieux bord de mer agricole et la furie de construction. Passage de l'horizontal au vertical. Il nous a fallu encore une fois prendre le train « corail » entre Nice et Cannes ! Retrouver cette ségrégation du « troisième âge ». L'Europe entière a déversé sur le front de mer tous ses vieux épiciers enrichis. Et Venise bruit encore en nous, si fort : les Zattere où jeunes et vieux, mêlés, se promènent avec cette pétulance si italienne.

Debout dans le couloir du train, j'entends des éclats de conversation venus des compartiments bondés de vieillards : *Il mériterait la peine de mort.* Prononcée par un semi-cadavre enfoncé dans les martèlements.

Trouvé ici plus d'un mois de courrier. Dans le tas de papiers dépliés, une lourde lettre nous a frappés tous les deux.

....

dimanche 3 avril Lettre qui me ferait une fois de plus regretter la publication du *T.A.* Lettre dont la « beauté » romanesque dépasse malheureusement toute imagination. Réponse dramatique à ce texte de Danièle (que j'avais inséré parmi les miens dans le *T.A.*) où elle évoque si joliment son premier amour à l'âge où la petite fille s'ouvre aux vertiges de l'adolescence. Elle parlait de jardins à l'italienne du Midi de la France, de ce jeune et beau voisin musicien plus âgé qu'elle, d'un coup d'amour si naturel et si fort. J'aimais ces pages pour ce qu'elles révélaient d'elle. Elles m'avaient semblé indispensables dans le *T.A.* par leur ton, la fraîcheur de la voix, la générosité romantique des sentiments. Tant de ressemblance émouvante avec ce qu'elle est pour moi ! A travers les pulsions de la petite fille, puis de l'adolescente, retrouver celle qui a su garder intacte la puissance d'émotivité qui fait les grandes héroïnes de la vie. Il faut croire que les êtres « romanesques » sont faits pour transcender la vie. Ils possèdent en eux une telle charge de poésie qu'ils déposent sur leur passage comme un rayon de lumière dont l'éclat éblouit longtemps après qu'ils sont passés. Danièle a en elle cette sorte de beauté irradiante qui double la splendeur de son apparence de chair. Elle est chair et esprit. De l'approcher fait toucher à la poésie. J'ose écrire cela ce matin, poussé, aidé, autorisé par cette lettre troublante reçue le jour de notre retour. A quarante ans de distance le texte de Danièle que j'avais enfoui dans le *T.A.* est venu frapper le « jeune voisin », un homme malade aujourd'hui, qui, au fort d'une atroce lutte, reçoit ce cadeau de vitalité comme une lame de soleil qui aurait traversé le temps pour le toucher au front. Dans deux jours (dit-il dans sa lettre) on doit l'opérer. Lettre qui attendait Danièle ici depuis un mois et demi ! Un mois et demi de silence involontaire auquel elle répond maintenant seulement, sans savoir si elle écrit encore à un vivant. A la veille de la dangereuse opération l'homme malade a eu cette volte-face. Il s'est tourné vers son passé, il s'est revécu. Et depuis trois jours je suis hanté par cet homme inconnu qui tutoie Danièle depuis l'autre bord de la vie et qui ironise gentiment sur la fatalité qui l'a fait passer à côté de...

....

lundi 4 avril Et, comble de détresse, l'homme inconnu avait joint à sa lettre de nombreuses photos (dérisoires pièges d'instants morts, pauvres appuis pour la mémoire) avec, au dos de certaines, des noms, quelques commentaires de la main de sa mère. Sur l'une, parmi un groupe, on aperçoit Danièle âgée de onze ans, serrant un chevreau noir dans ses bras. Délice pour moi de reconnaître le geste gracieux, la façon de pencher la tête, cette aisance du corps et en même temps cette gêne de se savoir « prise ». Toi, mon amour, *avant*! Autour d'elle, quelques petites filles solides, bien terriennes, plantées devant des chèvres ; un vieil homme barbu tenant lui aussi un chevreau noir ; un grand garçon souriant, coiffé d'un béret, assis par terre en train de tendre une touffe d'herbe à une chèvre ; quelques petits garçons encore ; une femme aussi, un genou à terre et, coupés par le bord de la photo, un bras et une jambe d'enfant ; comme décor, des pins. Et encore de nombreuses photos de la propriété avec ses terrasses, ses arbres, ses bassins baroques.

Morceaux de carton, aux bords crantés, d'une pauvreté pathétique. Traces d'une époque de pénurie où les photos ne dépassaient pas de la main, lorsqu'on les regardait. Et puis l'homme malade avait joint à tout cela une photographie plus élaborée, bien que petite, d'un très beau jeune homme de dix-huit/dix-neuf ans, vu de trois quarts, au visage régulier et profond. Lui, celui d'alors. Celui par lequel il se revit. Celui qui l'autorise à écrire cette lettre, à envoyer ces photos, à tutoyer Danièle comme s'il venait tout juste de la quitter, à préciser avec une douce ironie certains détails inexacts dans le texte joint au *Testament.* A part ce portrait et quelques petites photos de lui (plus jeune, à vélo), rien. De vagues silhouettes sur plusieurs clichés en couleurs près d'un petit avion rouge posé sur ses skis dans un paysage de neige. Ce qui me fait penser à S. Etchart dont nous ne recevons que des photos de vide neigeux où un homme aux traits indéchiffrables (même à la loupe) se tient bien droit, en silhouette, de profil, près d'un splendide cheval luisant et musclé. A part ces clichés d'avion le seul signe d'un prolongement de l'adolescence sur l'âge d'homme : la photocopie du programme d'un des quatre récitals de piano qu'il a donnés aux États-Unis. Un visage, rendu flou par la photocopie, rit, la pipe entre les dents. L'homme inconnu semble installé aux commandes de son petit avion.

Les cerisiers sont en fleur, les camélias penchent leurs boules roses aux pétales serrés, une forte odeur d'herbe, de résine, d'essence d'eucalyptus rend l'air vivant, présent, palpable et, dans ce vertige de printemps, Danièle écrit une longue lettre... à qui ? à une ombre ? à un disparu ? Et moi, par une mystérieuse nécessité, je consigne cela.

Jacques Laval m'a envoyé un livre sur Diaghilev par Serge Lifar. Je le lis avec un certain émoi — comme je lisais il y a trois mois les pages de Tchekhov ou bien *Anna Karénine*. Tout ce qui évoque la Russie « d'avant » me remue. Est-il possible qu'à partir de la cinquantaine on entre dans l'âge de la nostalgie ?

Sa mère étant morte en le mettant au monde, Diaghilev eut pour « vraie mère » une femme assez exceptionnelle : Elena Valerianovna Panaev. Serge Lifar cite ses Mémoires, d'une vivacité, d'un charme qui vous font regretter ces quantités de manuscrits de femmes pieusement détruits par les familles bien-pensantes.

....

mardi 5 avril Lente lecture des *Affinités électives.* Lourdeur explicative de Goethe. J'en arrive aux pages sur lesquelles j'ai déjà buté par deux fois. La première il y a une dizaine d'années. La deuxième l'année dernière. Décidé à dépasser, à poursuivre jusqu'au bout.

....

mercredi 6 avril Ceci de Diaghilev et de ses amis (revue *le Monde de l'art,* 1898, paraissant à Saint-Pétersbourg) : « Essayer d'élever à notre niveau le grand public revient exactement au même que de s'abaisser au sien. »

« Après la version intégrale de *Hamlet* à Chaillot, de même qu'après *Richard II* ou *la Nuit des rois* au théâtre du Soleil, on voit dans la salle des bouteilles vides, des sacs en plastique, des épluchures. La durée du spectacle pousse le public à squattériser la salle. C'est une réaction saine du corps » (*Journal de Chaillot*).

Comme il serait comique de désarçonner cette satisfaction obscène d' « animateur » par une lettre du balayeur ou de la femme de ménage.

Hier foule sur le port de Saint-Tropez. Cet air déporté de la foule tropézienne ! Une sorte de contrainte pèse sur tous ces gens qui déambulent lentement. Le port devient un espace neutre sur lequel cette foule tombée d'ailleurs (à travers le hiatus de la voiture) ballotte son anonymat et son ennui. Au contraire des Zattere où tout le monde va, vient, arpente le quai en parlant fort, en riant fort, comme on parle fort, comme on rit fort chez soi.

. . . .

jeudi 7 Frappe des pages vénitiennes.
vendredi 8 Frappe des pages vénitiennes.
samedi 9 Frappe.
dimanche 10 Frappe.

. . . .

lundi 11 avril Déteste ce travail « réchauffé ». Me suis retrouvé dans la situation de l'automne dernier : écartelé entre l'écriture du présent et la mise au net des feuillets presque illisibles accumulés pendant notre séjour là-bas. Impossibilité de mener de front deux temps. Expérience de division qui me déprime au point qu'il me faut choisir entre l'écriture du présent et le travail astreignant de la frappe d'un temps mort.

Lecture des *Affinités électives.* Mathématique de lourdes pièces de métal qui s'emboîtent comme les éléments d'une épaisse serrure. Tous ces gens ploient sous une armure de bon sens, épuisante à porter. Le capitaine, Charlotte, Odile... Seul Édouard aurait un peu de légèreté, de « fantaisie » dans ses initiatives. Disons qu'il a quelque chose de plus latin. Jusqu'à présent il serait le seul à laisser présager du déraisonnable. Je ne peux m'empêcher de lire, dans cette partie d'échecs où les pièces pèsent des tonnes de bon sens, une critique ironique de l'ordre teutonique. Sentiments et territoires, topographie et sentiments s'ordonnent ensemble à tel point que Charlotte s'éprend du capitaine non pas sensuellement mais pour les « qualités » d'ordre et de bon sens qu'il met à faire avancer les travaux paysagers. Elle aime en lui l'administrateur avisé qui n'agit pas à la légère. Elle, de son côté, est bien faite pour attirer les sentiments du capitaine : ne surveille-t-elle pas les devis des vastes transformations du domaine, ne s'occupe-t-elle pas avec la plus grande précision des comptes, n'est-elle pas solidement posée sur terre ? Le couple Charlotte-le capitaine, dans le jeu ironique de Goethe (mais est-il ironique ?), ne représente-t-il pas les « qualités » allemandes ?

Quant à Odile, n'est-il pas comique de créer une héroïne si calme, si pondérée, si raisonnable dans son amour au point d'imiter l'écriture d'Édouard, donc de se façonner placidement sur lui, de couler comme de la barbotine dans un moule de plâtre. C'est la situation de Goethe qu'il est savoureux de chercher — non dans les personnages mais dans sa sympathie vis-à-vis d'eux.

Brusque explosion du printemps. Soleil très chaud. Toutes les fleurs se sont ouvertes ensemble. Le vallon est envahi d'oiseaux en amour.

Hier, alors que j'avais mis les valses de Strauss assez fort sur le tourne-disque, une mésange, à la pointe de l'acacia, est entrée dans la mélodie. M'a rappelé une bande magnétique enregistrée par une vieille dame, entendue à la radio, il y a quelques années. Son canari sifflait une valse de Strauss note à note en accompagnement du disque. C'était d'une telle tristesse ! La vieille dame ! Les valses ! Le canari dans sa cage ! L'idée d'enregistrer le chant du petit prisonnier ! L'idée parfaitement déprimante de l'envoyer à France-Musique ! Et pour finir, la vieille dame assise devant sa radio, que j'imagine disant au canari : « Chut ! Écoute ! Tu t'rends compte, Titi, c'est toi, dans l'poste ! »

. . . .

mardi 12 avril Tu aurais dû refuser de recevoir cet ancien « mao ». Redoutable par son amertume cachée, sa « lucidité » à l'égard des concessions qu'il a dû faire pour ne pas couler. Il savait tout, il a tout compris. Son seul refuge, le cynisme : « Comme on ne peut pas être pur dans ce monde dégueulasse, autant être un salaud soi-même mais en le sachant. » Il a transmué ses exigences de pureté en veulerie lucide. Il s'était introduit chez nous sous le prétexte d'un livre d'entretiens. Mais ayant compris, mieux que personne, quel est le sens de ma vie avec Danièle, il n'a pu s'empêcher de salir.

Mai 68 n'en finit pas de se faner sur les visages de ses vieux enfants approchant aujourd'hui de la quarantaine.

Entendu à France-Musique ceci dans la bouche d'un commentateur zélé : « Il est de salubrité publique de se rendre au Salon de la musique comme nous le conseille le ministre Jack Lang. »

....

mercredi 13 avril Les Nacht sont venus l'autre jour. Ils ont lu *Le monde tel qu'il est* de S. Etchart. Maintenant ils font partie du cercle de ses admirateurs.

Réveil très gai ce matin, malgré le vent violent qui ramène le froid. Danièle se serre contre moi, m'embrasse en riant. Elle vient de rêver de Venise. Elle relisait avec moi le manuscrit qui se présentait sous la forme d'un énorme jeu de cartes qu'il fallait ranger dans l'ordre.

Hier matin, descendu au marché de Saint-Tropez. Vu Roseline (que nous appelons « Beaux-Yeux » car c'est ainsi qu'elle avait interpellé Danièle la première fois, il y a quelques années). De sa voix enjouée, elle nous a donné des détails terrifiants sur sa santé — pendant que les clients se pressaient autour de son petit étalage d'herbes aromatiques, de têtes d'ail tressées, d'œufs frais. Elle rendait la monnaie, tendait ses petites marchandises en continuant de nous parler tranquillement de son œdème au poumon, de son cœur à l'étroit et déformé par le manque de place, de la certitude de sa mort très prochaine. Et moi je regardais son beau visage épanoui de grosse belle femme du Midi, de Niçoise, d'Italienne aux cheveux noirs — malgré l'âge —, aux yeux noirs, bien vifs, au petit nez froncé, en souvenir des coquetteries de la jeune modiste des années vingt.

« Le jour où vous ne me verrez pas au marché, c'est que Roseline aura cassé sa pipe. »

Elle aime Danièle, elle a reconnu en elle cette sorte de beauté méditerranéenne qui l'éclaire elle-même — bien qu'elles aient au moins vingt-cinq ans d'écart. Autour d'elles vont et viennent les Odile, les Charlotte — ça parle allemand — et je pense avec un réel dégoût à ces femmes réglées, pondérées, ménagères même en amour, dont se délecte Goethe, l'ami de Schiller.

Diaghilev. Personnage qui éveille de plus en plus ma curiosité. Il prétendait descendre de Pierre le Grand. Il lui ressemblait physiquement et accusait autant que possible cette ressemblance : moustache noire, coupe de cheveux, manières, cruauté aussi (à en croire Nijinski). Diaghilev joua très tôt un rôle de portée nationale. Mais à l'inverse de Pierre le Grand qui, comme on le sait, mit une énergie sauvage à européaniser la Russie, Diaghilev, lui, exalta jusqu'au délire les valeurs (artistiques) russes. La revue *le Monde des arts*, fondée par lui, souleva bien des remous à Saint-Pétersbourg. Mais c'est surtout l'exposition de trois mille portraits peints à différentes époques par des peintres russes (qu'il fit venir des provinces les plus reculées) qui provoqua des manifestations d'exaltation collective jamais atteinte pour une exposition de peinture. Parallèlement aux journées sanglantes de 1905, cette exposition bouleversa les consciences. En réponse aux nouvelles idées politiques importées d'Europe, ces trois mille portraits témoignaient tout à coup d'une spécificité russe, d'un formidable visage russe. Des queues énormes se formèrent pendant les trois mois que dura l'exposition. L'intelligentsia russe campa dans le musée. Détail amusant : la salle des contemporains de Catherine de Russie catalysa la foule. N'est-ce pas significatif ? Dans les moments de trouble, ne se tourne-t-on pas toujours vers les figures les plus impitoyables du passé ?

. . . .

jeudi 14 avril « Bizarrement, je suis convaincu qu'un écrivain incapable de parler de soi-même est un écrivain incomplet » (Gombrowicz, *Journal*).

Cela ne signifie pas l'inverse, évidemment.

Où puiser la certitude de soi ?

En soi.

Mais, et les autres ?

Les autres, en vous renvoyant une image de vous, vous enferment dans cette image. Ils confirment celui que vous n'êtes déjà plus.

. . . .

vendredi 15 avril A propos de Pierre le Grand, cette nuit, pendant une insomnie qui me paraissait plus longue que la nuit, je pensais à Glebov, condamné par le monstrueux réformateur à mourir empalé. Sait-on que, pour avoir pris en compassion Eudoxie (la première femme de Pierre, répudiée et enterrée vive dans les sous-sols d'un couvent), Glebov, avant de succomber, eut à subir pendant quatorze heures la lente montée du pal dans ses entrailles. Pour que l'engourdissement par le froid n'allège pas ses souffrances, dans un geste de suprême dérision, Pierre le Grand lui jeta son manteau de zibeline sur les épaules.

Pierre est l'un de ces grands distributeurs de mort qui font l'orgueil de l'humanité. Il sacrifia son fils Alexis après l'avoir torturé de ses propres mains, signifiant par cet acte que la marche vers le « progrès » ne doit en aucun cas s'empêtrer dans la pitié. Nul ne doit être épargné lorsqu'on agit au nom de l'Idée. Précurseur de Staline, Pierre fut le premier de ces grands « modernisateurs » qui ont utilisé la barbarie pour réaliser un grand dessein social... et philosophique. (Qu'on se souvienne de Leibniz l'encourageant à agir sans pitié.) Tuer pour tuer, dans le désordre et l'improvisation, a fini par écœurer même un Attila. Mais quand il s'agit de transformer la face de l'humanité, les bourreaux sont inlassables. L'Idée prétend absoudre les crimes massifs. Tant qu'il y aura un penseur pour tendre le miroir habité par le spectre de la Perfection, il se lèvera des hommes d'ordre pour exécuter. Pierre dit « le Grand » (qui se voulait charpentier) ouvrit la voie à coups de hache. Catherine dite « la Grande », en bonne ménagère allemande, poursuivit ce nettoyage dans le vif, inspirée, conseillée, flattée par nos lyriques Lumières qui voyaient dans la Russie *un creuset où toutes les expériences deviennent possibles.* On déporta des populations. On en supprima d'autres. Nos temps nouveaux commençaient !

. . . .

samedi 16 avril Regretté, cette nuit, de ne pas avoir à portée de la main un crayon et du papier pour noter ce que j'aurais souhaité pouvoir écrire à mon lever ce matin. Impossible de retrouver ces choses, pourtant si essentielles dans mon insomnie.

Hier, coup de téléphone de J.M.B. Avec beaucoup de précautions et de tact, il me demande si je serais hostile à une adaptation cinématographique de *la Loi humaine.* Malgré ce que j'en pense, je n'ai pas pu dire un *non* franc.

J'aime trop l'écriture cinématographique d'auteur pour la voir s'abâtardir dans les facilités d'un duplicata.

Après avoir raccroché j'ai été rejoindre Danièle dans l'herbe, parmi les vols de papillons. J'aime cette fougue qu'elle met à se rebeller contre le principe même d'« adaptation ».

....

dimanche 17 avril De plus en plus effaré devant *les Affinités électives.* Odile ! Ce qu'elle écrit dans son journal !

« Il n'est peut-être rien où le juste milieu serait plus souhaitable que dans la confiance ou la réserve en face de ceux que nous aimons. »

Édouard, Werther (Goethe ?) aiment ces femmes du juste milieu ! Et ils meurent pour elles !

Rêve bref d'un sexe bandé, en marbre blanc.

Réponse à mon rêve vénitien de Danièle en tailleur blanc assise sur des marches de marbre.

. . . .

lundi 18 avril Lettre de Salvat Etchart. La pudeur de son désespoir est telle qu'il ne nous parle que de nous comme s'il se dissimulait derrière un grand miroir qu'il dirigerait sur nous. Le miroir bouge, avance, recule, oscille, quelqu'un est derrière, on aperçoit des doigts repliés qui le tiennent sur les côtés, peut-être même un peu les pieds qui dépassent dessous, c'est à peu près tout. Le reflet est très pur, trop limpide, idéalisé. L'homme derrière le miroir titube, il souffre en silence. Le miroir attrape le ciel, puis la terre, nous saisit au passage, nous perd. L'homme, derrière, va tomber, je le vois aux reflets qui chatoient de plus en plus.

. . . .

mardi 19 avril Pendant trente années, Sibelius (paraît-il) ne composera plus. Comme Rossini.

Etchart termine sa lettre par : JE-NE-PENSE-PAS-QUE-JE-PUISSE-DIRE-OU-QU'ON-PUISSE-JAMAIS-DIRE : C'EST-(OU C'ÉTAIT)-UN-ÉCRIVAIN. Et ceci ajouté à la main : « Et ne reparlons plus de ça. »

Et il ajoute encore : « En même temps je suis bien étonné qu'on refuse mon si clair roman... »

On comprend par où ce livre trouve aujourd'hui un écho. Au contraire de Werther dont la cervelle éclabousse les murs d'une Allemagne proprette, *les Affinités* sont « modernes » justement par ce manque d'aveuglement dans la passion. On y meurt d'amour, c'est vrai, mais sagement. L'échange raisonnable et raisonné entre couples, la vie en communauté dans une tendresse intelligente, en refusant la jalousie, etc., jusqu'à l'enfant qui n'est à aucun puisqu'il est le fait de tous. « La passion exclusive est impossible, moralise Goethe, voyez comme elle mène à la démence. » Seul l'amour de tous pour tous, un amour social raisonné, subsiste dans ce domaine utopique.

. . . .

mercredi 20 avril Stendhal voit dans Cenci le don Juan idéal : celui qui brave tout. Il est homosexuel, incestueux, criminel, athée. Sa fille Beatrix l'assassine avec l'aide de ses frères, de sa belle-mère et de quelques bandits. Malgré l'intercession du peuple de Rome, Beatrix et ses complices seront torturés puis décapités sur la place publique. Le détail du dernier supplice est d'une horrible splendeur. Que don Juan soit le frère de Gilles de Rais, merveille ! Le personnage décrit par Stendhal prend alors sa vraie stature. Non seulement il enfreint mais il tire avec lui dans le gouffre tous ceux qui l'ont côtoyé. Oui, tout le monde enfreint : Cenci par ses actes « hors nature », ses enfants par le parricide, le pape par le supplice qu'il ordonne au nom du Christ miséricordieux. L'excès s'est donc répandu partout comme si don Juan, en cherchant la damnation, la faisait retomber sur tous. Nul n'est sauvé, grâce à lui l'Italie atteint au sublime du monstrueux.

Image très forte : Beatrix fait enfoncer par deux tueurs un grand clou, à coups de marteau, dans l'œil de son père qu'elle a drogué à l'opium. Clou et marteau : écho diabolique de la crucifixion.

Lecture poursuivie dans de véritables tourments physiques : cloué, scié à même les nerfs par une violente douleur lombaire qui depuis trois jours et trois nuits me tient plaqué sur le dos comme un ver coupé d'un coup de bêche. Impossible de bouger sans geindre. Je suis un tas d'os mal assemblés. Pas de sommeil mais la conscience d'être une machine à douleur remplie du bruit des membres rompus par les bourreaux du pape.

Nuits d'été de Berlioz (Janet Baker). Miracle qui réussit à donner à la langue française une musicalité digne de l'italien ou de l'allemand. Où sont donc passés les *r* roulés, les voyelles trop ouvertes, les consonnes nasales ? Rare mélodie française qui donne l'impression de jaillir librement dans sa langue originelle.

Debussy, dans son *Pelléas*, en rationalisant le chant, en le guindant, en le stylisant, démontre combien la langue française est rebelle à l'accouplement musical. Opinion dont je mesure la subjectivité. Comment m'expliquer mon refus véhément du français chanté ? J'en ai toujours une gêne, presque une honte, comme si le chanteur faisait quelque chose de dégoûtant.

. . . .

jeudi 21 avril La langue française serait peut-être trop musicale en elle-même pour supporter d'être doublée par le chant. Toute mise en musique devient alors un pléonasme. Racine a écrit les grands opéras français.

Reçu hier un pli fermé de Jacques : *A n'ouvrir qu'après ma mort.*

Je lui ai répondu immédiatement. Mais après avoir jeté ma réponse dans la boîte j'ai presque regretté mon excès de pudeur devant l'évidence. Jacques est maintenant décidé à mourir. Que signifie cette enveloppe cachetée si ce n'est qu'on prenne au sérieux sa mort qu'il sait prochaine ?

Tous ceux qui vous disent : « Je vais bientôt mourir », meurent vite. Je pense à Nahidé qui me disait : « Serioja, je vais bientôt mourir. » Phrase entendue aussi dès le berceau dans la bouche de ma mère. Je pense aussi à mon père : « Serioja moi bientôt mourir. » Je pense à grand-maman. Ils savaient leur mort et souhaitaient que je la prenne au sérieux. Mais une lâche pudeur fait éluder.

. . . .

vendredi 22 avril Journal, feuilleté dans une pharmacie en attendant Danièle. Vu des hommes pendus à des grues — en Iran. Cette nuit, cette image de mort s'est ruée en moi, m'a réveillé d'un coup. Je gisais sur le dos, la hanche tordue par les douleurs lombaires, et je contemplais en silence cette chose horrible qui s'était imprimée en moi : un homme jeune, au visage d'une beauté régulière, se tient comme debout en l'air. On ne voit pas tout de suite qu'il est pendu. On le dirait au garde-à-vous, entre ciel et terre. Ses vertèbres ne sont pas encore brisées. Avec sa moustache bien taillée, ses cheveux noirs impeccablement coiffés, il ressemblerait à l'acteur égyptien Omar Sharif. Sur le moment on s'étonne un peu de cet homme sans pesanteur, puis on s'aperçoit que les jambes et les bras sont liés et qu'une corde accrochée au câble d'une grue le tient pendu par le cou. Sur la photo, d'autres grues un peu partout ont soulevé d'autres hommes sur ce chantier d'immeubles en construction transformé en lieu de supplice.

Il y a environ un an, S. m'avait téléphoné. Il venait de sortir clandestinement d'Iran au même moment que son ami B. Il m'avait parlé de ces jeunes combattants que les fanatiques de Khomeiny exécutent par milliers : « Avant d'être liquidés, ils enlèvent leurs bottes, écrivent leur nom sur la plante de leurs pieds et se rechaussent. Ils espèrent ainsi qu'un jour on identifiera leurs cadavres. » Je n'ai pas eu le courage de lui répondre : « Mais n'êtes-vous pas l'un des principaux responsables, avec votre ami B., de cette situation ? N'avez-vous pas cautionné ces meurtres en ralliant Khomeiny ? » Je n'ai rien dit par cette sorte de lâcheté, cette inhibition qui m'empêche d'être dur avec un « perdant ». Pourtant combien j'avais été soulevé d'indignation en l'entendant à plusieurs reprises tenir des propos sans pitié à la radio de Téhéran.

Depuis je me désintéresse de ce qui se passe *là-bas.* Je n'ouvre même plus les bulletins que nous recevons chaque semaine. « Honte ! me disais-je cette nuit, maintenant tu te tais ! » Et je voyais les grues avec leurs *strange fruits* d'une « révolution » qui ne fait hélas que commencer. Tu vis retiré dans ton jardin, tu te délectes au chant du rossignol, tu humes les roses, tu trempes ton visage dans la source, tu étreins ton amour ; demain matin tu iras écrire dans la véranda, au soleil, en levant de temps en temps les yeux sur le vallon lumineux...

. . . .

dimanche 24 avril « Et en plus, j'ai une pleurésie. » Hier, place des Lices, Beaux-Yeux en larmes nous a fait ses adieux. Devant son petit étalage d'herbes, elle a serré Danièle dans ses bras. Ce qui la désespère c'est de renoncer à ses clients du marché. « J'ai de quoi pour aller jusqu'au bout, dit-elle, mais j'ai tant besoin de voir des gens. Je ne peux pas rester seule chez moi. » Elle essuie ses larmes et sourit. Depuis des années son corps se délabre, cède de partout, mais elle se tient là, en plein vent, avec sa grosse poitrine, comme un ultime monument d'une italianité généreuse et maternelle.

Depuis quelques jours nous relisons ensemble les cinquante précédentes pages de ce journal. Écrire pour partager de tels moments suffirait ! Étendus, l'un près de l'autre, nous nous absorbons dans ces traces recueillies, dans ce choix si peu réaliste, et si exact cependant, d'une mémoire écrite au jour le jour. Cette cinquantaine de pages ce sont les Zattere, l'eau, Venise, notre retour ici dans la violence du printemps, mais surtout c'est l'histoire d'une contrainte solitaire, hors lieu, hors temps : quelques heures de silence et d'immobilité à voir sortir de moi, mot après mot, de la vie en phrases. Aucune excitation. A peine de la curiosité sur le moment. Même un certain ennui. C'est en me mettant en état de distance ennuyée vis-à-vis de moi que j'espère bien recueillir la part la moins pittoresque, la moins anecdotique, je dirais même la moins exotique de ce qui fait notre vie. Expérience opposée à celles que j'ai tentées jusqu'ici avec ma première personne. Là est mon jeu, doublé, aiguisé par la proximité de Danièle, prise elle aussi à ce *jeu* d'un journal où, parce que rien ne s'y passe, *tout* devrait passer.

. . . .

lundi 25 avril « On désire faire une œuvre qui commence par nous étonner nous-même » (Pavese).

« L'étonnement est fait de mémoire, non de nouveauté » (Pavese).

Est-ce les souffrances insupportables qui jour et nuit me brisent au niveau des hanches ? Il me semble que je ne pourrai pas ce matin tenir assis à cette table. Chaque instant qui passe est de la douleur, la douleur me plonge dans le temps, elle est du temps, comment alors m'oublier dans le travail ? Je ne suis plus ce corps qui s'oublie à écrire mais une colonne vertébrale qui se maintient tant bien que mal dans un faux équilibre sur des hanches que je *vois* comme des os de boucherie.

Mes nuits sont de lutte. Je rêve par bribes, je m'accroche désespérément à mes rêves, j'essaie de m'y enfoncer mais la vérité de la douleur me tire. Et il me semble qu'une part objective de mon moi plane au-dessus du lit et assiste au combat.

Je pose le stylo, je m'appuie à la table, je me relève en m'interdisant de gémir. Je me traîne dehors. Je suis ébloui par la splendeur de ce printemps neuf. Je vis ! Intensément ! J'assiste au choc prodigieux qui fait se gonfler le moindre brin d'herbe. « En vie ! » voilà ce que je ne cesse de me répéter en allant parmi les fleurs vivantes ou en m'effondrant sur une chaise longue au soleil.

Puissance de vie cachée sous les apparences comme une prodigieuse réserve de musique, un grondement souterrain.

Devant moi un bouton d'iris brisé trouvé hier dans l'herbe, promesse de fleur ressemblant à une navette d'albâtre, que j'ai mise debout dans un verre. Aujourd'hui, en s'entrouvrant, ces pétales vivants éveillent en moi un effroi mystérieux. Fleur sans tige qui se tord sur elle-même dans son désir d'aller jusqu'au bout de son programme.

. . . .

mardi 26 avril Journée à Cannes.

Le retraité dans le train.

L'homme au chien rue Ménadier assis à terre. Devant lui une pancarte désespérée pleine de fautes d'orthographe.

La femme et son enfant. Il rit de voir bouger le paysage pendant qu'elle le maintient debout sur la barre d'appui de la fenêtre du wagon.

La vieille femme avec une veine gonflée comme un serpent enroulé autour de la jambe.

Le café du quai.

Retour des Arcs en voiture dans le brouillard. Les collines encore plus romantiques avec le *Premier Concerto* de Brahms à la radio.

A l'aller, le matin, un retraité entre dans le compartiment. Il marche (exprès) sur les pieds d'une jeune femme en face de moi, puis sur ceux de Danièle. Elles font toutes les deux la grimace mais ne disent rien. Le vieux est hilare. Il a de méchants petits yeux. Il cherche mon regard, s'assure que je l'observe. Il fronce le nez ostensiblement très fort en tirant le cou et dit :

« On pourrait p't'être aérer !

— Vous m'avez marché sur le pied », dit la jeune femme en face de moi.

Et elle secoue la main en lançant des regards vers Danièle qui dit en réprimant un rire :

« A moi aussi.

— Qu'est-ce que vous avez à secouer la main ? », dit le

vieux, et il pousse quelques gloussements. « On pourrait p't'être aérer avec cette odeur de parfum. »

C'est à moi (l'homme) qu'il s'adresse. Je dis :

« Commencez par fermer votre braguette.

— Quoi ? »

Il se penche, n'étant pas sûr d'avoir bien entendu.

J'insiste :

« Avant d'ouvrir la fenêtre, vous pourriez déjà fermer votre braguette. »

Le vieux lance un coup d'œil incrédule entre ses jambes. Constate qu'en effet sa braguette est grande ouverte et la ferme tranquillement en levant les yeux au plafond. Danièle est secouée de rire muet. La jeune femme en face de moi rit brièvement et aussitôt redevient très sérieuse. Le vieux ricane. Personne ne le regarde. Je sens qu'il me fixe. J'évite ses petits yeux couleur d'huître.

Entre les eucalyptus apparaît la mer. D'un geste vague, pour me donner une contenance, je désigne à Danièle la tour du Dramont plantée dans l'eau. La jeune femme se lève et va s'installer dans un autre compartiment. Nous nous levons aussi et sortons dans le couloir.

Je suis partagé entre la honte et le dégoût. Honte d'avoir obstinément fui le regard de ce vieil homme, d'avoir refusé le contact de son regard. Dégoût de ce retraité à l'abandon que je me refuse à considérer comme un vieillard « normal ».

Le retour de la gare par la route étroite de la Mourre. Un brouillard très doux effaçait légèrement les arbres, les faisant paraître plus fous, plus pleureurs, plus romantiques dans le chaos des collines. Le *Premier Concerto* de Brahms *doublait* l'émotion.

Brouillard et pluie aujourd'hui. Délicieuse sensation d'isolement dans la maison chaude avec ses feux de bûches. Kathleen Ferrier : *Rapsodie pour contralto, chœur d'hommes et orchestre.* Sommet de mélancolie musicale. Exquise mélancolie d'une journée pluvieuse.

Encore présent en moi le café de la gare, hier à Cannes : impression de misère qui me renvoie à la guerre. Après la Croisette trop bleue, après la terrasse du Festival, l'obscure lumière grise de ce bistrot de quai. Derrière le comptoir où chacun va chercher sa consommation, la fille aux gestes fatigués ne semble voir personne, elle décapsule les bouteilles, encaisse l'argent, tend les verres aux ombres qui attendent en file.

Dans le coin gauche de la salle, trois Noirs discutent fort en buvant des bières. Ils sont vêtus en prolétaires européens. Leurs voix, bien que graves, montent d'un coup au maximum de l'aigu en fin de phrase. Dans le coin droit, non loin du comptoir, un jeune homme à la figure en triangle, tourné vers nous, est assis, seul. Ils nous observe avec des yeux interrogateurs et las. Derrière nous, un peu sur la droite, deux couples d'Anglais, à l'accent terriblement cockney, boivent des bières et fument. Touristes pauvres que j'imagine se déplaçant sur la face obscure de la « Côte d'Azur ». Ils ont l'air de n'aller d'une gare à l'autre que pour boire des bières et fumer. Les deux hommes portent des casquettes de chauffe. Les femmes sont un peu endimanchées, mais la pauvreté est sur leurs visages, sur leurs mains, sur leurs tailleurs sans mode. Devant nous, au centre de la salle, un homme sec à lunettes de fer, costume trop épaulé, vient d'entrer. Un chien-loup dressé ondule contre son mollet. Il s'assied, le chien, sur un claquement des doigts, se coule veulement sous la chaise. L'homme ouvre *France-Soir* sur un titre gras : « Assassinat d'un couple de spéléologues en Ardèche. » Près de lui une femme à lunettes fumées s'est arrêtée un moment. Elle allume des cigarettes qu'elle éteint aussitôt. Ses cheveux sont très gras et longs. Elle boit un café et lance des regards dans tous les coins de la salle. Une sorte de clochard roux, barbu, aux habits délavés, s'est assis un peu à gauche devant nous. Il ressemble à D.H. Lawrence. Après avoir rapporté un café du comptoir, il allume sa pipe, ouvre le *Sunday Times* et le feuillette, avec un chic extraordinaire, laissant pliées par le milieu les feuilles trop encombrantes. On le croirait installé dans un club cossu. Des gens sortent, entrent. Tout est triste. Même les couleurs vives des vêtements sonnent comme du gris. Au moment où nous nous levons, nous remarquons sur le quai, devant le bistrot, un petit chariot contenant un attirail de peinture. Et seulement alors je me rends compte que l'homme roux ressemble non pas à D.H. Lawrence, mais à Van Gogh.

. . . .

mercredi 27 avril En attendant Monique et Manuel, relevé ceci : « Car le bonheur est affaire de raison », titre Claude Roy en tête d'un chapitre des extraits des œuvres de Stendhal.

Stendhal ne peut se ramener à ce slogan.

C.R. fait un choix orienté. Son *Stendhal par lui-même* date du temps où le militant C.R. s'efforçait de faire de Stendhal un militant posthume du PC français.

En conclusion il note : *Que les principes, enfin, qui ont permis à Stendhal d'être un grand écrivain sont applicables à n'importe qui et à n'importe quoi, et qu'ils permettent également de devenir un grand artisan, un grand soldat, un grand ouvrier, un grand militant, un grand savant — de toute façon un* homme *digne de ce nom.*

. . . .

jeudi 28 avril Hier, tentative de balade avec Monique et Manuel à Pampelonne. Spectacle, comment dire ? « américain » de cette longue plage dévastée par les tempêtes d'hiver. Depuis longtemps, plus de nostalgie pour ce bord de mer que j'ai connu, que nous avons connu tous les deux, il y a une trentaine d'années, à l'état de nature. Mais ce que nous avons découvert hier avait une force de délabrement qu'on ne voit que sur ces photos ou dans ces films d'une trop grande recherche « artistique ». Nous avancions tous les quatre enfoncés dans les déchets en matière plastique poisseux de cambouis. Un bulldozer remuait les tas d'algues mortes, soulevait les monceaux d'ordures pour retrouver la plage, dessous, et faire passer en surface le sable disparu. Nous longions des baraques à moitié démolies dans lesquelles des « éphèbes » bronzés clouaient, sciaient des planches, repeignaient. Aux bars à demi ensablés, des filles maquillées préparaient des cocktails sur des airs de rock ; quelques corps gisaient déjà dans de petits espaces de sable ratissé. Un hélicoptère s'élevait et se posait non loin sur un mamelon. Un mannequin qu'un barbu filmait tentait de courir vers la caméra sur ses escarpins à talons hauts en se tordant les chevilles dans les ordures. Une script notait. Un peu plus loin quelques homosexuels nus, parmi des touffes. Des hommes blonds en tenue de caoutchouc gréaient des planches à voile. A la lisière de la plage, sur des tronçons de routes, entre les vignes, des voitures, des caravanes, des minibus mélangés à des carcasses à l'abandon. Très haut, des jets déposaient sur la surface du ciel des traînées de condensation bien droites. A chaque pas nous écrasions une multitude de résidus grimaçants, en plastique, figurant ces petits monstres publicitaires qui ont envahi la planète.

Revenus en voiture à travers les zones dévastées qui entourent Cogolin. Montré en passant Saint-Maur (les Angles) à Monique et Manuel. Il me semblait rouler dans *la Loi humaine.* A *la Béate* nous avons retrouvé la luxuriance verte, le parfum des lilas, les roses de Chine, la glycine de la source. Nous sommes descendus jusqu'aux grands eucalyptus sous la terrasse.

Pris du thé dans la véranda. Ensuite écouté quelques chansons italiennes éditées par Lotta Continua pendant les délires politiques des années 68. Violence inouïe de ces paroles qui ont en quelque sorte accouché des Brigades rouges. Puis j'ai lu à haute voix des fragments d'un texte de Stendhal tiré des *Souvenirs d'égotisme* qui commence par : « Me croira-t-on ? Je porterais un masque avec plaisir, je changerais de nom avec délices. *Les Mille et Une Nuits* que j'adore occupent plus d'un quart de ma tête. Souvent je pense à l'anneau d'Angélique ; mon souverain plaisir serait de me changer en un long Allemand blond et me promener dans Paris », etc. Suivent les *Privilèges du 10 avril 1840* : « God me donne le brevet suivant » : article premier... art. 2... art. 3... etc., jusqu'à l'article 23. Beaucoup ri tous les quatre à propos du « privilégié ».

. . . .

vendredi 29 avril Nijinski expliquant sa « merveilleuse faculté de planer en l'air » (Serge Lifar) : « C'est très simple, vous sautez et vous vous arrêtez en l'air pendant un moment. »

Un jour Nijinski se promenait dans les Alpes. Il crut remarquer du sang sur la neige. Il suivit ces empreintes avec « le sentiment qu'une personne *encore vivante* [il souligne] venait d'être assassinée ». Plus loin les traces de sang s'arrêtaient au bord d'un précipice. Il crut comprendre que Dieu voulait savoir si oui ou non il avait peur de Lui. *Alors je m'écriai d'une voix sonore : « Non, je n'ai pas peur de Dieu : il est la vie et non pas la mort. — Saute, et j'aurai confiance en toi.* » Le diable le tentait comme il avait tenté le Christ. Nijinski se sentit poussé vers le vide. Il glissa, des branches le retinrent. Après s'être débattu un moment il réussit à remonter et il entendit distinctement Dieu lui dire : « *Retourne chez toi et préviens ta femme que tu as perdu la raison.* » A partir de ce moment Nijinski s'identifiera à Dieu et cessera de danser. Il vivra enfermé de longues années, jusqu'à sa mort. Signant : *Dieu-Nijinski.* Comme Nietzsche.

Sur la première page du journal acheté au village, le choc affreux de reconnaître la photo de notre ami le docteur F. Nous apprenons qu'il vient de disparaître dans la neige en skiant « hors piste ». Depuis dimanche on le cherche avec des chiens et des hélicoptères mais quatre-vingts centimètres de neige sont tombés ces derniers jours et il y a très peu de chances qu'on retrouve son corps avant le dégel. Nuit d'insomnie absolue avec, comme posée sur les yeux, la vision trop vivante, trop précise, du visage doux et triste du docteur F. dont je n'ai cessé d'entendre la voix dans le noir, avec son petit raclement de gorge si particulier. Après avoir roulé d'une traite de Saint-Tropez jusqu'à Briançon, il a aussitôt chaussé ses skis et s'est lancé dans le vide blanc...

Toute cette nuit je l'ai vu recroquevillé dans la neige, se tâtant le pouls, trop conscient des progrès de l'engourdissement qui effaçait tout.

Impressionné par le mélange qui s'est fait malgré moi. Hier soir, sans penser au docteur F., j'avais souligné ces passages dans le *Journal* de Nijinski. Cette nuit, la vision du docteur F.

s'est mêlée sans que je le sache aux traces laissées par ma lecture et, ce matin, en relevant ces bribes du *Journal* de Nijinski, je ne pensais pas à notre ami — jusqu'à ce que se fasse le rapprochement avec la page de *Nice-Matin.*

....

samedi 30 avril Rencontré Lapoujade, hier, sur le port de Saint-Tropez. (Je l'avais connu à la Libération.) Sous les traits de l'homme de la soixantaine, j'ai retrouvé, pendant qu'il me parlait, le jeune L. plein de projets fous des années quarante-cinq. Il est de ceux dont on dit : « Ils n'ont pas changé », bien que sa peau, sous la roseur d'un enthousiasme perpétuel, soit celle d'un vieux monsieur. Une très forte charge de vitalité est enfermée en lui. Au premier contact il donne l'impression que tout est encore à faire. Il bouillonne. Il est dans l'avenir. Derrière s'accumulent « les échecs grandioses », dit-il. Il en parle sans amertume, avec jubilation, comme si la disproportion de ses entreprises, en lui interdisant la réussite, l'avait mis une fois pour toutes en paix avec lui-même.

Cette nuit, Danièle n'a pu se défaire du cauchemar de notre ami le docteur F. « Sommeil mêlé à la neige et à la sensation de mort », a-t-elle dit en se réveillant ce matin. Moi-même je n'arrive pas à écarter la constante vision de F. recroquevillé dans la neige. Je ne peux oublier surtout sa terrible dépression d'il y a deux ans, son effroi lorsqu'il nous en parlait. Nous l'avions vu pour la dernière fois la veille de notre départ pour Venise. Il avait cinquante-sept ans.

dimanche 1er mai Avant-hier, parlant du *T.A.*, Lapoujade s'est exclamé : « Ah ! Tu avais contre toi l'avocat K. ! Tu ne pouvais pas gagner ! »

A propos de Camus, on pense aux intellectuels qui n'ont pas eu, comme lui, le courage de dénoncer les aberrations du stalinisme. Pour ne pas affaiblir la Révolution, ils se sont tus.

« Nous autres, écrivains du vingtième siècle, ne serons plus jamais seuls. Nous devons savoir au contraire que nous ne pouvons nous évader de la misère commune, et que notre seule justification, s'il en est une, est de parler, dans la mesure de nos moyens, pour ceux qui ne peuvent le faire » (Camus, *Discours de Suède*).

La vie de Camus est « exemplaire », elle aurait la force simple d'une image populaire. Trajectoire « admirablement » sociale. Pupille de la Nation, fils d'une femme de ménage illettrée, il est remarqué dans la petite école communale d'un quartier pauvre d'Alger par son instituteur, etc., etc., pour finir par le Nobel et l'accident.

Profondément « dostoïevskien », il a tenté de remplacer la politique par la morale.

Toujours pas retrouvé le corps de notre ami. Sur les conseils d'une voyante, les infirmières de l'hôpital ont frété un hélicoptère qui a survolé les champs de neige toute la journée d'avant-hier.

Sorti dans le jardin. Descendu jusqu'à la source. Les bassins sont mauves des glycines tombées. J'ai compté jusqu'à cinq rossignols dont les chants se croisaient au-dessus du vallon.

Hier, longue balade par le chemin escarpé qui mène à la route des crêtes. Émotion toujours aussi vive devant la beauté des Maures dans leur déploiement entier. Je constate encore une fois combien notre sensibilité s'aiguise de revenir sur les mêmes sensations : Ici — Venise — Nous.

Un peu avant la balade, cette sieste dans la chambre où flambaient des bûches. Pénombre vivante, beauté des éclats de chair très blanche, lenteur des fleurs, silences, soupirs, murmures, sanglots des spasmes, corps alourdis par la profonde détente, nos odeurs sur nos mains, lèvres encore chaudes, les mots qui prolongent l'instant, l'ivresse d'être ensemble. Part *indicible* qui échappe aux mots de ce journal : certitude de total bonheur qui passe par le total plaisir. Point culminant du faisceau de toutes nos sensations. Bonheur enchevêtré dans la vie des sens.

Un coup de téléphone nous apprend à l'instant que notre ami le docteur F. vient d'être retrouvé sous la neige. Il se serait fracassé le crâne en venant frapper contre un arbre.

. . . .

lundi 2 mai A tout moment le ministre de la Culture teste l'obéissance des « masses » en décrétant tel jour consacré à la poésie, à la musique, à la BD, etc. Travail d'assouplissement qui habitue à penser les mêmes choses au même moment.

Jusque dans notre village, les « artistes » se sont réunis en association pour obtenir quelques miettes de crédits du ministère de la C. Un crachin de subventions bruine sur la France culturelle.

« J'ai rêvé, m'a dit Danièle, d'un homme qui, dans une chambre, se jetait la tête la première contre les murs. Une voix prononçait : fracture du crâne. »

Cet après-midi, enterrement à Saint-Tropez du docteur F. Désir de fuir cette cérémonie. Recul devant toute action collective — jusqu'à celle de transporter en terre, inerte dans une boîte, quelqu'un que j'ai connu. J'ai peur d'assister au spectacle de la douleur. Une douleur qui se sait vue et qui doit donc se mettre en forme — que ce soit par un excès de larmes ou une excessive retenue. Je crains le troupeau et la marche du troupeau. Je crains surtout cet immense besoin qu'ont les hommes « civilisés » de faire rentrer dans le normal ce qui restera toujours d'une barbarie insupportable. On enferme la chose, on la transporte et on l'enfouit vite. Les bûchers de Bénarès, les Tours du silence des Guèbres, les pratiques funéraires à épisodes des Malgaches, tout ce qui fait *participer* le mort me paraît moins cruel (du fait même de sa crudité) que ce cortège noir qui accompagne une boîte recouverte de fleurs. Le mort est exclu du théâtre qui s'organise autour de lui — *on l'en prive.* Écœurante impression d'irréalité en écrivant ça.

Dernières paroles d'Hitler (à sa cuisinière) : « Seuls deux êtres au monde m'auront été réellement fidèles, Blondi [son chien-loup] et Eva. »

....

mardi 3 mai Hier, au moment d'aller à l'église, trouvé ça dans le journal :

On suppose qu'il s'est rapidement lancé sur la pente en direction de la Grave, profitant de la belle neige, mais qu'ensuite, suivant une mauvaise trace, il s'est écarté de l'itinéraire classique (rappelons que ce secteur de haute montagne n'est pas balisé et qu'il s'agit de ski hors piste) pour s'enfoncer au milieu des mélèzes où il lui aura été plus difficile d'évoluer, les arbres étant nombreux à cet endroit.

Le surcroît d'effort occasionné par cette erreur d'itinéraire aurait-elle provoqué sa fatigue ?

On peut penser qu'il a subi un début d'épuisement, lequel aurait entraîné un malaise. Les sauveteurs l'ont en effet trouvé ses skis toujours aux pieds, les fixations non défaites, la tête plongée en avant dans la neige. Sans doute est-il tombé dans cette position et n'est plus parvenu à se redresser seul, sans témoin pouvant lui venir en aide.

Après avoir assisté à l'office et marché jusqu'au cimetière je serais sur le point de biffer la page d'hier matin. Ce qui s'est passé à l'église de Saint-Tropez m'a fait *entrer dans un remous d'âme communautaire.* Comment dire autrement ?

L'église était pleine. La rue devant l'église était pleine aussi. Mon premier mouvement : partir. Mais nous nous sommes glissés quand même contre un pilier près de l'entrée et nous n'en avons pas bougé. Un silence très léger enveloppait cette foule immobile : bizarrement je n'éprouvais aucune angoisse à me trouver là et je regardais presque avec avidité tous ces visages touchés par la même tristesse. Je pensais à Pierre F., à sa douceur, à sa disponibilité, et brusquement j'ai vu cette foule nue sous la nef et, allant des uns aux autres d'une allure un peu incertaine et ironique, le docteur F. avec son ridicule petit stéthoscope. Nous étions là, tous ses malades réunis d'un coup, et il nous faisait l'attendre mais ensemble cette fois.

Enfin le fourgon s'est arrêté devant l'église, les bruits sourds ont fait tressaillir tout le monde mais personne n'a tourné la tête. Derrière le cercueil marchait un petit groupe serré, tordu de douleur muette. D'un coup tous les yeux se sont mouillés. Près de moi, un jeune type, tenant un casque de motard, laissait librement couler ses larmes. Je n'osais regarder Danièle, moi-même je me sentais gagné non par une émotion personnelle mais par celle des autres. Jusqu'ici je n'avais assisté qu'à deux enterrements : celui de Nahidé et celui de mon père. Ces deux fois, bien qu'intimement concerné, je m'étais senti sec. Il me semble me souvenir d'une douleur froide impossible à cerner, quelque chose d'inconcevable et de trop fort qui ne pouvait se résoudre en larmes. Souvenir d'avoir été au centre, dans l'œil immobile du cyclone. Les autres pleuraient pour moi. Oui, c'est ce que j'avais ressenti.

Et voilà qu'hier je me trouve spectateur, plongé dans une foule chargée des mêmes images que moi, triste pour les mêmes motifs, je dis triste donc proche de ces larmes douces qui débordent et coulent toutes seules presque sans qu'on le sache. Et puis chacun ne pouvait se défaire des circonstances de la mort de cet ami et imaginait, sans le vouloir vraiment, la crispation que le gel avait imposée à ce que nous savions là maintenant déplié tant bien que mal derrière les minces planches de la boîte. Chacun pensait à cette semaine d'espoir, d'attente, de désespoir vécu par ce petit groupe douloureux qui se pressait autour du cercueil. Et chacun pleurait d'assister à ce chagrin.

Puis il y eut le parcours de l'église au cimetière marin. La lente montée jusqu'au niveau des toits de Saint-Tropez, et soudain cette impression de planer dans le bleu. La mer jusqu'à l'Esterel, nette, intense à faire mal aux yeux. Au loin les Alpes couvertes de neige... de neige ! Et la population entière de Saint-Tropez marchant silencieuse dans la beauté, jusqu'au petit cimetière suspendu au ras de l'eau. Le fourgon descend, suivi du pauvre groupe, et la foule s'arrête sur le mur d'enceinte, étirée comme sur le premier gradin d'un théâtre. C'est d'en haut, de cette position inhabituelle, que nous assisterons à la mise au caveau. Les Alpes blanches au loin, les plis rouge de l'Esterel, la mer d'un bleu cru, les tombes claires contre la mer et, à nos pieds, en quelque sorte sur l'avant-scène, le terrible gémissement d'une jeune fille, le désespoir d'une vieille dame, le silence rigide et noir de Marie-Jeanne pendant que tout se brouille et que nous nous détournons.

....

mercredi 4 mai Un divan de terre gazonnée : édredon, coussins, même les plis des tissus figurés par des plis de terre veloutée de gazon. Rêve rapide qui m'est venu au moment du réveil ce matin.

Journée d'extrême paresse hier. Jouissance à rester étendus tous les deux sur l'herbe au soleil. Senteur des lilas, des glycines. Comme chaque année à la même époque, en moi cet étonnement d'être en vie encore une fois. Parmi les arums, les trèfles roses, les iris, nous avons jeté une couverture fleurie et nous nous sommes couchés, nus, face au ciel. Blancheur nacrée de la peau de Danièle sur le molleton à fleurs rouges. Sa pose, bien à plat, les deux bras repliés contre le torse, les mains légèrement posées sur l'arrondi des épaules. Ainsi t'ai-je vue (d'en haut lorsque à un moment je me suis levé) : la tête un peu tournée, les yeux mi-clos, tous les traits du visage bien lisses dans la lumière. Frappé par la grâce du mouvement entier de ce corps de lumière, je l'ai photographié comme vu par le soleil. Les deux esclaves d'argent à tes poignets lançaient des éclats en étoile.

Quant au reste, paresse, paresse.

....

jeudi 5 mai Répondu à Etchart.

....

vendredi 6 mai Ses cheveux taillés très court comme si on lui avait collé sur le crâne de la moquette. Cette sorte de coiffure fait une pointe à la Mickey Mouse sur le front. Elle ressemble à un mime enfariné : sa parole fait penser aux gestes convenus du mime avec chapeau claque et tout. On lui demande : « Comment écrivez-vous ? » Elle répond avec complaisance dans un style « poétique » à la Minou Drouet. Elle dit par exemple ceci de son petit stylo : « C'est un instrument aussi qui fait corps, il faut dire la chose, j'ai un instrument extrêmement précis si on peut dire, je déteste d'ailleurs ce mot parce que ça renvoie à quelque chose de phallique, mais il faut dire que c'est phallique un instrument, toujours. Alors, ce phallus, il est petit... », etc. Titre de l'entretien : *Ça s'écrit à l'intérieur de moi.* Une « précieuse » pour colloques.

Trouvé dans *le Monde* cette terrible publicité payée par l'ambassade d'URSS : *Message à tous les savants du monde.* Suit une lettre larmoyante avec des phrases comme celle-ci :

Aujourd'hui où notre avenir et celui de nos descendants se trouvent dans la balance de l'histoire, chaque savant doit indiquer honnêtement... etc. Et plus loin : *Pour notre part, ayant analysé tous les aspects de ce problème de façon rigoureusement scientifique...* etc.

Cette lettre est signée par la plupart des atomistes russes. Parmi eux le malheureux Bruno Pontecorvo et aussi Piotr Kapitsa. Bruno Pontecorvo, ce physicien italien qui, pour équilibrer la terreur atomique, avait jugé, du temps de la guerre froide, équitable de passer du côté soviétique avec son bagage de connaissances. Il *donna* la bombe à Staline. Étonnement de trouver sa signature voisinant avec celle de Kapitsa (auquel j'avais dédié *Fokouli*), le seul peut-être de tous les savants atomistes à avoir eu un comportement moral *avant* en prenant le risque de refuser à Staline de travailler à la bombe soviétique. (Au contraire de Sakharov, le limpide dissident d'aujourd'hui qui, lui, accepta à l'époque d'être en quelque sorte l'Oppenheimer russe.) Cet encart publicitaire est accompagné d'une reproduction de la couverture d'un livre de Youri Andropov ornée d'un globe terrestre tourné côté Europe-Afrique-URSS-Asie jusqu'au pôle Nord. Le tout est en quelque sorte oblitéré par la faucille et le marteau. Le signe parle, les mots brouillent.

Enlisement délicieux dans la paresse printanière. Je ne fais rien. Je vis. Passé la matinée d'hier à monter un nouveau hamac entre le cyprès et le palmier. Les fleurs de glycine et les roses de Chine me caressaient le visage. Sans cesse autour de nous les oiseaux volettent, en amour, presque à portée de la main. Dans une sorte de transe d'enfance, les petites femelles bruissent des ailes et sollicitent des mâles une becquée symbolique. Hier soir au coucher du soleil, deux coucous se sont posés sur le kaki devant la maison. Je suis resté immobile, la tête levée, émerveillé par ces oiseaux habituellement si farouches : mélange de faucon et de palombe. La femelle frémissait, les ailes un peu étalées, tournée vers le mâle posé plus haut. Jamais, me semble-t-il, je n'ai ressenti si fort la violence je dirais aveugle du printemps. Nuits sonores remplies des chants croisés des rossignols. Nous passons nos après-midi à lire et à bavarder au soleil, étendus sur la couverture fleurie jetée sur l'herbe. La vie est *sens.*

Paresse, paresse !

....

samedi 7 mai « L'esprit français que je trouvais dans les théâtres de Paris allait jusqu'à me faire m'écrier tout haut : Canaille ! canaille ! canaille ! Je sortais après le premier acte. Quand la musique française était jointe à l'esprit français l'*horreur* allait jusqu'à me faire faire des grimaces et me donner en spectacle » (Stendhal, *Souvenirs d'égotisme*).

Ce qui me renvoie au 20/21 avril.

Demain Aix. Pourquoi ai-je accepté d'assister à cette projection ? Je déteste *a priori* ces foires littéraires et n'y suis jamais allé. Ayant refusé une séance de signature et de lecture, je n'ai pas eu le caractère de me défiler pour le film sur les Maures. Et pourtant rien ne me paraît plus indécent qu'une projection en présence de ceux qui figurent dans le film.

Je n'ai pas réussi à créer l'*impensable.* Depuis que le ms. de *la Loi humaine* est aux mains des préparateurs, je me vis comme si je venais de subir un « échec ». De savoir sans doute que le livre est arrêté maintenant dans sa forme définitive. Il n'est plus *que ça,* quoi qu'il soit, il n'est plus *que ça, que ça !* Tout est donc à recommencer.

Je me lève. J'ouvre les volets. Les arbres du vallon sont à demi effacés par un brouillard très doux, très lumineux. Je me recouche et longtemps je contemple Danièle endormie dans la plénitude de son plaisir d'être.

Pourrai-je encore pendant cinq mois tenir ce journal sans rien entreprendre d'autre ? Expérience que je veux cependant pousser jusqu'au bout. Espérer être *au plus près du vrai* par cette disponibilité totale. Me mettre hors imagination pendant un an. Laisser l'écriture, l'automatisme de l'écriture faire le tri, le choix, en coulant sur la pente douce de la vie. A aucun moment n'aller à contre-courant. L'opposé de la création.

V.S. Naipaul (couronné par Israël pour son *Crépuscule de l'islam*), pressé par les journalistes de donner son avis sur les durs problèmes qui secouent les meilleures consciences en Israël, se montre extrêmement prudent, avouant qu'il ne connaît pas grand-chose d'Israël et du sionisme. « On le trouva un peu froid, pas assez enthousiaste, peu accessible à la judaïté. »

Pendant ce temps des juifs ont le courage, en Israël, de refuser l'idéologie sharoniste. Devant la maison de Begin, un couple dont le fils a été tué au Liban tient une pancarte : « Quittez le Liban ! » Quelqu'un dit : « La réalité nous presse, elle est plus forte que la fiction, plus forte que tous les livres. » Article courageux de Nicole Zand dans *le Monde* à propos de la onzième Foire du livre de Jérusalem. En effet, comment pourrait-on écrire des romans, peindre, faire de la musique dans un pays transformé en bunker ? Les angoissés (les artistes) fuient l'état de guerre. Si bien qu'en Israël on raconte cette anecdote : A l'aéroport international de Lod, sur un écriteau on lit : « Le dernier qui part est prié d'éteindre la lumière. » Très cruelle parabole : le dernier artiste juif quitte Israël et avec lui s'en va la Lumière. Restent les soldats.

. . . .

dimanche 8 mai Aujourd'hui Aix. Manuel seul, Monique étant à un colloque. Le film sur *la Béate* et les Maures. Un film de Perec aussi, etc. Redoute le public de ces sortes de rencontres. Plus que jamais, certitude en moi de mon absolue solitude. Je ne peux sans malaise croiser le regard de mon lecteur. Sa parole me fait peur, elle est maladroite car je le mets mal à l'aise. Et moi, quoi que je dise, je sais que je décevrai.

....

lundi 9 mai Aix-en-Provence. On pénètre dans la coquille parfaite laissée par une espèce d'homme depuis longtemps disparue. Aujourd'hui ce n'est plus qu'une dépouille de pierre blonde. Humanité minuscule sous les grands platanes, monde hétéroclite déchu, déversé ici par les banlieues. Certains regards croisés dans la rue à la limite de leur charge de violence. Encore un cran et les lames jaillissent. Deux crans : le sang.

Trouvé Manuel très déprimé. Une autre sorte de violence, celle des petits-bourgeois du voisinage, est en train de les pousser, lui et Monique, hors de chez eux. Ce lieu si beau où ils vivent depuis quatre ans, la vieille maison aixoise, le champ, le cèdre, la source, les fleurs démodées, tout cela, hérité par un propriétaire débile, est en train de tomber aux mains d'une bande d'épiciers pressés d'ouvrir un restaurant dans leur chambre à coucher. Le désespoir de Manuel m'a ramené au temps où nous n'avions nulle part de refuge et qu'on nous chassait de partout. Il ne peut plus écrire. Son dernier livre sort en Espagne, son *Antigone* entre en répétition mais plus rien ne compte : il se sent démuni parmi les gravats de leur vie.

Brève apparition à cette « fête du livre ». Malaise, presque honte d'être un « auteur ». Je passe devant un stand où tous mes livres sont là, étalés. Je détourne les yeux. Comme nous sommes en avance pour la projection, nous ressortons. Tout en marchant, comme si je pressentais ce qui va arriver, je dis à Manuel combien je trouve fausse cette sorte de situation où l'auteur *fait le pas* vers son lecteur : le livre ne peut en aucun cas être le trait d'union entre celui qui écrit et celui qui lit. Au mieux il servira de signe de ralliement entre ses lecteurs.

Pendant que nous marchons, je vois du coin de l'œil se lever, de la terrasse du bistrot vers lequel nous nous dirigeons, un être terrifiant. Il titube, il porte des lunettes noires. Un verre de bière à la main il m'arrête. A la table qu'il vient de quitter, un autre type tout aussi terrifiant est resté immobile. Vêtu de noir. Toutes petites lunettes noires. « Viens t'asseoir avec nous au soleil. » L'homme au verre de bière exige. Il me tutoie. C'est comme s'il disait : « Rezvani, tu m'appartiens puisque je t'ai lu. » Inquiétude dans les yeux de Danièle. Inquiétude chez Manuel. Je refuse fermement. Je dis : « Je suis avec un ami. Nous sommes venus ici pour parler tranquilles. » Il insiste, presque menaçant : « Alors quand vous aurez fini de parler. Nous t'attendons, moi et mon ami, à cette table. » Il s'en va et, assis à quelques mètres de nous, il attend. Énervé, je me lève et nous partons sans nous retourner.

Nous assistons à la projection et, prétextant notre éloignement, nous filons.

....

mardi 10 mai Numéro de la revue *l'Arc* sur Faulkner.

L'œuvre en autopsie traitée comme une matière inerte. Peu d'auteurs se sont plus obstinément dissimulés, pas seulement derrière leur œuvre, mais derrière un personnage idéal :

homme d'armes, cavalier, aviateur. A ceux qui venaient l'interroger, Faulkner disait : « I am a farmer. »

On décrypte. Par touches, on construit un être vaguement impuissant, vaguement pédophile, vaguement obsédé d'inceste, mythomane, puritain, comme si l'œuvre n'était qu'un écran qu'il faudrait absolument lacérer pour découvrir le petit homme apeuré qui se cache derrière. J'éprouve toujours une certaine répulsion à entrer dans ce jeu flico-psychanalytique : les feuilles manuscrites radiographiées, les ratures de ces feuilles décodées, les variations du dessin de l'écriture mises sur ordinateur, le tremblé, les reprises, les repentirs, le rythme des redites mis en parallèle avec telle rencontre, tel échec, tel espoir, telle dépression ou dérapage éthylique. Ces *apparatchiks* de la culture partent du principe que l'auteur est coupable de quelque obscure falsification. « L'œuvre est géniale, c'est entendu, mais que sert-elle à dissimuler ? » On tue pour voir comment ça vit. On réduit à une logique ce qui n'a pu prendre souffle que par une sorte de *jeu.* Toute création est œuvre de curiosité. Dieu aux jours de la Genèse s'est amusé à voir jusqu'où il pouvait aller, il ne savait pas ce qu'il mettait au monde (s'il l'avait su, il se serait ennuyé, donc il n'aurait pas créé). Il en était l'innocent spectateur.

. . . .

mercredi 11 mai Beaux-Yeux n'était pas au marché hier matin. L'emplacement de son petit étalage sous les platanes était occupé par des voitures en stationnement.

Vu au marché beaucoup d'Allemands trop propres.

Horreur de leurs jambes nues en chaussettes dans des sandales de cuir ou de plastique !

Toujours au marché, vu comme chaque fois avec un sentiment de réconfort ce grand garçon en salopette dont le sourire idiot dégage une douceur si délicate. D'habitude il se tient assis sur le marchepied de la camionnette qui sert à charrier les légumes, et il écosse des petits pois ou trie des salades. De temps en temps il va faire un tour dans les travées, d'une démarche indolente, en souriant à tout le monde. Il traîne un peu les pieds en se balançant et se tient voûté pour réduire sa taille et ramener en quelque sorte son air d'extrême bonté au niveau des autres. Il a toujours entre les mains un petit Opinel avec lequel il épluche les fruits, nettoie les légumes, se cure les ongles et les dents.

Entendu hier à la radio le père d'un jeune prisonnier mort mystérieusement dans une prison de Caen : « Mais qu'est-ce que ça peut leur faire, hein, ce cadavre de fils d'ouvrier ? »

. . . .

jeudi 12 mai Téléphone de Jean-Marie Borzeix. J'étais à la source. Il me dit : « Vu de Paris, c'est complètement surréaliste quelqu'un qui remonte de la source. »

Et voilà ceci dans Pavese aujourd'hui :

« Que dire si, un jour, les choses naturelles — sources, bois, vignes, campagne — sont absorbées par la ville et escamotées et se rencontrent dans des phrases anciennes ? Elles nous feront l'effet des theoi, des nymphes, du naturel sacré qui surgit d'un vers grec. Alors la simple phrase " il y avait une source " sera émouvante » (*le Métier de vivre*, 1944).

....

vendredi 13 mai Ces merveilles dans le *Journal* de Stendhal :

« Je ne puis faire le plan qu'après et en analysant ce que j'ai trouvé. Le plan fait d'avance me glace. »

« Je fais le plan après avoir fait l'histoire, comme dicte le cœur, autrement l'appel à la mémoire tue l'imagination (chez moi du moins). »

Conversation qui n'en finissait plus avec X.X. dans un rêve épuisant. Je me souvenais que je m'étais juré de refuser tout contact avec cet X.X. Je le lui disais, ajoutant : « Vous avez écrit une lettre au juge demandant la censure du *T.A.* Heureusement d'autres ont pris ma défense ! » Et je nommais la plupart de ceux qui avaient signé l'appel d'Alain Jouffroy. Lorsqu'il entendit certains noms il se dématérialisa et je me retrouvai à la cour d'un prince italien quelque part en Toscane. Dans un cloître aux ombres contrastées, des gens en costume jouaient à la pétanque. Le prince italien travesti en évêque lançait ses boules — ou plutôt tirait ses coups — soutenu par des femmes lascives et lourdes qui semblaient peintes par Rembrandt. Bethsabées aux corps dorés et brillants de vernis, seins lourds, monts de Vénus épilés, plis sur les hanches, fossettes partout. Mais en même temps je voyageais, avec Danièle, dans un train mal foutu où nous tenions difficilement debout. Je crois qu'on m'avait volé mon argent ou un bagage... mais tout cela s'estompe à mesure que j'essaie de le saisir par l'écriture. Les chants croisés des rossignols traversaient la pellicule du rêve, me donnant conscience d'être physiquement ici, dans ce lit, près de ce corps de femme tant aimé que mes mains ne cessaient de caresser et de retourner, en quelque sorte à côté de mon rêve.

Hier soir, relu certaines pages des *Chroniques italiennes* de Stendhal (de là le prêtre princier) ; un peu plus tard, entendu à la radio cette bizarre histoire de boules de pétanque qui auraient explosé en plein jeu à Marseille (l'aurais-je rêvée ?) ; et avant de m'endormir, quelques pages de Pavese lues, en état second, de dessous mes paupières tombantes, retenant cependant cette phrase qui m'a laissé un léger écœurement : « Quand une femme sent le sperme et que ce n'est pas le mien, elle ne me plaît pas. »

Promenade hier, suivis par le chat, le long des châtaigneraies que nous avons connues libres — clôturées aujourd'hui.

Le vallon de *la Béate* d'une beauté inquiétante au retour. Quelque chose de l'éternité passe. Un lointain aboiement de chien le fait paraître encore plus oublié, plus perdu.

....

samedi 14 mai Le dessinateur Syssoïev vient d'être condamné à deux ans de prison en URSS. Ces mots du jugement : *Il n'avait aucun talent et c'est pour cela qu'il a recouru à la production et à la vente de pornographie. Il s'agit d'un génie autoproclamé qui n'avait reçu aucune formation spécialisée et qui n'avait pas d'occupations précises.*

Chaque mot me brûle !

S'il a été condamné, c'est qu'il a su donner une image excessivement ressemblante des têtes de bois qui dirigent l'URSS. Dessins très forts qu'illustraient les têtes cubiques rangées sur le podium le jour de l'enterrement de Léonide Brejnev.

Norbert Wiener, l'un des fondateurs de la cybernétique, prévenait l'humanité : « Craignez de vos automates non point qu'ils vous asservissent à une intelligence supérieure mais qu'ils répondent servilement à tous vos désirs. Bêtes mais efficaces comme ils sont, ils ne se corrigent jamais. Et si vous ne savez pas bien ce que vous désirez — si vous ne désirez pas votre bien —, ils vous mèneront en enfer. »

. . . .

dimanche 15 mai Encore sous le coup de cette daurade royale (comme celle que j'avais pêchée à la main, un hiver aux Salins) qui venait de glisser par la cage d'un escalier pour tomber sur le toit de la cabine de l'ascenseur. Régis D. (à vrai dire un mélange de Charles et de Régis), sans hésiter, escalade la rampe et saute directement sur la cabine. J'ai conscience de l'extrême risque. La vie de Régis est suspendue à un fin câble d'acier qu'il commence à ramener à mains nues — ce qui hisse dangereusement la cabine. J'essaie de le mettre en garde mais ma voix ne fonctionne pas. Soudain c'est la chute libre. Le câble se déroule en sifflant. Je pense : Régis va mourir. Il s'accroche à la cabine et dans ses yeux il y a de l'effroi. Le câble chauffe, dégage une vapeur brûlante. Dans un instant il va se tendre et la cabine arrivée brutalement en bout de course va se disloquer... Chant des rossignols, je remonte lentement, je respire, je me défais du cauchemar. Il est sept heures et demie. Il fait jour. Je raconte à Danièle. Nous nous amusons des différentes interprétations possibles.

Ascenseur...
Régis D...
Daurade royale...
La chute...
Etc.

D'une personne morte depuis des années on dit : « Il *est* mort », et non pas, comme diraient les enfants : « Il a mouru. »
Bien que mort, il *est.*

....

lundi 16 mai Journée d'hier avec M. et M., P. et M. Après leur départ, bien qu'apparemment nous ayons tous passé quelques heures agréables ensemble, reste ce sentiment de vide que laissent les moments où rien d'inattendu ne s'est produit. Nous avons parlé, bien mangé, ri, mais chacun est resté dans sa solitude. Un souci indéfinissable paraissait occuper une part inatteignable de tous les esprits. Ils sont partis, et nous nous sommes retrouvés tous les deux épuisés comme si on nous avait tapé derrière les genoux.

L'insomnie ne m'a pas lâché jusqu'à cinq heures du matin. Descendu m'allonger sur le divan avec en moi un vide de mort. Certitude soudaine que toute cette histoire de livres, de pièces de théâtre, de romans, cette jubilation, cette passion de créer qui me soulève depuis tant d'années, ne sont que boursouflure de mon imagination. Tu t'imagines écrire. Où est le sens de tout ça ? Rien, jamais ne pourra t'apporter la preuve de ta valeur. Tu es condamné à n'être que toi — donc sans vue objective sur toi. Tu vis collé avec toi-même depuis si longtemps ! Quelque jeu de création que tu inventes, tu n'arriveras pas à te dérouter. Toujours, toujours le *ce n'est que ça !* Des années de travail, de tension, d'espoir et au bout l'insipide *ce n'est que ça !* Une seule fois, peut-être, il t'est arrivé de te surprendre : pendant l'écriture des *Années-Lumière* en 1966. L'innocence de ton premier livre, bien sûr.

Impossible de dormir. Sensation d'une netteté angoissante d'être fait d'une infinité de petits points de matière qu'un rien peut démailler. Effroi morbide qui me fait remonter dans la chambre où Danièle non plus ne dort pas. Elle aussi, sans raison, est dans le même état de dépression. De se le dire nous met en joie. Nous commençons à bavarder dans le noir et le sentiment de notre réalité revient, chasse le vide mortel.

Je vais dans la véranda. Danièle tape en ce moment la première partie de ce journal. Elle en est au dimanche 2 janvier. Je lis par-dessus son épaule et je constate avec trouble que tout ce que je viens d'écrire ce matin a déjà été dit, avec d'autres mots, mais dit.

. . . .

mardi 17 mai La Nuit transfigurée de Schönberg.

Deuxième Quatuor de Schönberg qui t'avait inspiré tes grands tableaux macabres (1964-1965).

Pourquoi sommes-nous allés chez lui ? Pourquoi avons-nous accepté son invitation à déjeuner ? Nous le connaissons à peine. Invitation imparable : il est très ami de Y. Qui est-elle ? C'est à peine si je le sais. Nous l'avons connue il y a trente ans. Et voilà que l'été dernier sur le port nous le rencontrons avec elle. Elle nous embrasse, me tutoie, tutoie Danièle. « Comment, vous ne me reconnaissez pas ? » Sourire dans un visage en miettes, des yeux beaux, d'un bleu pâle dur... Les yeux peut-être, oui, les yeux... quelque chose dans la forme du nez... Mais le reste, non, je ne vois pas. Et soudain, oui, je vois, je ne vois que trop la vertigineuse transfiguration. La fille blonde aux yeux de pierre étoilés de Rimmel, cette beauté populaire dont le sourire souligné de rouge avait quelque chose de rapace, c'est cette femme sur le port, cette femme en miettes. Et, pour surmonter ma frayeur, je l'avais sur-reconnue, et Danièle aussi, en y mettant toute la chaleur de la gêne. Que s'est-il passé ? Pourquoi cette si forte rupture, cet éclatement qui a disloqué ces traits — dont la cohérence ancienne lentement se reformait dans mon souvenir ? Et je compris, à regarder cette femme qui nous parlait au passé, qu'un jour elle avait renoncé à l'*image sexuelle.* Et d'un coup, son visage s'était fêlé comme quand une pierre frappe un pare-brise. Sous ce même choc, son corps s'était débandé. Bien sûr, les hommes aussi se tassent, leur visage se casse, leur voix s'éteint. Mais il n'y a pas cette évidence du « renoncement » comme sur certaines *femmes-images* qui semblent avoir jeté le caillou dans leur miroir.

Déjeuner en souvenir du temps où nous nous disions salut devant les Deux Magots. Déjeuner pendant lequel je bougeais les jambes sous la table comme si je courais.

....

mercredi 18 mai Je suis passé par l'admiration, l'ennui, le dégoût et enfin la pitié. Les incertitudes du début m'ont ému. L'aveu de son impuissance sexuelle m'a rempli d'horreur. Sa vulgarité de collégien boutonneux à propos des femmes m'a répugné. Agacé, son contentement d'être un écrivain reconnu, cette fatuité qui le rapetisse en lui faisant dire par exemple : *Le fait est que tu es devenu cette étrange bête : un homme fait, un nom qui fait autorité, un big.* Il dit aussi, enivré par les éloges : *La grandeur n'est pas interdite ; est interdite la grandeur sans la sanction de la classe hégémonique.* Et puis tout à coup on découvre qu'il aime une femme, qu'il suspend son souffle devant l'amour d'une femme. En quelques pages rapides on comprend qu'il ne peut supporter l'abandon... et c'est le suicide. *Pas de paroles. Un geste. Je n'écrirai plus.* Ce sont les derniers mots de Pavese.

Hier, saut au village pour quelques courses. Dans la rue principale, par une fenêtre ouverte, du rock envoyé à pleine puissance. « C'est comme ça toute la journée », dit une commerçante. Elle admet que c'est très bruyant mais ne proteste pas. Personne ne proteste.

Dans une annexe du village, sorte de ruche de béton construite pour accueillir des collectivités en vacances : « Festival de l'insolite. » Projection de films d'horreur et de science-fiction. Les Gwu et les Bandwin prolifèrent.

Jean-Jacques, le boucher, dit : « Mais c'était l'Italie, ici, *avant.* » Sa voix a l'accent d'un pleur.

Obsédé de Venise toute la soirée en écoutant du Schönberg.

Pour en finir avec Pavese, il tient son *Journal* de 1941 à 1950 sans qu'à aucun moment la guerre ou le sentiment de danger extérieur n'y pénètrent. Et soudain, au 21 mars 1950 — il est aimé, il aime —, cette note : *Dure journée. Situation internationale, situation italienne de guerre civile latente, bruits divers de réaction atomique en chaîne pour avril. Tout tend à me séparer d'elle...* En quelque cinq cents pages, cette unique ouverture sur l'extérieur provoquée par l'angoisse de l'amour.

....

jeudi 19 mai D'après Serge Lifar, pas plus Nijinski que la Pavlova — deux des plus grands de l'histoire de la danse — n'avaient le sens du rythme. Ils dansaient.

La Pavlova : *La musique, l'orchestre, n'étaient pour elle qu'un martèlement ; le rythme et la mélodie ne signifiaient rien pour elle ; par un mouvement de tête, elle indiquait au chef la fin d'une figure. En fait elle ignorait la musique et se comportait comme un ténor qui attend que l'orchestre suive son chant et s'adapte à tous ses caprices rythmiques.*

Nijinski : *Il ne comprit jamais l'importance du tempo ni la valeur des différentes notes. Livré à lui-même, il composait des mouvements de danse n'ayant que peu de rapport, rythmiquement, avec la musique qui les accompagnait. Stravinski était constamment obligé de lui indiquer ses erreurs.*

Question : Faut-il avoir forcément le sens du rythme pour *inventer* la danse ?

Van Gogh, Cézanne — les peintres les plus inventifs de leur temps — ne « savaient » ni dessiner ni peindre. Ils dessinaient, ils peignaient comme Pavlova ou Nijinski dansaient.

Paresse.

Attente des épreuves.

Des fleurs ressemblant à des anémones de mer ont recouvert d'un coup les deux grands eucalyptus.

....

vendredi 20 mai Begin, excellent lecteur de Machiavel, aurait dû, comme César Borgia, faire subir à Sharon le sort de messire Remy d'Orque, son fidèle serviteur. Au lendemain des massacres de Sabra et de Chatila, Sharon n'a-t-il pas été jusqu'à se plaindre d'être devenu « le bouc émissaire de la nation juive » ? Mais ce que Begin semble ne pas avoir assez bien médité dans *le Prince*, c'est qu'en frappant le peuple palestinien sans réussir à l'anéantir il lui fournit de *l'histoire* — donc des raisons de se révolter et de se battre.

Faulkner parlait des deux pires calamités qui peuvent frapper les hommes : le feu et l'inondation. Je pense à notre promenade avant-hier dans la forêt brûlée, au sol aujourd'hui couvert de fleurs. Ce feu d'il y a quatre ans nous a blessés à jamais. Mais il nous a liés d'une manière indissoluble à ces lieux où nous vivons. Les flammes, en traversant l'Éden, en ont arrêté le souvenir dans nos mémoires : *avant/après*, entre eux le *pendant* du fléau. Entre l'*avant* et l'*après*, ce mur de feu qui en quelques minutes a tout calciné. Dix centimètres de cendres partout, les arbres noirs à l'instant, pour la plupart réduits à des souches. Et le silence atroce, sur ce souvenir de forêt, un silence ouaté dans lequel nous nous déplacions, Danièle et moi, comme des corps sans esprits.

Quatre ans auront bientôt passé. Nous sommes restés. Nous ne nous sommes pas enfuis. Nous avons coupé les bois morts, détruit jusqu'à la dernière souche noire. Avec un entêtement absurde, puisant dans l'effort précédent l'élan du suivant, nous avons fait surgir du chaos une nouvelle architecture. Sans plaisir, sans autre ambition que d'effacer, nous nous sommes mis à planter. Travail qui rend stupide, qui vous vide. Mais nous l'avons fait.

Ce lieu s'est *épaissi* de ce moment d'*histoire.* Jusque-là, le temps semblait ne pas le toucher : c'était du Virgile. Le feu nous a atteints dans une partie insoupçonnée de nous-mêmes. N'avions-nous pas toujours parlé de partir — comme pour nous prouver que le bonheur de vivre est libre et qu'il ne tient ni au temps ni à l'espace ? Le feu n'était-il pas le signe ? Et voilà qu'au contraire les cendres nous enracinaient. Nous découvrions qu'ici est notre histoire. Je pense souvent à Malcolm Lowry et à Marjerie. Le feu avait rendu *historique* leur séjour à Eridanus.

Obstination millénaire des misérables habitants des pentes de l'Etna qui luttent d'éruption en éruption pour se maintenir dans leur histoire. Resserrement du peuple juif que l'holocauste a replacé dans l'histoire avec son *avant* et son *après.* Attachement du peuple palestinien à une terre brûlée que la violence sioniste est en train de rendre, pour lui, plus que jamais historique.

. . . .

samedi 21 mai Il pénètre dans le salon d'attente d'un psychanalyste. Ameublement en matière plastique, le sol, les murs, lisses et brillants. Aux premiers pas il glisse et tombe. Il veut se remettre debout mais n'y parvient pas, et plus il fait d'efforts, plus il semble se débattre dans un monde de verglas. Enfin, après beaucoup de contorsions, il réussit à tenir sur ses jambes mais au premier mouvement le voilà de nouveau par terre. Il recommence ses efforts sur le sol synthétique. Il se remet debout. Avec d'immenses précautions, il bouge, visant dans son lent déplacement un fauteuil en Skaï. Il tend la main vers le dossier, il y est presque... mais il dérape et se retrouve sur le dos. Son visage ne marque aucun étonnement, aucune angoisse. Tout ce qui lui arrive est habituel : il n'a jamais pu s'adapter au monde. Encore une fois, il se remet debout et, après avoir délicatement aligné des cigarettes sur le sol, il réussit, en posant le pied d'une cigarette à l'autre, comme sur les pierres d'un gué, à passer jusqu'au fauteuil. Il va s'asseoir, il s'assied, on lit le soulagement sur son visage... mais il a déjà glissé et se débat de nouveau à terre. Belle séquence du film de Jerry Lewis. Effets comiques d'une très grande bonté, d'une profonde tendresse. Un peu plus tard, dans ce même salon d'attente, on le verra, aussi émouvant qu'un tout petit enfant, faire ses premiers pas, sans glisser cette fois, vers le psychanalyste qui lui tend les bras et l'encourage. Héros si bien chargé de tout le malaise du monde qu'au moment exact de sa « guérison » c'est le monde qui dérape et retourne à un chaos trop longtemps contenu.

Je ne ris vraiment qu'au comique de bonté.

Rires parmi les larmes : la Paulette Goddard du *Dictateur* de Chaplin assommant à coups de poêle à frire les « bons Aryens » (les SA) qui ont envahi le ghetto.

Rire du désespoir : Nahidé morte en riant, étouffée par l'hémoptysie.

Souviens-toi, dans cette vieille bande sur la révolution russe, de ce petit homme condamné au peloton d'exécution qui ne pouvait arrêter son fou rire jusque sous les balles des Blancs qui le faisaient sursauter.

L'humour bouleversant des minorités désespérées.

Le manque absolu d'humour de tout vainqueur.

Pendant la guerre, sous les bombardements, je me souviens d'avoir ri en claquant des dents.

. . . .

dimanche 22 mai Tout à l'heure, horrible réminiscence : Pendant que Danièle préparait le repas pour nos invités, je suis sorti sur la terrasse et j'ai détaché avec de l'éther la toile d'une chaise longue maculée de résine. Brusquement je me suis retrouvé dans la puanteur qui s'était abattue sur le quartier de mes parents quand les bombes avaient cessé d'exploser. Avec mon grand-père nous venions de remonter de l'abri et nous pouvions entendre encore les escadrilles de forteresses volantes qui s'éloignaient. Des gens couraient en direction de l'avenue Michel-Ange. Nous les avions suivis jusqu'à une clinique située non loin du cimetière. Une fumée noire s'échappait d'un bâtiment éventré entre les arbres. Cette fumée puait l'éther et la viande grillée. Des infirmiers venaient de brûler vifs, arrosés par l'éther de quelques fûts que les bombes avaient fait éclater.

Exquise journée. Soleil. Rossignols fous dans le vallon. Tout à l'heure déjeuner à sept sur la terrasse.

. . . .

lundi 23 mai Le jour précédant sa mort, Stendhal jetait sur son journal : « *Yesterday*, 15. » (Hier, quinze pages.) Refermé avec émotion le volume. Pendant cette lecture, souvent eu, comme il disait, « des éclats de larmes dans les yeux ».

Hier déjeuner à sept — dont un enfant de douze ans (mon âge au moment du bombardement dont je parlais hier). Impressionnante solitude de l'enfance ressentie à travers le silence doux et un peu triste de ce jeune garçon qui semblait subir les adultes, les endurer même, avec une patience qu'il se manifestait à lui-même par d'imperceptibles haussements d'épaules, des soupirs retenus, des regards brefs vers le ciel aussitôt recouverts par les paupières. Douze ans, âge de lassitude d'une enfance qui n'en finit plus. Le jugement s'affermit mais ne s'extériorise pas encore. De là ces rougeurs, ces demi-mots, ces brusques silences. L'enfant se sent penser. Mais il pense encore pour lui seul. Mettre en mots sa sensibilité serait une impossible impudeur. D'ailleurs l'adulte mâle lui interdit toute extériorisation sérieuse, ne serait-ce que par le ton d'ironie amicale qu'il adopte avec lui. L'adulte mâle ne sait pas qu'il se défend contre ce regard neuf qui l'a si bien percé. Je parle bien sûr de ces enfants hypersensibles, réfléchis, qu'un rien met en émotion. Treize, quatorze, quinze ans, merveilleuses années d'indicibles douleurs de l'enfant-page. Relations de trouble exquis avec la Femme : mère-amante-sœur. Période androgyne pendant laquelle l'enfant (habité secrètement déjà par son sexe) profite de son ultime apparence enfantine pour jouer « innocemment » tout contre le corps de la Femme. Mais l'adulte mâle veille. Il intervient. Il se met à le traiter en égal. Il l'attire dans son monde sans femme : camarade, copain, compagnon — allons ! Luttes amicales. Le mâle adulte tape un peu fort, marque sournoisement son autorité déclinante, etc. Vu tout cela hier dans l'enfant, dans la mère, dans le père. Misogynie du père (soutenu par le grand-père) qui s'exprimait malgré lui avec une violence inouïe. Délices de voir l'obstination avec laquelle l'enfant-page se rangeait du côté de la Femme : sa mère, sa grand-mère, sa tante. Certains propos racistes à l'égard des femmes tenus hier par deux des mâles présents m'ont donné honte d'être de leur sexe. On se demande comment les femmes ont accepté si longtemps d'être les objets de cet ennemi intime déclaré.

Coup de téléphone de Mandana. Elle me demande si j'accepterais de faire partie d'un Comité des droits de l'homme pour l'Iran. Quel organisme pourrait garantir... ou tout au moins enquêter sur les droits de l'homme dans ce pays devenu aussi obscur et incompréhensible que le sous-sol de la trilogie de Fritz Lang ? Les intégristes chiites ont réussi à diminuer l'homme à l'échelle de l'insecte. Là-bas on arrache des pattes, des têtes, des thorax, on fait gicler des abdomens : il n'y a plus d'hommes. On écrase à coups de babouches des choses qui bougent. Étripages minuscules dont l'humanité se détourne avec dégoût. Droits de l'homme ! On ironise ?

Dérangé ce soir par un couple de lecteurs qui arrive à l'improviste. Malaise que je ne fais rien pour dissiper. Au contraire, je l'accentue en disant : « Si vous m'avez lu vous savez ce que je pense de l'impossible rapport entre le lecteur et l'auteur. » « Je suis content, a dit le jeune lecteur pas démonté du tout. J'ai vu. C'est pareil que dans vos livres. » Et ils sont repartis — comme bien d'autres auxquels je n'ai su que sourire en prenant l'air le plus idiot possible.

. . . .

mardi 24 mai A la radio, *Concerto pour violon* de Sibelius. Combien le concerto pour violon excite la « putasserie » des violonistes ! Rares sont ceux qui ne tombent pas dans d'insupportables tsiganeries.

Et ce public français qui applaudit en cadence comme marcheraient, au pas de l'oie, des soldats ! Pratique odieuse rapportée par le TNP d'Union soviétique où ces applaudissements cadencés et unanimes soulignent chaque discours aux congrès du parti communiste.

Se garder de l'unanimité.

Nata, Marie et Lal, hier au soleil. Le vent passait en bruissant fort au-dessus de nous, faisant tomber sur nos têtes une neige de fleurs d'acacia. Comme toujours, ils nous apportent des nouvelles de Paris. Bavardages. Nous rions tous de tant de pessimisme, de découragement. Impression assez étrange d'être, tous les deux, des réfugiés auxquels on parle du pays détruit.

Après leur départ, promenade dans la châtaigneraie, descente du petit sentier par les oratoires, retour à *la Béate* le long de l'allée de mimosas. Puis je tape quelques pages. Visite des lecteurs mis gentiment à la porte. Thé. Je tape encore quelques pages. La nuit me semble longue à tomber. Crépuscule laiteux. Tramontane. Neige de fleurs d'acacia qui continue dans l'ombre.

Les questions de Marie, Nata et Lal sur la date de sortie de mon livre m'ont mis en état d'impatience. Je ne peux m'empêcher d'ouvrir le ms., de lire au hasard quelques passages. Je m'arrange bien sûr pour tomber sur ceux qui ne sont pas encore trop usés pour moi. Mon impatience grandit. Hâte d'avoir en main les épreuves. Hâte que le livre soit sorti.

Hâte de ne plus entendre parler de lui. Hâte surtout de mettre un point final à ceci. Écrire enfin : *Venise 17 octobre 1983*, refermer ces cahiers et commencer le roman de l'île.

....

mercredi 25 mai Rencontré hier à Cannes R.N., véritable héros fitzgéraldien. Il y a peut-être une dizaine d'années, il avait cru nous éblouir en achetant dix millions cash deux de mes tableaux. Il avait insisté pour venir à *la Béate*. Sans hésiter il avait touché un tableau puis un autre : « How much ? » Comme je n'étais pas aux abois j'avais dit au flan : « Cinq millions chaque. » C'était énorme. Quelques jours après il me remettait les liasses de billets. Il nous fallut prendre un coffre à la banque pour y déposer la somme. Unique fois de notre vie où nous eûmes trop d'argent devant nous.

R.N. est un « personnage ». Sa richesse semble inépuisable. Il possède une quantité de tableaux de grands peintres modernes qu'il laisse entassés dans des placards. Il lit Joyce. Prétend écrire. Mais manipule trop d'or pour une main qui voudrait tenir la plume. Tout le lasse. (Même mes tableaux ont fini par le lasser.) Il achète un palais au bord de la mer. Fait venir des États-Unis un architecte. Met le palais à plat et le remonte dans la perspective de son rêve du moment. Donne quelques fêtes grandioses. S'en fatigue. Se débarrasse du palais. En achète un autre ailleurs et ainsi de suite. Il fait penser à un dormeur qui se tourne d'un côté puis de l'autre sans jamais trouver la bonne position. Pas d'autre moyen que l'argent pour résoudre son mal à vivre. Ce qui finit par le rendre mystique. Il s'échappe de temps en temps aux Indes. Il a un beau visage avec une grande auréole de cheveux grisonnants. Il est mince. Long. Souple. Belles mains aux doigts fins et intelligents. Des yeux bleus superbes rehaussés par le mat de la peau. Dans ses palais successifs le suivent deux êtres auxquels il semble lié à mort. Un ami d'enfance et la femme de cet ami. Elle est noire. L'ami blanc. Tous trois sont, je crois, originaires d'Afrique du Sud. Ici pourrait commencer leur roman.

. . . .

jeudi 26 mai Avant-hier à Cannes, beauté de Danièle. Pour fuir le mistral nous avons pris le train, laissant la voiture aux Arcs. Le toc de Cannes nous plaît et nous répugne à la fois. Vue du « Festival », la Croisette a quelque chose d'un film des années cinquante. Tout y est net, comme peint au pochoir. Après un rapide déjeuner, nous sommes partis par les petites rues et c'est là, me trouvant tout à coup sur le trottoir opposé (Danièle s'étant attardée devant une vitrine pendant que distraitement je continuais à marcher), que je l'ai vue entière, détachée de moi, comme une femme étrangère, très très sexuelle. Si bien que mon corps, la part sexuelle de mon corps, fut traversé d'un immédiat désir. Ses cheveux fauves brillaient dans la lumière qui tombait de biais entre les plaques des immeubles. Attendant que les voitures la laissent passer, si gracieuse, jambes longues, noires, brillantes du nylon de ses bas, escarpins vernis étoilés d'une pointe de soleil, jupe noire, courte aux genoux, veste de tailleur cintrée, assez épaulée, chemisier clair, elle me souriait un peu gênée par mon regard devenu étranger qui la déshabillait, là, ouvertement, au milieu de la rue. Elle traversa vite, semblant ne pas toucher le sol — bien que ses escarpins fissent clic clic clic — et se réfugia contre moi en riant. Tu te sais merveilleusement belle et si désirable, ma chérie ! Je la saisis par la taille et nous marchâmes ainsi enlacés jusqu'au cinéma. Dans la salle feutrée, assis près d'elle, je me souvenais du

Studio 28, ce premier soir où nos lèvres murmurantes s'étaient touchées. Mon amour ! La maison Usher flambait, des chevaux fuyaient parmi les tentures gonflées par le vent. Des nuages lourds filmés à l'accéléré couraient sur l'écran. Un chat blanc avait sauté sur tes genoux — tu te souviens — que ma main venait de disjoindre. Et nous étions là, trente-trois ans après, toujours assis l'un près de l'autre et tes doigts vivants et souples étaient toujours mêlés aux miens et trente-trois ans avaient passé sans qu'un seul instant notre désir l'un de l'autre retombe.

Retour à *la Béate* par le train rempli de visages tristes et doux d'un peuple abandonné au voyage. Et de nouveau la solitude fleurie du vallon, les chats sur le mur parmi les palmes, les rossignols dans le vent et nous, nous...

Hier conclusion folle du lourd désir que nous gardions et laissions se gonfler en nous depuis la veille. Ensuite cerises sur le cerisier. Puis dîner vers les huit heures chez Nata et Lal avec Michèle. Je ne sais pourquoi j'ai avoué écrire ce journal d'une année de vie. « Alors, a dit Michèle en riant, demain vous allez écrire : hier dîner chez Nata et Lal, etc. — Pas sûr. » Plusieurs fois dans la soirée elle a cité le *Journal* de Gide. Très jolies anecdotes qu'elle nous restitue en commençant par : « Gide m'a dit. » Je pensais : souhaite journal irracontable.

Rentrés à minuit.

Délices si fortes de se retrouver tous les deux que nous sommes retombés sur le lit, riant, à demi dévêtus, pleins de désir et d'amour comme si rien ne s'était passé entre le moment de notre sieste folle de l'après-midi et l'instant où nous fondions de nouveau l'un dans l'autre.

Temps superbe. Fleurs. Cerises. Danièle peint dans la véranda en écoutant le sublime *Requiem* de Fauré. Bain de soleil tout à l'heure à côté du cerisier chargé.

....

vendredi 27 mai Résultat du dîner d'avant-hier, un rêve douloureux qui hier matin m'a réveillé par un très fort sanglot. Nata et Lal ont pour voisin à Paris un ancien ambassadeur de France à Moscou. Cet homme a bien connu mon père. Ensuite Michèle a parlé de son fils. Marguerite Duras le voyant endormi dans son petit lit (cela se passait il y a une vingtaine d'années) avait dit : « Il a l'air d'un Japonais. » Et l'enfant, entrouvrant les yeux, avait répondu la phrase du film : « Tu n'as pas vu Hiroshima ! » devenue une sorte de mot de passe entre Michèle et ses enfants — ce qui jeta Marguerite sur le flanc. Beaucoup d'autres choses encore dites ce soir-là alimentèrent mon rêve mais elles sont secondaires et encombreraient.

Nous nous trouvions, Danièle et moi, dans un hall de banque en marbre tacheté. Mon père, vieux et fatigué, discutait avec des hommes d'affaires pour le compte de monsieur F. — comme il le faisait si souvent vers la fin de sa vie. Parmi les hommes d'affaires se trouvait un Japonais vêtu d'une culotte courte blanche et d'une petite chemise Lacoste blanche. Son corps était celui d'un enfant. Il sautillait comme un enfant, s'asseyait sur les genoux de mon père avec une légèreté d'enfant mais ses mains et son visage étaient d'un vieillard, d'un très vieux Japonais fripé, rusé, laid. Mon père nous fit signe de l'attendre et nous restâmes immobiles dans le grand hall de marbre à regarder avec dégoût le vieux Japonais au corps d'enfant sautiller comme un singe, tout en continuant par ailleurs à discuter très sérieusement à propos des mines de manganèse de monsieur F. Enfin mon père nous entraîna dehors. Je reconnus la rue Erlanger. Nous marchâmes un moment sans rien dire, ma tristesse m'empêchait de parler. Au moment où nous passions devant le porche du 81, en jetant les yeux sur des poubelles, j'eus un sanglot unique extrêmement bruyant qui m'expulsa de mon rêve. Comprenant à mes larmes que seul mon sanglot me restait de ce que je venais de vivre, je repassai vite en mémoire les images qui déjà se brouillaient, les reprenant une par une pour les accrocher comme par des points de soudure aux différentes impressions laissées par le dîner de la veille.

En allant au village, hier, parlé avec Bosc au bord du chemin. Il scellait une clôture autour de son verger. « Je le fais sans plaisir, croyez-moi, monsieur Rezvani. » Les fruits ça pousse tout seul, disent les automobilistes qui maraudent ses pêches.

Retour du village avec le cafard, comme d'habitude. Nous n'arrivons pas à admettre de ne plus y rencontrer ceux qui sont morts. Les marginaux-artisans qui ont envahi l'unique grand-rue n'ont pas la présence tranquille et gaie de cette population méridionale que nous avions trouvée ici en arrivant il y a de cela trente ans. Désir des Zattere.

....

samedi 28 mai Avec quelle inquiétude, je dirais viscérale, le speaker vient d'annoncer qu'en Angleterre des chercheurs ont réussi à déclencher artificiellement le processus de division d'un ovule. Les femmes pourront donc se reproduire sans le concours de l'homme. Enfin, la terre peuplée de femmes avec justes quelques spécimens d'hommes en maison close pour l'amusement ! Comique retournement ! Le moyen idéal de sauver la planète de l'anéantissement. Avec l'appauvrissement de l'espèce mâle, affaiblissement de la pulsion de mort. Notre planète bleue transformée en une gigantesque ruche de femmes occupées à reproduire leur propre image et à la chérir. Savoureux. Surtout si je repense au lundi 23 mai !

. . . .

dimanche 29 mai Aïda.

J'écrivais les cinquante dernières pages des *Années-Lumière* à Satuna et nous écoutions *Aïda*. J'étais ivre d'écrire, ivre de cette délivrance par l'écriture. Nous faisions des promenades au bord de la mer. J'étais exalté, je croyais écrire un « grand livre ». J'avais trente-huit ans, Danièle trente-cinq. Nous passions l'hiver, seuls, dans ce petit hameau vide au fond d'une crique au-dessous de Bagur. Plusieurs mois d'un bonheur de cristal. Je croyais être délivré, libéré de l'angoisse de la peinture. Nous écoutions *Aïda*, le *Requiem* de Fauré, cet hiver-là en Espagne. Et j'écrivais ! Une très forte charge d'énergie passait sur le papier. J'avais accumulé tant de vie en moi, tant de force de conviction. *Les Années-Lumière* parurent, je ne fus pas étonné de leur succès. Puis il y eut *les Années-Lula*, livre que j'aurais dû approfondir. Mais à l'époque, l'écriture n'était pour moi qu'un moyen de déployer les images provocantes d'une sorte de film limpide comme une toile hyperréaliste. Le livre parut deux mois avant Mai 68.

Il rencontra un public d'adolescents en ébullition. Il disait une façon de vivre « autre ». Il fut aimé pour ça. Mais à peine fut-il terminé que je me promettais de le récrire autrement — ce que je tentai il y a deux ans dans le *T.A.* Puis ce fut *la Voie de l'Amérique*, livre agressif, que je ne reconnais pas vraiment. De l'avoir entrouvert (à cause des lecteurs de l'autre soir qui m'en ont parlé) m'a jeté dans le découragement. Si j'ai pu m'aveugler à ce point, ne suis-je pas aveugle pour le reste ? Agacement de l'avoir écrit. Révolté dc ne pouvoir le détruire comme j'ai détruit ce paquet de tableaux, l'automne dernier, avant de partir pour Venise. Passé le reste de la soirée à essayer de comprendre qui je suis. Puis sommeil, avec en arrière-plan la conscience de cette monstrueuse poche de mots qu'il me faudra traîner maintenant toute ma vie derrière moi. Et que sont mes autres livres ? Seule consolation : ils auront aidé à l'œuvre qu'est notre vie. Sorte de drain pour assainir la plaie inguérissable d'une naissance et d'une enfance odieuses.

En plus, le rêve obsessionnel encore une fois cette nuit. En passant derrière la maison, je découvrais que des promoteurs venaient de construire sans que nous nous en rendions compte un ensemble d'immeubles en ciment adossés à l'atelier. Réveil au milieu de mes protestations désespérées. Moral à plat ce matin. Pourtant la maison embaume le gâteau que fait cuire Danièle en ce moment. (Ce qui avait fait dire à Etchart dans une lettre : « C'est bouddhique. »)

....

lundi 30 mai Hier soir Nata, Lal, Michèle, Marcus au coin du feu à regarder tourner un gigot. Parlé de Mai 68, de l'enfoncement des ex-petits soixante-huitards vieillis dans un cynisme lucide. Soirée douce qui m'a fait penser aux temps de guerre. Nous étions tous les six biens serrés dans cette pièce chaude, autour de la table, à parler avec confiance, détente. Puis nous avons pris des lampes électriques. Par les petits chemins, Nata, Lal, Michèle et Marcus sont rentrés à pied à travers le bois silencieux puis les vignes. Nous les avons raccompagnés et nous sommes revenus à *la Béate* dont nous avions laissé pour nous toutes les lumières allumées. Féerie de la véranda sous les grands arbres. Chaque fois je pense au *Roi Lune* d'Apollinaire.

Hélas, une verrue s'était glissée dans la conversation. Au milieu du repas Michèle a prononcé le nom de X.X. Voilà pourquoi il m'a fallu le subir la plus grande partie de la nuit dans un sale cauchemar qui m'a mené jusqu'à cinq heures du matin. J'ai encore en moi, très précisément, tous les détails de ces pénibles moments mais il suffit de retenir la situation qui à elle seule parle : J'étais en quelque sorte prisonnier. Disons prisonnier sur parole car j'allais et venais apparemment libre mais avec la conscience que quelque part il y avait une restriction. Un juge (Marcus est juge) m'avait fait pénétrer dans un bureau où je m'étais rctrouvé nez à nez avec X.X. Je refusai de lui serrer la main. Il tenta d'atténuer son rôle dans les persécutions que m'a values le *T.A.* Je lui répondais que les autres avaient au moins des raisons de m'attaquer — puisque je n'avais pas été tendre pour eux — mais que lui, X.X., n'était qu'un « plumitif » zélé tel qu'on en trouve en URSS dans les milieux littéraires officiels, etc.

A l'homme était interdit dans l'Éden l'arbre de la *science du bien et du mal.* En goûtant à cet arbre l'homme a « chu » dans la conscience. Et cette conscience lui vient de l'audace de la femme. (Le fruit de l'arbre n'était pas la pomme mais la grenade — *melagrana* en italien. Image très forte de ce fruit dont la pulpe blanche ressemble à un cerveau mis à nu.)

Lecture de *Moi, Rigoberta Menchu* recueilli au magnétophone par Élisabeth. Cette Indienne de l'*altiplano* guatémaltèque *parle*. Elle a appris l'espagnol pour *parler*. Chose que refusaient, jusqu'à présent, les Indiens. Seuls ceux qui collaboraient avec les *ladinos* (véritables kapos) apprenaient la langue espagnole. L'espagnol était la langue de la répression. Qu'une Indienne s'en empare et la retourne contre les *ladinos* est aussi beau que la désobéissance d'Ève aux consignes d'ignorance.

....

mardi 31 mai Deux lectures de hasard sont entrées en résonance : le livre de Rigoberta — la Bible. Je suis rempli du contact de ces deux voix. Toute histoire est religieuse. Toute religion n'est-elle pas culte de la généalogie mis en parallèle avec la manipulation de la nourriture ? Dans le livre de Rigoberta il est dit simplement, avec beaucoup de grâce, comment la nourriture (sa cueillette, sa préparation, sa consommation) est liée au culte des ancêtres. Les objets qui servent à moudre le maïs, à le cuire, les différents récipients de terre hérités des ancêtres, sont pieusement conservés, ils servent non seulement à rendre le maïs comestible mais à le consacrer. Lien étroit entre la nourriture, les ancêtres, Dieu. Dans sa préface, Élisabeth dit que Rigoberta n'a commencé à se confier qu'après avoir consommé pendant plusieurs jours, *en sa compagnie*, le maïs, et les haricots — base de l'alimentation traditionnelle des Indiens de l'*altiplano*. Les vertus se transmettent par l'avalement. De même dans la Bible et les religions qui en découlent. Dans l'Éden, Ève avale sous forme de fruit la science du bien et du mal. Abraham, Loth, etc., nourrissent les anges de Yahvé. Abraham et sa tribu nourrissent le Dieu sévère par de continuels sacrifices.

Le congélateur et l'ouvre-boîtes ont plus sûrement tué Dieu que le marxisme. On peut même penser que le marxisme en mettant l'accent sur la production et non sur la consommation maintient, malgré lui, Dieu bien vivant dans les replis obscurs des esprits : la quête perpétuelle de nourriture, la rareté des aliments consacre le repas, le rend encore sacrificiel dans les démocraties populaires. Le mépris du cycle alimentaire auquel s'accoutume l'Occident présage son effondrement.

Consécration de l'aliment + le Christ + Marx, ce sont les armes qui finiront par casser les reins de l'Amérique du *fast-food.*

Toute révolution passe par la bouche : la parole, l'aliment.

Ne jamais oublier Stendhal, Faulkner, qui, l'un comme l'autre, dans leurs notes marginales, parlent d'une littérature des « mouvements du cœur ». Faulkner dit même très précisément qu'il faut peindre « les mouvements du cœur et non l'impulsion des glandes ».

mercredi 1er juin Heinz Barth, un des officiers allemands responsables du massacre d'Oradour-sur-Glane, précise qu'il n'a fait qu'exécuter les ordres venus d'en haut. *Je me souviens que l'église avait de grandes fenêtres gothiques, car elles ressemblaient à celles de l'église de mon village natal. J'ai vu que l'église brûlait à l'intérieur, mais je croyais que les femmes et les enfants avaient déjà été fusillés, car tel avait été l'ordre donné par le commandant du bataillon.* Et il ajoute : *D'ailleurs tout le monde ne faisait qu'exécuter les ordres.*

Mais il faut savoir que les soldats allemands pouvaient refuser ces ordres s'ils les jugeaient criminels en invoquant l'article 47 du Code pénal allemand. Klaus Hornis par exemple (policier, juriste et catholique) l'enseignait à ses subordonnés. Persécuté, emprisonné, déporté pour avoir constamment invoqué l'article 47. Aucun tribunal militaire allemand n'a condamné, paraît-il, sous ce prétexte un soldat qui avait invoqué l'article 47.

Cependant tout le monde ne faisait qu' « exécuter les ordres » !

A part le Danemark où, à l'exemple du roi, chacun porta, cousu sur soi, l'étoile de David, les pays d'Europe participèrent plus ou moins activement aux rafles et à la déportation des populations juives. Il y avait bien sûr les responsables hiérarchiques qui faisaient descendre les ordres jusqu'au moindre rouage mais la bonne exécution de ces ordres semble avoir posé bien peu de questions aux consciences. Jusqu'aux gardes-barrières qui laissaient passer les longs convois d'où s'échappaient pleurs et gémissements.

Qu'un Barbie soit jugé et condamné aujourd'hui pour ne pas avoir désobéi, bravo ! Qu'on fasse le procès de l'obéissance aveugle à l'État, bravo ! Mais en détachant de la longue chaîne du crime une poignée de criminels, ne risque-t-on pas d'aller dans le sens de ceux qui souhaitent *fixer* la responsabilité du massacre des juifs sur quelques têtes intermédiaires dans le but de couper le chancelier Hitler du génocide ? Qu'on se souvienne de la récente parution des faux carnets d'Hitler. Dans ce supposé journal intime, le Führer s'indigne de la « bêtise » de ceux qui maltraitent les juifs. « Qu'iront penser de nous nos ennemis ? », trouve-t-on sous la main des faussaires.

Comme l'histoire des peuples n'est qu'un long tissu de falsifications, on peut être assuré qu'à plus ou moins longue échéance l'Allemagne trouvera le moyen de réintégrer Hitler dans son histoire. Mais pour combler ce « trou », ne doit-elle pas commencer par le laver du crime de génocide ? Première tentative : les carnets du Führer. D'autres suivront.

. . . .

jeudi 2 juin Insupportables pages sur les tortures subies par le petit frère de Rigoberta et par sa mère. Je suis poursuivi par ces visions atroces.

Frappé par le stoïcisme sous la torture de ces révolutionnaires. Ce sont les mêmes viandes saignantes aux yeux crevés, à la langue coupée, aux ongles arrachés, aux os brisés, qu'en Iran, qu'au Vietnam, qu'au Cambodge, dont le martyre sans cesse détaillé par leurs camarades de lutte, au lieu de terroriser, exalte. Lorsque Rigoberta décrit minutieusement le calvaire de son petit frère ou celui de sa mère, on la dirait prise d'un vertige calme et morbide comme si en avançant les mots elle promettait à sa propre chair les impensables douleurs qu'ils signifient. Par ces récits détaillés de supplices on découvre aussi avec une intime terreur combien le corps met de temps à se rendre et à mourir lorsqu'il tombe entre des mains expertes.

....

vendredi 3 juin Cette nuit, rêve de serpents. Un nœud de serpents dans notre lit. Nous l'avions découvert au moment de nous coucher. Donc dans mon rêve nous ne nous couchions pas.

....

samedi 4 juin Épreuves de *la Loi humaine.*

A force de lectures, usure complète. Seul relatif plaisir : tomber sur la trace de ces moments où l'écriture vous fait découvrir des possibilités inattendues.

Par eux l'impression restée si vivante de cette matinée précise sur la Giudecca : la venue du monologue de Lucien (vers Berti) à propos de la nature. C'était pendant notre premier séjour chez le psy, en plein procès.

Autre impression très vive : cette matinée pendant notre second séjour chez le psy : le monologue de Josephe et soudain dans la boue se précise Lu 2 lié à Berti.

. . . .

dimanche 5 juin Danièle, dans le hamac, lit les épreuves. Image de *Feu.* Suspendue dans une trouée de roses blanches et de lys elle lit retirée dans *la Loi humaine.* Elle tourne les pages, tout le reste est immobile.

Ils sont venus hier. Elle, nous l'aimons, et elle nous aime. Malgré la grande différence d'âge nous sommes proches. Elle a de l'humour, de la distance avec elle-même. Une vie à avoir été humiliée dans sa condition de femme. Lui est lourd de corps, de présence, sa pensée est lourde, il vénère l'ordre, la discipline, l'autorité. Il a une sorte de ricanement satisfait, sachant qu'il met Danièle hors d'elle quand il dit : « On peut penser ce qu'on veut, Staline a bien fait, il a eu de la poigne. Chapeau ! » Ou bien : « Brejnev, un type épatant ! » Ou : « Et Nixon, quel chef ! » Moi, je me tais et je vois Danièle se raidir. Il dit encore : « Tout n'est qu'une question d'homme. » Toute sa vie il a eu besoin soit de subir l'autorité, soit de l'exercer. C'est avec des hommes comme ceux-là qu'on réduit une nation à n'être qu'un bloc compact de bûches qui fonctionnent. Mais comme maintenant il est vieux, les arêtes de l'être cubique se sont un peu émoussées, alors il s'attendrit avec une sorte de sentimentalité qui gêne sur les fameuses valeurs domestiques (Reich). Il dit : « La famille avant tout. » Culte de la mère, culte du père. Passion pour l'histoire. Admiration sans bornes pour les « bons tyrans ». Les « bonnes guerres ». Les « bonnes conquêtes ». Il dit : « Il faut savoir être réaliste. » Il pense l'être pour les grandes choses, allant jusqu'à soutenir avec une désarmante sincérité qu'une bonne guerre atomique serait le « mal nécessaire ». « Allons donc, l'homme s'en est toujours fort bien sorti. Voyez la peste au Moyen Age. » Il pleure à Wagner. Devient lyrique sur la Rome des « bons empereurs » à poigne. Nous nous taisons.

....

lundi 6 juin Journées immobiles, étouffantes de relecture.

....

mardi 7 juin Hier lettre de Salvat Etchart : *En fin avril j'ai eu une crise d'angine de poitrine compliquée d'embolie pulmonaire (à ce que disent les médecins) qui me laisse très diminué physiquement et, hélas, mentalement (rapide fatigabilité). Je suis donc en un très précaire état et ma maladie nouvelle, s'ajoutant à mes trente-huit années d'invalidité et de fatigue, me met en danger de mort imminente.* Lettre testamentaire qui s'ajoute à celles de J. Laval et de D., l'ami d'enfance de Danièle.

Lettre qui me rend très malheureux. Je ne peux admettre que celui qui dans son écriture déborde de force, de vitalité, d'ironie, se retrouve tout à coup terrassé. Et que nous, nous qui ne l'avons jamais rencontré, soyons ceux auxquels il confie son dernier manuscrit : *Pour mon manuscrit* D'un sous-univers, *mon intention est de vous en envoyer un exemplaire (ou deux si vous voulez) mais* surtout un exemplaire pour vous *(Danièle et vous). Ainsi, qu'il soit édité ou non, je serai en repos, sachant que deux amis sont en possession de mon travail. L'image de mon manuscrit, à la Béate, quelque part sur une étagère, est pour moi payante.*

Soirée de grande tristesse.

Terminé la relecture du monologue final de Berti sans pouvoir me concentrer vraiment. Savoir Etchart rempli, en ce moment, par la constante présence de sa mort me noue la gorge.

Hier soir, au moment d'aller nous coucher (il devait être onze heures), comme d'habitude balade avec les chats sur le chemin. Au moment de remonter à la maison, une sorte de longue et épaisse barre lumineuse est sortie du ciel. Elle se déplaçait bas, avec rapidité, en silence, comme une énorme et très brillante machine horizontale allant d'ouest en est. La chose glisse au ras de la colline, elle paraît se frayer un passage dans une brume floconneuse, prolongée par une traînée lumineuse bien nette, comme un rayon de lumière solide. Sur le moment nous pensons, l'un et l'autre, à un Boeing (sans ailes) en difficulté, très bas, prêt à s'écraser. Nous percevons sur le fuselage trouble des points lumineux (des hublots ?). Nous restons saisis, immobiles, attendant que nous parvienne le grondement des réacteurs, mais la chose est silencieuse. Au moment où elle disparaît derrière la colline, une très forte lumière blanchit un instant la campagne. Comme si un puissant projecteur nous éclairait dans le dos et s'éteignait. Extrêmement troublés nous rentrons en nous répétant l'un à l'autre les exacts détails de ce que nous venons de voir. Nous ouvrons vite la radio, nous attendant qu'on annonce un accident d'avion — mais rien.

. . . .

mercredi 8 juin Heinz Barth, avant que le jury se retire, a lancé un appel aux chefs d'État du monde, en les mettant en garde contre les guerres porteuses d'atrocités. Une manière d'affirmer sa non-responsabilité dans l'affaire d'Oradour-sur-Glane. Donc jusqu'au bout cet être obtus n'a pu se défaire du respect de la hiérarchie. S'il devait profiter de la tribune où ses crimes l'ont hissé, n'aurait-ce pas dû être pour appeler à la désobéissance et au libre arbitre ? Mais tout ce que ce rouage a trouvé à dire c'est : *Ne nous donnez pas de mauvais ordres.* S'il avait lancé : *N'écoutez que votre conscience, désobéissez !* quelle émotion !

Pendant ce temps, belle leçon donnée par la marche de *Chalom Archav* en Israël.

Heinz Barth est le type même de l'animal social. Nazi exemplaire pendant le nazisme. Parfait socialiste le restant de sa vie sous un régime socialiste. Ce sera, n'en doutons pas, un prisonnier exemplaire.

Ce soir dans le journal :

DES OVNIS COMME S'IL EN PLEUVAIT

Curieux tout de même ! Lundi soir, à la même heure, c'est-à-dire vers 23 heures, de nombreux témoins ont aperçu, dans le ciel de Marseille et au-dessus de Florence, Gênes et Milan en Italie, des objets volants non identifiés qui circulaient à très grande vitesse et dans la même direction, soit d'ouest en est. En Provence, c'est le chef de quart de la tour de contrôle de l'aéroport de Marignane qui a observé le phénomène, de même que plusieurs personnes se trouvant dans la région d'Aix-en-Provence et qui ont également vu une « vaste tache blanchâtre, très lumineuse et se déplaçant à toute vitesse ». L'observation a duré une vingtaine de secondes et aucune trace n'a pu être captée par les radars de Marignane.

Pendant la transmission, en direct de l'Élysée, de l'interview de Mitterrand, on entend, venus des jardins de la présidence, les piaillements d'une couvée de moineaux. Ils ont plus de présence que le président de « tous les Français » dont les pâles explications et les appels à la « convivialité » manquent de réelle chaleur.

Un musulman meurt. L'Ange de la Mort lui demande : « Où veux-tu que je t'emporte ?
— Mais, au Paradis !
— N'as-tu pas touché le sein de la femme aimée ? »

A propos de Giotto et de ses personnages hiératiques : *C'est avec l'apparition du sourire et du regard que commencent la décadence de la sculpture grecque et la dispersion de l'art italien. Comme si la beauté cessait où commençait l'esprit.*
Phrase de Camus qui fait passer en vous, en un éclair, les multiples splendeurs de la peinture d'effusion et vous fait murmurer pour vous seul : « Non, pas d'accord ! »

. . . .

jeudi 9 juin Solitude d'une petite fille au teint pâle dans un restaurant au bord de la mer. Tout le monde mange, sauf elle. Ses parents occupés par le poisson sur leurs assiettes l'ignorent. Elle se balance sur sa chaise et parle toute seule. Puis elle se laisse descendre à terre et commence à errer lentement entre les tables en faisant des petits bruits avec sa bouche. Je vois ses yeux à hauteur des couverts, ils regardent au-delà de tout.

Un peu plus tard, au moment où nous prenons le café sur la terrasse qui domine la plage, des gamins en canot à moteur débarquent un chiot qui ressemble à un ourson. Ils l'ont trouvé coincé entre les rochers vers la pointe de Camarat. Attendrissement de toutes les femmes. On lui donne à boire, puis on trouve un collier, une laisse et on l'attache au pied d'une chaise. L'ourson s'endort, épuisé, le nez écrasé sur le carrelage. Dans son sommeil il geint. Et toutes les femmes, aux différentes tables, lui répondent en l'imitant un peu.

Ce matin, réveillé très tôt par l'excès des chants d'oiseaux autour de la maison. Délicieux petit creux dans l'estomac. Enthousiasme d'être plongé dans le clair matin. Euphorie qui me rappelle l'adolescence quand à chaque réveil je m'élançais, plein de foi, vers cette nouvelle journée qui s'ouvrait. Angoisse ce matin devant la beauté du vallon. Sur la terrasse, dans l'aube gris et rose, une foule de lys blancs debout. Parfum sucré de ces fleurs qui semblent elle-mêmes en sucre transparent.

Chants croisés des coucous ressemblant aux chants du peuple burundi.

Je vais à la source : un autre parfum : celui de chèvrefeuille.

Danièle est prête. Nous allons passer la journée à Porquerolles.

. . . .

vendredi 10 juin Le *Triple Concerto* (Richter, Rostropovitch, Oïstrakh), deuxième mouvement, *largo* : le plus beau chant d'amour.

Quand on scie un arbre, d'un coup s'offre à vous, allant de l'écorce au cœur du bois, sa vie entière. L'histoire de l'arbre est là, brusquement ouverte à la lumière. D'un glissement de l'œil on va du centre à la périphérie, on peut compter les années, lire de quelle intensité furent les saisons, retrouver les courbes du soleil, deviner quelles furent les bonnes et les mauvaises périodes de la vie de l'arbre. Si ce journal pouvait avoir la simplicité de cette coupe transversale ! Mais ici, sur le papier, si peu se reconstitue. Les longues périodes d'ivresse absolue sont dites en quelques mots, et les deux ou trois malentendus de l'année ne méritent même pas d'être notés bien qu'ils cassent le charme, qu'ils nous enlèvent pour quelques heures cette merveilleuse confiance que nous nous donnons l'un à l'autre en nous faisant nous aimer nous-mêmes à travers l'amour de l'autre. Entente mystérieuse, inexplicable. Rares malentendus tout aussi mystérieux, inexplicables. Quelques mots mal compris et c'est l'impossibilité de se rejoindre avec devant nous le fossé qui se creuse sans raison. Tout à coup chacun se sent solitude, trajet solitaire vers la mort parce que les mots qu'on attendait de l'autre ne sont pas venus et que soi-même on n'a pas pu dire les mots qui apaisent. Prise de conscience de cette solitude mortelle qui vient par cycles comme si, en nous oubliant pendant des mois dans les excès de notre intimité — au point de croire qu'*un* se fait de deux —, un instinct, un réflexe, un retour de sauvagerie brusquement nous écarte, nous fait parler à côté de nous-mêmes, nous rend incompréhensibles l'un à l'autre, nous fait nous jeter au fond de nos deux tempéraments jusqu'à la caricature. Nous nous accrochons à nos différences, nous refusons la proximité, nous divergeons jusqu'au moment où la passion qui nous fait graviter ensemble et l'un autour de l'autre nous rapproche, nous confond de nouveau. Mais un jour, parfois deux, de souffrance. Souffrance absurde, pour rien. Et on pense : notre amour se trouble d'une étincelle qui s'allume peut-être aux confins de l'univers. Que savons-nous de nous-mêmes ? Nos sentiments sont des fleurs. Ah ! combien nous aimons ces fleurs !

Cette nuit, au fond de l'angoisse, dans cette perception de totale solitude qui fait s'allonger vos bras, vos jambes dans une sorte d'infini (si bien que, même si vous tentez de toucher celle qui gît près de vous, le sentiment d'irréalité se fait plus poignant, plus mortel), cette nuit j'ai eu la tentation de descendre brûler les quelque trois cents pages de ce journal. Dans le noir lavé de la nuit je voyais tout à coup ce journal comme un fragment intolérable, quelque chose ressemblant à un copeau de l'arbre de vie, une parcelle tordue arrachée au bois, d'un coup de hache.

Journée sans intérêt hier à Porquerolles. Nulle émotion. Évidence de la beauté en traversant la forêt du Dom entretenue comme un jardin, évidence de la beauté pendant les deux trajets en bateau. Beauté de la plage aux vastes pins bleutés, beauté du sable bleuté, beauté de l'eau très pure découpée en filets de lumière, beauté beauté partout, hors de nous, jusqu'aux lointains mauves. Mais en nous peu de sensations. Ou plutôt le besoin d'être ailleurs, à l'écart de ces touristes tristes, grégaires (au point, semble-t-il, de profiter gratuitement des casquettes et des T-shirts publicitaires pour mieux s'annuler). Nous allions. Moi exclu, spectateur.

....

samedi 11 juin Ce matin encore le *largo* du *Triple Concerto* : le plus beau chant d'amour.

Cette nuit, Danièle a rêvé de Venise. Rêve raconté, contre moi, dans son demi-sommeil (dans l'émotion d'être réconciliés) : « J'étais à Venise et mes yeux se sont mouillés de larmes. »

Hâte d'avoir mis le point final à ce journal d'une année. Ce sera le 17 octobre 1983, à Venise. Le 18, tu commences ton roman de l'île.

Beauté de Porquerolles, néanmoins, encore en moi ce matin — malgré le môle en ciment, malgré les ignobles constructions aux « jeux de formes » bêtes. (Je pense aux architectes qui ont l'exorbitant « privilège » de répandre en volume et en surface des formes à ce point primaires. Pas un site en France qui ne soit marqué par l'infâme produit de cette profession qui depuis la guerre nous roule dans sa nullité. Ces affairistes qui se prétendent « artistes » ne vont-ils pas jusqu'à dessiner sur plan des immeubles couverts de lierre !)

. . . .

dimanche 12 juin Monique et Manuel hier matin. Tentative de bain au fond de la baie de Pampelonne. Porridge d'algues en décomposition, lambeaux de matière plastique, petites ordures ménagères déversées par quelques lointains égouts et que le vent enfonce dans les courbes des plages. Après avoir essayé de franchir cette frange de déchets, nous avons renoncé. Dans l'après-midi, nouvelle tentative à L'Escalet. Les anciennes petites criques sont devenues des pièges à immondices. Puanteur des crèmes solaires. Nombreux accessoires de plastique multicolore. Éclats rythmés des radios. Grouillement d'êtres nus, couchés sur des langues de sable ou sur des rochers éclaboussés de mazout. Humanité en attente sous le soleil. Corps accablés, noircis ou blessés de brûlures.

« J'y vis des gens engloutis jusqu'aux cils » (Dante, *l'Enfer*).

. . . .

lundi 13 juin Thé sur la terrasse, au soleil couchant. Brume de chaleur. Des quantités d'oiseaux lancent les derniers appels du jour. Très proche la note régulièrement redoublée d'un coucou suivie de cette sorte de gargouillis de gorge comme un roucoulement. Autour de nous les lys blancs remués par de gros bourdons violets. La façade dorée de la maison fondait dans le soir bleu. Et tout était si fragile dans cette imprécision bleue. Et le soir bleuissait tes grandes paupières. Et les contours de ton corps alangui sur la chaise longue se diluaient dans l'air tiède. Et je pensais : nous sommes sortis du temps.

. . . .

mardi 14 juin Je te prenais contre moi, entre mes bras, souple, détendue (nous nous trouvions sur une pente douce, un pré, je crois). Nous glissions en douceur et, au moment où nous sentions que l'air nous portait, nous n'avions qu'à replier nos jambes pour ne plus toucher terre. Nous flottions ainsi, en dérive, comme des spores, très lentement au ras des prés et des arbres dont les cimes nous frôlaient. Plusieurs fois nous nous posâmes dans des vergers pleins de fruits. Puis de nouveau nous nous détachions de terre, sans effort. Il nous suffisait de replier nos jambes pour que l'air nous emporte.

Après avoir dérivé par-dessus des collines ordonnées comme des jardins, nous avions fini par nous poser près d'une maison assez délabrée mais admirablement située. Sur une pancarte était écrit en lettres peintes : LE FILS DE LA FEMME. J'étais très curieux de visiter cette maison. Depuis longtemps nous en entendions parler mais jamais nous n'avions pu nous en approcher. Au moment où nous allions frapper à la porte, une Algérienne sortit et s'en alla sans nous regarder. Ses cheveux très noirs étaient nattés dans le dos comme chez les Indiennes d'Amérique latine. Puis nous vîmes un homme assis dehors à une table. Il mangeait. Il dit : « Comment avez-vous fait pour parvenir jusqu'ici. Il n'y a pas de chemin. » Nous lui répondîmes que nous volions.

Ensuite nous contournions la maison et descendions par un sentier entre des arbres fruitiers jusqu'à un bassin de pierre. Nous voulions nous envoler de nouveau mais le terrain s'y prêtait mal. Des femmes et des enfants nous regardaient. Je t'aidai à monter près de moi sur la margelle du bassin où d'un bond le chat nous rejoignit. Nous le prîmes contre nous et, au moment de nous envoler, je dis en plaisantant aux enfants qui nous observaient : « Le chat vole avec nous, il sert de lest. Quand nous devenons trop lourds, on le balance par-dessus bord. » Les enfants avaient ri. Et de nouveau nous repliâmes nos jambes et recommençâmes à dériver au-dessus des arbres.

Puis nous étions dans une ville. Une ville grecque. L'architecture était franche, simple. Les rues vides et bien nettes. Toutes descendaient vers de l'eau. Au moment où nous arrivions sur une sorte d'avenue large, bordée d'arcades, nous vîmes de grands bas-reliefs passer à toute vitesse. Ils représentaient des frises de guerriers grecs armés d'arcs et de lances. Des quantités de roues de vélo dépassaient sous les bas-reliefs et nous comprîmes que des hommes pédalaient derrière en les tenant comme des toiles peintes — sauf que c'était du marbre blanc émincé. Les grandes plaques sculptées passèrent sur leurs roues de vélo et, un peu plus tard, tandis que nous débouchions sur le port, nous vîmes les cyclistes éreintés qui venaient de poser contre une façade les frises qu'un photographe ambulant commençait à photographier.

En me réveillant, je raconte à Danièle. Et, pour lui faire comprendre de quel genre de propriété inaccessible je viens de rêver, je cite spontanément : *le Verger d'Icare* (!!!), domaine quasiment introuvable, près de La Mourre, dont nous n'avons réussi à découvrir le chemin qu'une seule fois en plus de vingt ans.

A la radio un enregistrement vertigineux d'une répétition de *la Traviata* chantée d'une voix cassée par le vieux Toscanini à soixante-dix-neuf ans. Goraieb, le présentateur, trop ému, n'a pu dire son texte jusqu'au bout. Si bien qu'il fut remplacé.

. . . .

mercredi 15 juin Iahvé à Moïse : *J'enverrai ma terreur au-devant de toi et je mettrai en déroute tout pleuple chez qui tu entreras ; je ferai tourner le dos devant toi à tous tes ennemis* (Exode XXXIII, 27).

Je ne les chasserai pas de devant toi en une seule année, de peur que le pays ne soit dévasté et que les animaux sauvages ne se multiplient contre toi. Je les chasserai peu à peu de devant toi, jusqu'à ce que tu fructifies et que tu puisses occuper le pays (Exode XXXIII, 29-30).

Rigidité terrifiante du Livre dicté par ce Dieu qui se nomme lui-même « le Jaloux ».

Aujourd'hui, d'un côté ceux du Livre — de l'autre les sans-terre, voués au désespoir.

Au moment de la guerre du Liban, des Israéliens interrogés dans les rues de Jérusalem pour une émission de radio : « Le Grand-Israël sera. C'est écrit dans le Livre. » Les femmes surtout se référaient aux Écritures.

. . . .

jeudi 16 juin Nous étions assis à la terrasse de chez Sénéquier (lundi, je crois). Danièle remarque, à l'intérieur d'une voiture de police, un Noir que les flics emmenaient au commissariat. Hier, nous apprenons que les corps calcinés de deux enfants ont été retrouvés dans un champ aux environs d'Annemasse et que l'homme noir (remarqué par Danièle) et sa jeune femme (une Blanche) seraient les parents assassins des deux enfants.

« *Oui, nous avons étranglé Belinda et Horlandes Cooper (quatre ans et dix-huit mois) pour leur épargner les injustices sociales de ce monde et pour les envoyer au soleil...* »

C'est ce qu'ont déclaré en substance Franz et Annie Soudin, les deux vagabonds arrêtés avant-hier sur le port de Saint-Tropez.

Lu cela hier dans le journal, à l'ombre des grandes tentes rouges, en buvant une bière glacée. C'est ici, chez Sénéquier (après un bain délicieux aux Salins), au moment euphorique, lorsque dans tes membres tu sens encore la fatigue de la nage et qu'enfoncé dans une chaise de toile rouge de la terrasse du port tu te laisses aller à jouir du bien-être près de celle que tu aimes, oui, c'est ici, chaque fois, que quelque chose de vicieux se produit : une légère griserie te soulève un peu au-dessus de toi : le soleil, la nage, le sel sur la peau, la lumière te donnent cette sensation de jeunesse éternelle, d'invulnérabilité. Tu es « beau », tu es « jeune », tu es au-dessus de tout danger, tu bistrotes et voilà qu'en ouvrant le journal le chaos te pénètre d'un coup. Tu parcours les titres, tu passes de l'Afghanistan aux « Terribles aveux de Franz et Annie Soudin », d' « Israël et ses marcheurs de la paix » à « Trois fois meurtrier après un accident d'auto », de « Le carnet de change sera-t-il maintenu en 1984 ? » à « Thomas Recco condamné à la réclusion perpétuelle pour la deuxième fois ». Tu apprends que des Vietnamiennes ont été enlevées, violées puis abandonnées en pleine mer, attachées à une bouée, par des pirates et qu'une seule a survécu, à demi dévorée par les poissons. Et tu bois ta bière et rien de tout cela ne t'empêche de te sentir prodigieusement bien dans ta peau, et tu palpes le genou de celle que tu aimes, et tu la désires, et tu as hâte de remonter dans le vallon ombreux où coulent si pleinement les jours de ta vie. Et, envahi par un léger engourdissement, décalé par ce bien-être, tu regardes passer la foule bariolée devant les yachts blancs. Tu allumes un Davidoff, tu goûtes au café glacé, tu lis quelques lignes, un intertitre accroche ton regard : « Avec de l'alcool à brûler. » Et tu replies le journal, tu t'en gardes un peu pour *là-haut* — quand, après une bonne douche, tu seras bien calé dans le hamac. Petit pincement d'un souvenir d'angoisse. Juste ce qu'il faut, n'est-ce pas ? comme ce piment rouge qu'on laisse sur le bord de son assiette. Quoi ! tout ça très banal — mais si profondément ressenti.

« L'étreinte poétique, comme l'étreinte de chair, tant qu'elle dure, empêche toute échappée vers la misère du monde » (André Breton).

. . . .

vendredi 17 juin Kafka raconte l'histoire de ce jeune homme qui, un matin, se réveille l'échine raide. Une épée s'était enfoncée entre la peau et les vertèbres sans qu'il en ressente la moindre douleur.

De même, une jeune femme vient de vivre pendant treize jours avec une balle de 22 long rifle dans la tête. Une nuit, alors qu'elle dormait près de son mari, un bruit étouffé l'avait réveillée. Elle sent une raideur dans la nuque. Elle va jusqu'à la salle de bains pour se rafraîchir. Quelques gouttes de sang coulent d'une toute petite blessure derrière la tête. Le lendemain elle va normalement à son travail. Comme elle souffre d'une forte migraine, à tout hasard elle passe chez son docteur qui suture la plaie.

Les jours passent. La jeune femme souffre toujours de migraine. Elle se rend dans un hôpital où on découvre, par une radiographie, un corps étranger logé dans son crâne. Elle pense alors que son mari a voulu l'assommer pendant son sommeil avec une bûche dont un éclat aurait pénétré à travers l'os. Au commissariat où elle raconte son histoire, les flics ne la prennent évidemment pas au sérieux : « C'est une histoire à la Hitchcock que vous nous inventez là. »

Elle retourne à son travail. Quelques jours encore et voilà qu'elle se trouve mal. On l'opère d'urgence. Et on retire une balle de 22 long rifle de son cerveau. Son mari avait tenté de l'assassiner en lui tirant, à travers l'oreiller, un coup de revolver à bout portant pendant son sommeil.

....

samedi 18 juin Hier soir, certitude qu'Etchart est en train de mourir. Impossible de penser à autre chose. Désespéré à l'idée que jamais jamais nous ne nous serrerons les mains. Pourquoi ce sentiment de très grande solitude lorsque je pense au monde sans lui ? Pourquoi sa présence m'est-elle nécessaire — lui que je n'ai jamais vu et dont les lettres sont si rares ? C'est souvent en pensant à sa lecture que je travaillais. A part Danièle, Etchart était le seul dont la lecture m'importait. J'en parle à l'imparfait. Je le *vis* mort.

Pluie ce matin. Par la porte-fenêtre je vois les grands lys mouillés frémir sous les gouttes. Une forte odeur d'eucalyptus se mêle à leur parfum. Pluie douce de juin, entre deux soleils.

Hier sur la plage. Aujourd'hui dans cette jungle mouillée. Ce soir soleil sûrement. Contraste fort qui rend possible depuis tant d'années notre vie dans cette forêt. Jamais de monotonie. Continuelle « mise en valeur » d'un moment par un autre. Je me souviens même d'un printemps, après une journée de soleil sur la plage des Brouis, nous être retrouvés ici, en pleine tempête de neige. Privilège de ce pays dont la situation nous permet constamment de choisir. Nous ne subissons pas les saisons, nous jouons avec elles. Il suffirait ce matin d'aller jusqu'au cap Lardier pour sortir de la pluie. Je sais le soleil là-bas, je le vois à l'éclat du ciel au sud-ouest. Si nous voulions faire une grande balade dans le brouillard, nous n'aurions qu'à monter sur la route des crêtes. Et s'il nous faut la « Côte d'Azur » avec son bleu toc et ses palmiers, nous pouvons prendre le train jusqu'à Cannes. Rien ici ne nous condamne à l'austérité. C'est bien pour ça que nous restons parfois plusieurs semaines sans bouger : libres de notre immobilité.

Enterrement hier à Saint-Tropez qui m'a douloureusement rappelé notre ami le docteur F. Toute la population, derrière le convoi chargé de fleurs, a traversé la petite ville envahie de touristes. Contraste saisissant entre la simplicité populaire de ceux qui se dirigeaient en silence vers le cimetière et la violence des vêtements trop blancs, trop rouges, trop voyants des vacanciers trop bronzés chargés de caméras vidéo et d'appareils. Nous revenions de la plage des Salins. Nous étions encore vibrants de l'effort de la nage. Si vivants dans notre peau que le sel piquait un peu. Douceur en nous des dunes envahies de lys de mer, douceur des grands pins parasols aux ombres mauves sous lesquels nous venions de marcher...

Les journaux sont remplis de la toute proche « apocalypse atomique ».

. . . .

dimanche 19 juin Depuis la capitulation du Troisième Reich et du Japon en 1945, l'Institut Hudson de New York a recensé près de 130 guerres qui ont fait 32 millions de victimes.

Aujourd'hui au bois de Vincennes grande fête pour la paix. Lu dans *Libération* une interview d'un pacifiste. Il dit en substance : plutôt russe que mort. Il dit aussi : « Oui, je suis un lâche, j'ai le courage de le dire. »

Qu'aurait fait ce pacifiste sous l'occupation allemande ? Sûrement pas résisté ! Alors quoi ? Collaboré ? Dans son « plutôt russe » est contenue toute une petite politique du louvoiement. Au mieux le marché noir, au pire fonder un *Krokodil* franco-russe, puisque ce pacifiste est un humoriste.

« Nous savons désormais qu'on ne sera pas d'autant plus homme qu'on sera moins français, mais qu'on sera simplement davantage russe » (Malraux).

. . . .

lundi 20 juin Beauté de l'image de ce poème chinois traduit au mot à mot :

Sans parole seul monter Ouest pavillon
Lune comme crochet
Tranquilles silencieux sterculias paulownias
Profond cour, cadenasser pur automne

Couper pas rompu
Ranger encore désordonné
Être séparation chagrin
Singulière est une sorte saveur goût, dans cœur suffixe

Li Yü (978), un des maîtres du *ts'eu*. Souverain d'une petite dynastie, il écrivit ce poème après avoir perdu son trône. Ses vainqueurs, les Song, l'ont déporté. C'est un poème d'exil et de regret.

J'en lis la traduction française. Il ne reste rien de la succession émotionnelle des images diluées par une rhétorique désuète. Assemblage de mots coulés dans le vieux moule du lieu commun poétique :

Silencieuse, esseulée, je monte les degrés du pavillon de
[l'Ouest.
La lune est comme une faucille.
Dans la cour profonde plantée de platanes, le frais
[automne enferme ma solitude.

O insécable fil de ma pensée,
Inextricable écheveau de mes peines,
Douloureux éloignement,
Quelle singulière saveur tu mets dans mon cœur!

Pourquoi ne pas s'en tenir aux images? Pourquoi *platanes* pour *paulownias* et *sterculias*? Pourquoi *faucille* et pas *crochet*? Pourquoi pas plutôt :

Seul, sans un mot, je monte au pavillon de l'Ouest.
Par-dessus les sterculias et les paulownias tranquilles et
[silencieux,
Le crochet de la lune
A cadenassé le pur automne dans la cour profonde.

Ma vie est coupée mais pas rompue.
Que se calme en moi le désordre.
Singulière saveur du chagrin dans mon cœur que de
[vivre la séparation.

....

mardi 21 juin Une journaliste, M., toute la journée d'hier. Touché par son désir de nous comprendre. Longuement parlé ensemble. Moi d'abord avec elle jusqu'au déjeuner ; ensuite Danièle avec elle une partie de l'après-midi. Étrange d'être séparés. Je parle de Danièle absente. Je parle de moi, sans elle. Une part de ma lumière me manque. M. a retourné toutes les facettes. Elle me pose des questions. Je réponds du fond de ma sincérité avec la gêne de cette sincérité qui me fait *dire* ce que je ressens de l'exquise fusion des jours vécus avec Danièle. « Trente-trois ans ! Ce n'est pas possible ! » M. me regarde, je la sens bouleversée. Je le suis moi aussi. Se doute-t-elle qu'un léger tremblement m'agite ? Il fait un peu frais sur la terrasse où nous nous trouvons étendus sur des chaises longues mais ce qui me fait imperceptiblement trembler c'est la conscience aiguë des mots qui nous disent. Résumer le fluide de la vie. Mettre en forme ce qui palpite entre celle que j'aime et celui qui ne pense qu'à se faire aimer d'elle. En parlant, je suis frappé par la fragmentation en thèmes successifs qu'ordonne le langage. Le désir de comprendre conduit à agir comme l'enfant avec l'insecte. Au *pourquoi ça vole, pourquoi ça bouge, pourquoi ça vit ?* répond la dislocation.

Nous vivons, Danièle et moi, un temps glissé, sans rupture, sans décisions, plongés dans la continuelle réalisation du désir. Comment introduire dans le hachoir des concepts ce qui s'apparente plutôt à la musique ? Répondre à la question qui isole, par exemple, l'écriture, de la sieste, des repas, des bavardages ou des balades, revient à isoler des mesures arrachées au déroulement d'une mélodie. L'écriture est dans les repas, et l'amour dans la balade qui est écriture et repas et amour et sexe et plaisir et désir.

En conclusion : luxe de notre disponibilité, luxe d'avoir échappé, Danièle et moi, au temps fragmentaire.

Pendant ce temps, la photographe nous photographiait, photographiait la maison.

Scriabine : os de chats et os de mammouths entrechoqués.

Téléphone de J.-M. Borzeix : Emmanuel Roblès, qui avait aimé le *T.A.* au moment de sa sortie, lui a dit l'avoir *relu* dernièrement. Roblès était l'ami de Camus.

Écrasé ce matin par la paresse — ou le doute — après une journée comme hier.

. . . .

mercredi 22 juin Je relis les notes d'hier. D'avoir parlé de nous avec M. me donne l'impression que s'est échappée de moi une partie de ma charge électrique. Ce matin je suis réellement « à plat ». En fait, je n'ai pas été vidé par ce qui a été dit mais par l'intérêt que M. prenait à nous. Par son regard, par sa tension d'écoute. Plus je suscite l'intérêt des autres, plus les autres m'acceptent, plus je perds confiance en mes certitudes. Seule la parfaite solitude me donne la mesure (ou l'illusion) de ma parfaite grandeur. Ce qui devrait exciter ma vanité me détourne de moi, je ne peux accepter d'être accepté. Besoin de me sentir hors des critères communs.

Lettre d'Etchart arrivée hier avec le manuscrit de son livre :

Comme je vous l'ai annoncé dans ma dernière lettre je vous fais parvenir un exemplaire de mon roman D'un sous-univers… *J'aimerais que vous conserviez ce manuscrit sur une des étagères de votre bibliothèque. Ce serait pour moi une sécurité et la « sensation » (!) de n'avoir pas écrit en vain.*

Évidemment si ce roman est édité un jour, nous reviendrons à la normale et l'exemplaire ci-joint devra aller alimenter le Mirus un soir d'hiver.

Mais que dire de l'enchaînement de tracas que je vous donne ?… Vous avez pris ma cause à cœur, et tout va maintenant à la don Quichotte : l'écrivain autodidacte, provincial-et-colonial — celui qui suit la voie opposée à celle de Stevenson par exemple, celui qui a commencé à écrire dans une île, puis continué dans une forêt, comment finira-t-il ?… Le pire est à craindre, mon cher Rezvani. C'est l'absolue anti-carrière. Et pas seulement en littérature ! Que me demande-t-on que je n'ai pas ? Que m'ont demandé les femmes avec qui j'ai vécu, mes éditeurs, mes employeurs, mes collègues, etc. ?

N'était cette crise cardiaque — et ce récent coma, le cinquième ou sixième que je subis —, je ne saurais plus du tout où j'en suis. La mort est mon seul repère.

De plus en plus mon « je-conscience » — qui lui aussi s'est éteint cinq ou six fois — voit que le chef de tous mes « je » coïncide avec l'échec et la mort. Impossible de continuer à faire « comme si c'était à un autre que tout cela arrive ».

A bientôt de vous lire mon cher Rezvani et surtout de lire la Loi humaine.

Votre très encombrant cadavre et ami.

Salvat Etchart, 6 juin 83.

Dès que je taperai à la machine, j'enverrai à Danièle un rêve que j'ai eu à l'hôpital.

J'ai lu. Puis je me suis allongé et j'ai dormi. Je me suis enfoncé dans un court sommeil — seul refuge pour moi dans les moments de grande angoisse.

. . . .

jeudi 23 juin Nous allions pénétrer dans un restaurant. Tu portais un tailleur clair. Tu avais l'air de sortir d'un film des années cinquante. Tu me plaisais, tu étais *ma* femme et tu me plaisais. Au moment où la porte du restaurant s'ouvrait, un homme jeune, beau, de cette élégance détachée qui montre une éducation bourgeoise de « qualité », te saisissait par l'épaule et te prenait contre lui avec familiarité et juste ce qu'il faut d'ironie. Je compris que vous vous connaissiez vaguement. Quelque chose qui commentait ce rêve me disait que c'était le frère d'une de tes amies de classe. Vous parliez, debout, devant la porte du restaurant et je constatais avec un agacement douloureux que tu entrais dans son jeu ironique, lui répondant avec une aisance et des rires qui n'étaient pas tiens. Tu te laissais *contaminer* par le ton alerte, frivole de cet homme jeune et élégant — qui ne t'avait toujours pas lâchée et te gardait, comme s'il n'y pensait pas, le bras jeté sur toi. Au moment où nous l'avions rencontré, une jeune femme l'accompagnait. Comme toi elle était d'une extrême beauté. Comme toi vêtue d'un tailleur clair. Comme toi, longue, gracieuse. Comme toi, elle rejetait ses cheveux auburn en masses lourdes sur ses épaules. Mais ce n'était pas toi, ni ton double non plus. Pendant que tu continuais à parler et à rire avec l'homme jeune, moi et la jeune femme nous nous tenions debout, immobiles, intérieurement énervés. Nous attendions poliment de part et d'autre du couloir. Et soudain, je me rendis compte que je .grimaçais, déchiré de jalousie. Je secouais les épaules comme pour te faire comprendre qu'il fallait absolument que tu te secoues, toi ! de ce bras si familier si détestable. Mais non, tu continuais à répondre avec vivacité, enjouement, bonheur presque, à cette présence d'homme. Et je pensais : est-il possible qu'elle se transforme ainsi à vue, *s'adaptant* au premier venu, se calquant sur son charme jusqu'à adopter son ton, sa vivacité, sa superficialité ? Enfin, à force de secouer les épaules et de donner des coups de reins invisibles, je réussissais à te détacher de ce bras passé sur toi. Au moment où tu disais au revoir à cet inconnu, j'eus un réflexe vengeur : j'excitais ta jalousie en m'adressant à la jeune femme qui comme moi avait attendu tout ce temps sans rien dire : « Savez-vous ? Vous êtes belle, vous êtes très très belle. » Et je la vis fondre de plaisir. Mais de prononcer ces mots m'avait mis au désespoir. Je me sentis tout à coup mesquin d'avoir voulu te faire réagir en jouant si grossièrement avec une autre.

Je m'aperçois qu'il faut deux jours et deux nuits pour que la vie pénètre à travers les cloisons de la chambre des rêves.

Tu me racontes à ton réveil que tu continuais à te confier à M. Il t'a donc fallu, comme à moi, deux jours et deux nuits pour te débarrasser de cette intrusion dans cette part *indicible* de notre sensibilité.

Après nous être raconté ces rêves parallèles, toujours dans notre demi-sommeil du matin nous nous sommes mis à parler de Gandhi. Gandhi ! Pourquoi Gandhi ? Et de Gandhi nous avons glissé à Khomeiny, constatant combien l'obstination bête du vieux chiite et sa cruauté ont réussi à précipiter dans le fanatisme élémentaire ce qui s'annonçait comme une des plus extraordinaires révolutions non violentes de l'histoire. Au point que Michel Foucault s'y est laissé prendre.

La grande force de Gandhi : l'idée de la *non-participation.* Leçon immense à tirer du *refus de participation.*

. . . .

vendredi 24 juin Commencé la lecture des *Cours de littérature* de Vladimir Nabokov. Charme suranné de ces causeries alimentaires où le conférencier professionnel doit à tout prix faire sourire son auditoire par toutes les ficelles râpées du vieux causeur. A travers les capitales européennes, il a suivi le désolant itinéraire de l'émigration russe. Combien, par certains côtés, il me rappelle mon père, le magicien, qui, pour un ou deux billets, faisait la roue et éblouissait son public au-delà de ce qu'on lui demandait. Et toujours cet appel pathétique au sourire qui lève sur l'auditoire cette petite houle de détente, juste au bon moment.

Chambre obscure, la Course du fou, trouvés sur les quais en 1957. Je me souviens de *la Galine*, cette ferme perdue dans les collines, où nous ne lisions que Nabokov et en parlions pendant nos promenades parmi les forêts.

La Méprise, la Vraie Vie de Sebastian Knight. Dans lequel des deux un certain Ardalion faisait visiter son terrain ? Le « terrain d'Ardalion » : ainsi avions-nous nommé un petit pré sur lequel nous rêvions de construire notre maison. Et la décapotable bleue ? Était-ce celle d'Ardalion ? Et le « bâton », était-ce celui de *la Méprise* ?

. . . .

samedi 25 juin Pendant le sommeil de l'aube, entendu un frappement léger et sec au rez-de-chaussée. Sans me réveiller tout à fait, ce bruit a cependant mis en alerte ma conscience. Je pensai confusément : un oiseau vient de s'assommer contre une vitre — et je me rendormis. Une heure ou deux plus tard, lorsque je descendis ouvrir la maison, une mésange se tenait blottie sous la fenêtre de la cuisine. Au moment où je m'approchais, elle s'envola. Cet incident sans importance m'a troublé. Rien dans ce bruit sans relief particulier n'aurait dû me faire penser au choc d'un oiseau contre une vitre. Ou disons, pour que j'y pense spontanément à l'intérieur de mon sommeil, il fallait que ce choc ait une *musique* d'une exactitude parfaite, inconfondable : vol de plumes et d'os minuscules arrêté net.

« Sur l'aile postérieure d'un papillon, un gros ocelle imite une goutte de liquide avec une si incroyable perfection qu'une ligne, qui traverse l'aile, est légèrement décalée à l'endroit exact où elle passe sous l'ocelle » (Nabokov).

. . . .

dimanche 26 juin Hier, journée passée à lire et à ne rien faire sur le hamac. Moiteur tropicale. Le moindre mouvement vous met en eau. Après le déjeuner, nous avons somnolé, enlacés dans le filet suspendu. Silence. Juste par moments les bruits de gorge de quelques coucous en amour.

De la châtaigneraie parvient jusqu'à nous le parfum de levure et de sperme des fleurs de châtaignier. Impression d'être suspendus dans une matrice. Jeté du cyprès au palmier, le hamac se balance imperceptiblement de nos respirations. Nous sommes comme des jumeaux dans un sac. Nous fermons les yeux. Nos peaux se touchent aux cuisses, aux bras, aux joues.

Danièle lit *la Divine Comédie.* Elle me parle du paysage chez Dante. Les gorges, les pics rocheux reliés par des passerelles, les défilés brisés où souffrent les damnés. Je pense à *Feu* que j'avais composé sur le modèle de cette topographie infernale.

A quelqu'un qui lui posait la question : « S'il y avait le feu chez vous, qu'emporteriez-vous ? », Cocteau avait répondu : « Le feu. »

Avant-hier, sur la plage des Salins, une cinquantaine d'enfants se baignaient au même moment que nous. Entre mes cils clignés je les regardais remuer. M'est revenu le dégoût pour mon enfance, un retour de souffrance, un refus si profond que j'ai dû fermer les yeux très fort en enfonçant mon visage entre mes bras mêlés. Les cris des enfants qui jouent m'angoissent : chute en arrière dans ce petit enfer où tout n'est qu'incessante agitation, hurlements, désir d'être le plus fort. La vitalité de l'enfance me donne comme une nausée. Je n'aime que les enfants doux et pensifs. Ceux-là peuvent m'attendrir aux larmes. C'est à travers eux que je retrouve mon « je » enfant. Les remuants, les hurleurs réveillent en moi cette panique (qui jamais ne s'éteindra) d'être abandonné au milieu de la horde, d'être annulé. Le monde d'insectes que représente pour moi l'enfance m'apparaît encore aujourd'hui comme un cauchemar. Je m'en suis rendu compte l'autre jour sur la plage : je souffrais des cris, des jeux, des élans unanimes qui jetaient vers l'eau ou ramenaient sur la plage ces molécules hurlantes.

Je repense à l'entretien avec M. Une phrase surtout : « Quand j'ai connu Danièle j'arrivais de la mort. Ma mère c'était la mort. » En effet je vis une vie *à l'envers* des autres, me semble-t-il. Si je me retourne, j'ai l'impression vertigineuse de venir de la mort et d'aller vers la vie qui chaque jour me semble plus aérée, plus ouverte. Tout était si étroit, si irrespirable dans mon enfance ! Je ne crois pas que ce soit l'effet de perspective. Rien que les voix des moniteurs qui encadraient les gosses sur la plage me frappaient comme des gifles.

. . . .

lundi 27 juin Je n'en finirai jamais avec mon enfance. Elle me poursuivra jusqu'à la mort. A tout moment je *paie*. Je crois être assez lucide là-dessus : on m'a mal fait. Là est ma chance sans doute mais de là vient aussi ma constante difficulté à établir et à maintenir des rapports « naturels » avec les autres. Je ne sais pas être avec autrui. Je ne suis pas. Je me donne superficiellement mais en vérité je me retire quelque part en moi et j'attends.

Je pensais ça aussi sur la plage. Je détaillais chaque enfant, il me semblait tous les connaître, tous les reconnaître. Je me cherchais parmi eux quelque part à la périphérie. A un moment une monitrice très excitée cria d'une voix essoufflée : « Allons, le petit Suisse, veux-tu venir jouer comme tout le monde ! » Et je vis dans le sable, tiré par d'autres enfants, un gosse qui jusque-là s'était tenu à l'écart, adossé à un grillage. Il se laissait traîner avec un sourire de malaise. La monitrice glapissait, et je remarquai, un peu plus tard, qu'il participait assez mollement à un de ces jeux niais — sorte de préfiguration schématique de la vie compétitive qui l'attendait. Il jouait sans ardeur : on voyait qu'il voulait se faire exclure au plus vite. Enfin il alla s'asseoir un peu plus loin devant la mer et je me sentis soulagé. Mais à nouveau la monitrice lançait sur lui sa petite meute : « Allons le petit Suisse, veux-tu bien jouer avec nous ! » Et j'entendais : le « petit Russe », le « petit Persan », ou pire encore : « Toi là-bas, le petit brun qui rêve dans son coin. » Je proposai à Danièle, de nous écarter et je ramassai nos serviettes.

Toute contrainte m'est intolérable. Je ne peux ni la subir ni l'imposer. Tout devoir, toute responsabilité me met en état de fuite. En moi le « petit Russe » ou le « petit Persan » est toujours en éveil, « le petit brun qui rêve dans son coin » se tient sur le qui-vive. Encore aujourd'hui je dois me faire aux autres par un lent apprivoisement. Je ne connais pas l'immédiate « camaraderie ». J'aime la graduation en amitié. Franchir les degrés de l'amitié. La lenteur du dépliement. Horreur par exemple du *tu* immédiat — comme en amour de la nudité immédiate.

Je vais jusqu'à souhaiter ne pas me connaître. Jusqu'à me dérober à moi-même. Toujours vouloir m'étonner, me surprendre, ne pas m'achever. Si je me suis enfoncé dans ce journal d'une année, si je m'y suis maintenu jusqu'à présent, c'est peut-être pour me persuader que je me reste insaisissable. Quelqu'un traverse ce journal. Il tâtonne au *je*.

. . . .

mardi 28 juin Ce matin, besoin de bouger, de sortir du vallon imbibé de pluie. Mais où aller ? Par ce temps gris les routes sont bondées. Le ciel nuageux va précipiter dans leurs voitures toutes ces populations vacantes que le soleil, la mer, la plage dissolvent habituellement jusqu'au soir.

Nabokov serait une sorte d'erreur de mutation : un homme du dix-neuvième siècle tombé dans l'Amérique du Coca-Cola et des Coca-Lola où, comme il dit, « la bière et la musique sont en boîte ».

Le ciel s'est éclairé : marché à Saint-Tropez et ensuite plage.

....

mercredi 29 juin Deux hommes en costume noir marchaient en tête, avec deux drapeaux décorés qui leur sortaient du ventre. Suivaient quelques conseillers municipaux en groupe serré, allant lentement, le regard vague, le nez en avant. Derrière eux, le fourgon enseveli sous les fleurs, puis une grande femme en noir, voûtée, penchée, soutenue par un homme endimanché. Une troupe restreinte traînait derrière en se clairsemant. Encore une fois vision poignante et grotesque alors que nous nous trouvions chez Sénéquier après la plage. On aurait dit une troupe de travailleurs en glaise, pétris par Rodin, défilant à travers la foule en T-shirts et casquettes frappés de sigles publicitaires. Un monde à trois dimensions, lourd de son histoire, marqué par le chagrin, le travail, l'effort de perpétuation, traversant lentement un autre monde dessiné et colorié à plat sur une feuille de Celluloïd.

Un peu avant, sur la plage, nous avions aperçu, nageant assez loin de nous, Marie-Jeanne. Nous n'avions pas eu le courage d'aller vers elle. Comment aurions-nous évoqué Pierre sous ce soleil, dans cette eau bleue, si loin déjà de cette tempête de neige qui l'avait enseveli ?

Cours de Nabokov sur *la Métamorphose* de Kafka. Refus de considérer l'écrivain comme le produit plus ou moins malade d'une culture, d'un milieu, etc. Étrange pour un entomologiste !

Mépris pour Freud et « ses âneries », absurde obstination à vouloir couper *la Métamorphose* du reste de l'œuvre de Kafka — et surtout de l'épaisseur de sa vie familiale.

. . . .

jeudi 30 juin Enfantillage de cet homme récemment nommé à une haute fonction. Il s'efforce de parler de cette fonction toute neuve avec la distance ironique qu'on mettrait à évoquer quelque chose d'une cocasserie incroyable. Et plus il rendait cocasse son nouvel état, moins il avait de scrupules à s'étendre sur le sujet. Il me rappelait un peu R.E. qui, s'étant reconnu dans le héros d'un roman récemment paru, ne cessait de dire du mal de ce roman et du romancier qui l'avait écrit — rien que pour s'autoriser à en parler et à y revenir. Pendant toute la soirée je pensais avec amusement qu'à partir d'un certain niveau d'intelligence ou d'évolution, les hommes qui acceptent les « honneurs » ne le peuvent qu'en affectant de les mépriser. Et plus ils en sont intimement enivrés, plus ils se moqueront d'eux-mêmes — l'essentiel étant de se maintenir sur le sujet sans trop ennuyer. Existe-t-il un seul académicien qui n'amusera ses hôtes de son habit, de son épée, de ses collègues, de lui-même ? Mais plus on monte dans la hiérarchie, plus cette distance devient mince. Et, au moment où la fonction entre en coïncidence avec le vrai pouvoir — celui de vie et de mort sur les hommes —, l'humour a disparu, reste la brute.

Angoisse, peur d'en arriver à ne plus pouvoir écrire.

Et pourtant, toujours cette sensation d'avoir une charge d'énergie quotidienne à user. Sorte de capital qui te serait octroyé chaque matin. Un peu comme si tu étais un de ces petits jouets de fer qu'on remonte avec une clef plantée dans le dos. Énergie qui se traduit par une foi lumineuse dans la vie. Mais cette foi peut subitement s'effondrer ou passer dans tout autre chose que la création. Un coup de téléphone crève la cloison et le ressort se déroule d'un coup. Ou bien la présence trop forte en toi d'une impression de la veille. Perte d'assurance dans ta nécessité. A moins que ces hauts et ces bas si brusques soient liés à des cycles beaucoup plus mystérieux. Cette année de journal terminée, tu pourrais t'amuser à en relever les fréquences. La régularité ou l'irrégularité du graphique obtenu t'éclairerait peut-être.

Seule Danièle m'apparaît comme une constante réalité dans mon univers démonté.

vendredi 1er juillet Eudémonisme : la recherche (démoniaque ?) du bonheur.

« Il n'y a pas d'auteurs de théâtre. » C'est sous ce prétexte que *le Monde* donne la parole aux quelques metteurs en scène qui ont en effet repoussé, ces dernières années, les écrivains vers leurs rêveries solitaires.

Frappé par la similitude de la démarche des quatre créateurs encyclopédiques de ce début de siècle :

Joyce

Stravinski

Picasso

Ezra Pound

Même ironie. Mêmes jeux techniques avec les valeurs spécifiques de leur art. Même archaïsme/modernisme. Ce tour d'horizon de la mémoire artistique ferait penser au retour du mourant sur sa vie. Comme si l'humanité sur le point de disparaître avait sécrété les génies chargés de faire sous une forme « distanciée » (je dirais presque parodique, burlesque) le grand bilan de sa pensée. « Si, des vivants, nous n'avons guère uni les rêves, du moins avons-nous mieux uni les morts ! » (Malraux).

Dernièrement, Voyager est sortie du système solaire. Cette « bouteille à la mer » contient les principales formules de mathématique et de physique ainsi qu'en effigie, gravés sur une feuille d'or, un homme et une femme. (On a renoncé à les représenter main dans la main de crainte qu'*on* pense qu'il s'agisse là d'un être unique.) Pourquoi n'aurait-on pas joint au fret de la capsule en route vers l'éternité : *Ulysse* de Joyce, *les Cantos* de Pound, l'enregistrement d'*Œdipus Rex* de Stravinski et, soigneusement roulées, *les Ménines* de Picasso, par exemple ?

Hier soir, au moment de m'endormir, plusieurs fois je fus réveillé par les exclamations d'enthousiasme de Danièle qui lit Dante. Traversant l'engourdissement j'entendis ces vers tirés de *l'Enfer* :

Là, les pleurs mêmes empêchent de pleurer ;
Et la douleur, qui trouve une barrière aux yeux,
Rentre au-dedans pour aggraver la peine :
Les larmes, dès l'abord, en se prenant en masse,
Forment une visière en cristal, sous les cils,
Qui se trouve remplir de l'œil la coupe entière.

. . . .

samedi 2 juillet Avec quelle promptitude la prise de pouvoir des socialistes a transformé certains artistes libres, et même rebelles, en fonctionnaires d'État ! Cette mutation s'est faite avec une spontanéité, une impatience qui feraient penser qu'en chaque homme se tient en veilleuse le besoin pathétique de s'insérer dans une hiérarchie qui octroie une parcelle de pouvoir contre beaucoup de soumission. Tu sais maintenant qui sera chargé un jour de te raisonner. De qui viendra le sermon. Avec quelles protestations d'amitié *on* te fera comprendre qu'*on* se trouve obligé de te rappeler à l'ordre, et que si l'amical conseil n'était pas entendu *on* serait contraint de sévir. N'oublie jamais ce mot de Staline qui, après avoir giflé sa fille, lui dit : « Tu vois ce que tu m'as fait faire. N'as-tu pas honte ! » Les purgatoires des pays de l'Est sont remplis de cette sorte d'enfants « cruels ».

Danièle vient d'achever un tableau auquel elle travaillait depuis notre retour de Venise. Elle s'inquiète de sa facture glacée et de son thème qui, dit-elle, ne lui ressemblent pas. C'est vrai, aucun de ses tableaux ne lui « ressemble ». Mais un rêve vous « ressemble »-t-il ? Presque toujours il se situera à l'opposé de ce qu'on croit être. De là sa force et cette certitude de sincérité. Et moins le rêve sera apparemment relié à la vie diurne, plus il nous autorisera à nous imaginer notre *épaisseur.* Tout ce qui, de nous, nous surprend vient de cet impensable fond que les surréalistes ont tenté de toucher. L' « acte surréaliste » m'a presque toujours semblé pauvre et puéril. Mais la prise de conscience par les surréalistes de la puissance créatrice de l'inconscient, que toute création artistique est avant tout le fruit de l'inconscient, restera comme un des grands moments de l'histoire humaine.

Lorsque Kleist prétend que la parole, en sortant de nous, tire la pensée, alors que dire du tableau ? Surtout s'il surprend, s'il apparaît à son auteur comme quelque chose d'impensé.

Si j'essaie d'écrire ça ce matin, c'est pour toi, pour te dire que c'est justement dans cette surprise, qui te rend injustement défiante, qu'il te faudrait puiser de la confiance, ma chérie. Ce tableau est une vision aussi précise que possible de cette part à jamais inconnue qui sert d'assise à ta personnalité — comme les quelques grands rêves inoubliables de notre vie sont la part révélée de notre secret intime. Tes tableaux sont des morceaux de ton secret. Tu les montres dans la véranda. Ils en remplissent le mur du fond. Et la combinaison de ces visions qui s'ajoutent au long des années finit par ouvrir un regard en toi par lequel j'aime pénétrer. Ces marches de marbre clair en ovale décentré, cette eau qui s'agite au ras de l'escalier énigmatique dont les plans superposés fuient vers un ciel d'une immense aération, les éclats de soleil captés dans des creux de vagues comme si des lèvres de lumière s'étaient un instant entrouvertes... et aussi l'île rose... la porte d'or... la jetée entre deux mers dissemblables... la petite ville engloutie... et ce tableau que tu as peint l'automne dernier à Venise : visions plongeantes sur un monde d'eau, de pierre, d'air à l'infini.

....

dimanche 3 juillet Deux témoins de Jéhovah sont arrivés à pied à travers bois. Ils ont un peu l'air de canailles. Pour m'en débarrasser, leur ai acheté leur petit livre de propagande américaine.

....

lundi 4 juillet Frappant passage d'*Ulysse* :

« Et moi aussi j'appartiens à une race qui est haïe, que dit

Bloom, et persécutée. Encore de notre temps. Aujourd'hui même. En ce même instant. »

Le citoyen ricane :

« Est-ce que vous parlez de la Nouvelle Sion? que demande le citoyen.

— Je parle de l'injustice, que dit Bloom. [...] Mais tout est inutile, qu'il dit. La force, la haine, l'histoire, tout. C'est pas une vie pour des hommes et des femmes, l'insulte et la haine. Et tout le monde sait que c'est le contraire qui est la vraie vie.

— Quoi? dit Alf (le barman).

— L'amour, dit Bloom. »

Lu un article à propos du livre de Jacobo Timerman : *Israël au Liban.* Juif, Israélien et sioniste, il pousse un cri d'effroi devant l'invasion du Liban par les troupes du général Sharon. Cet homme qui a connu la torture en Argentine qualifie la guerre du Liban de « gratuitement atroce ». Il a la rage des hommes généreux. Il n'imagine pas « comment Israël pourrait exister sans avoir à ses côtés un État palestinien ». Exemple de sionisme lucide.

En me réveillant ce matin j'ai revu avec une troublante précision une scène qui m'avait frappé il y a six ou sept ans à Grenade dans le petit square rond qui se trouve à l'entrée des jardins de l'Alhambra. J'attendais Danièle que j'avais laissée dans notre chambre du *parador.* Je flânais au soleil en bordure du petit square lorsque j'entendis, venant d'un recoin parmi les buissons, des bruits de gifles et de baisers. Je m'avançai et vis sans être vu un couple assis sur un banc. L'homme était rêche, trapu, hâlé, populaire. Elle aussi paraissait de pauvre condition. L'un et l'autre devaient avoir la trentaine. L'homme se penchait sur la femme, la tenant à deux mains par les joues. Très pâle, les yeux fermés, elle se laissait faire, le visage luisant de larmes. L'homme parlait très vite à voix étouffée, il rugissait plutôt, comme en dedans. Soudain il y eut un claquement et je compris qu'il venait de la frapper d'un coup aux deux joues comme on aplatirait entre ses mains un insecte. Elle se raidit mais ne bougea pas. L'homme lui triturait maintenant le visage, la pinçait violemment aux pommettes, aux joues, lui tordait le nez en tous sens. Puis soudain il l'attira et la baisa aux yeux, aux lèvres, dévorant avec une fougue bestiale cette figure si blanche et indifférente. Et ce furent de nouvelles gifles, des mots rapides et rauques, et de nouveau des baisers, et encore des gifles, des baisers, des morsures. Je rejoignis Danièle qui arrivait cependant que les bruits de coups et les grognements continuaient dans les buissons du petit square.

....

mardi 5 juillet Certainement le plus gros insecte d'Europe. De la tête à la pointe de la tarière il mesure facilement entre huit et dix centimètres. L'abdomen est énorme, mou, comme un sac de caoutchouc annelé trop rempli ; le thorax, au contraire, s'articule en plaques très dures, surmontées d'une sorte de tourelle chitineuse où sont logés deux élytres atrophiés de la forme et de la consistance de l'ongle du petit doigt. Ces élytres crissent en se frottant. La tête s'engonce dans le thorax avec raideur ; elle est d'un poli d'ambre, piquée de deux longues antennes ressemblant à des fils de caramel très étirés. Des palpes mous sortent des mandibules inoffensives. Les yeux ont le bombé aveugle de lunettes de motard. Six minces pattes de langoustine soutiennent cette chose répugnante, l'aident à traîner le sac de son ventre — qui chez les femelles se termine par une tarière recourbée. *Boudrague* — c'est son nom provençal (de *boudraca* : se vautrer dans la boue). Sur une plage de Thessalie, il m'est arrivé de saisir sans l'avoir souhaité une grande scolopendre blanche (accrochée à un bois flotté venu sans doute de Turquie). L'insecte mesurait entre quinze et vingt centimètres de long. Il ressemblait à un petit serpent articulé muni de deux franges de pattes et de plusieurs crochets venimeux. Il me fit très peur, je n'en eu pas de répulsion. Il était dangereux. Si la boudrague piquait, si sa piqûre était mortelle, je pense qu'elle répugnerait moins. C'est sa passivité, sa progression lente et têtue qui soulève le dégoût. Pas un mouvement de défense, encore moins d'attaque. Et plus tu en écrases, plus il en vient, car de chaque cadavre que tu abandonnes dans la poussière se nourrissent les autres. Lorsque tu saisis une boudrague ou quand tu la frappes à coups de talon, elle pousse un crissement désagréablement expressif, net, sonore — comme si tu faisais faire deux tours à une crécelle. Ce cri a quelque chose d'une protestation éplorée, il *parle,* il s'adresse à toi. Pendant des années, lorsque je trouvais un de ces gros sacs mous et lents, je le jetais aussi loin que possible de la maison. C'était quelque chose de phénoménal, de monstrueux, un dévoiement de la nature sans conséquence, un oubli, une distraction, le résidu d'une de ces grandes époques où tout était hors d'échelle puisque l'homme n'était pas. Il m'arrivait d'appeler Danièle pour qu'elle voie cette incarnation du dégoût.

Et puis il y eut le feu de 1979. Notre maison resta sauve au milieu de ses arbres. Autour un désert gris. Tout avait brûlé à perte de vue. Même les poteaux du téléphone, carbonisés au ras de terre ! Des cendres tièdes jusqu'aux chevilles. La mort. La stérilisation. Un an, deux ans, trois ans, et bientôt quatre cet été. Quelques chênes-lièges s'en remettent. Des jeunes pins sortent de terre. De l'espoir pour dans dix ans. Seul le maquis s'est reformé, plus dru, plus dense, plus étouffant. Les cistes surtout dont les graines seraient apparemment ignifuges. Et dans ce maquis un grouillement, une invasion de boudragues brunes, molles — comme si le feu avait réactivé cette race oubliée. La terrasse envahie ! J'en trouve jusque dans la maison. J'écrase. Je tue. A tout moment je laisse la plume pour distribuer la mort. Il me semble être imprégné de l'odeur fade d'herbe digérée. Leur nombre m'oblige à un acharnement qui me fait peur. Ça crisse. Je frappe à coups de talon. Ça crisse. Ça gicle. Des bouts remuent encore. Je frappe. Ça ne bouge plus. C'est visqueux et gras par terre. Je m'en vais. Je reviens. Sur le cadavre en voilà deux encore. Ça crisse. J'écrase. Je frappe du talon. L'odeur fade monte. Je m'en vais. J'écris. Un moment après ça crisse. D'autres sont là. Elles ont rampé hors des buissons. Je tue, je tue encore. Je ne veux pas ! Tu dois !

....

mercredi 6 juillet Un insecte encore plus grand que celui décrit hier se déplaçait dans la réalité floue du rêve. Je ne pouvais évaluer son volume réel. Morceau par morceau il avançait avec la lenteur d'un organisme moribond. Il était de couleur verte liseré d'orange.

Il devient périlleux pour nous de sortir du vallon. X.X. est en vacances dans le coin. Quelqu'un lui prête sa maison en juillet. Et nous sommes en juillet ! D'imaginer X.X. à portée d'un vol d'oiseau me fait bouillir d'exaspération. Qu'est-il venu faire si près ? J'ai déjà imaginé toutes les possibilités de rencontres fortuites. J'en ai conclu que je n'avais pas d'autre solution que de lui passer au travers comme s'il n'existait pas. Je ne veux même pas l'humilier. Je ne veux rien avec lui. Rien ! Alors si nous nous rencontrons dans l'épicerie — je lui passe au travers. A la boulangerie — je lui passe au travers.

Chez le boucher — au travers ! A un carrefour en voiture — au travers !

Désagréable contradiction : tu veux écrire un livre pour t'envelopper dans ses plis, te mettre hors d'atteinte, et en même temps à peine as-tu réussi à le sortir de toi que déjà tu te hâtes de t'en débarrasser.

....

jeudi 7 juillet « Je suis abasourdie par tant de bonheur. » Ses premiers mots ce matin !

Hier, reçu le double du ms. d'Etchart. Il faudra attendre la rentrée maintenant pour le remettre à un éditeur. Mais quel éditeur reste-t-il ? Etchart projette de quitter Granada pour Ottawa où il y aura au moins une possibilité de soins appropriés (centre hospitalier, cardiologues, etc.). Je suis oppressé par la somme de renoncement contenue dans les deux pages de sa lettre. Il semble maintenant parvenu au-delà de sa mort. Comme il dit : « Tout est réglé. » (A propos de ses enfants.)

Vu hier en nous promenant sur le chemin de Val-Daubert une sorte de chimère verte aussi longue que l'écart qui va de la pointe du pouce à la pointe de l'index largement ouverts. On pouvait penser à un phasme hors de proportions, quelque chose de jamais vu dans sa forme anguleuse et élancée. Au lieu de l'inertie du phasme, l'insecte se cabrait, ouvrait toutes grandes ses mandibules et déployait ses pattes qu'il avait grêles et munies de sortes d'épines régulières. La tête se confondait au thorax long et dur, en forme de porte-plume couleur de jade, sur lequel venait s'accrocher l'abdomen allongé, renflé en annelures vertes soulignées par un dessin géométrique de petits triangles noirs symétriques. Deux longues pattes épineuses en leviers de détente faisaient penser quand même à la famille des locustes — bien que la bête n'ait cherché à sauter à aucun moment. Elle rampait hors des anciennes terres brûlées. Je l'y rejetai.

Juste après avoir écrit ces lignes, me revient seulement maintenant le rêve d'avant-hier — noté hier matin.

....

vendredi 8 juillet Titre : *la Fiancée écarlate*. Un jour, en Californie, on découvre deux ou trois cas isolés d'une maladie nouvelle. On baptise le mal d'un nom de jeune fille. Pas de quoi s'inquiéter. Il y aurait même de quoi se réjouir : la maladie ne choisit que les marginaux (drogués, homosexuels, prostitués mâles). Les médecins observent avec une certaine répulsion ces malades déjetés qui leur arrivent des bas-fonds de San Francisco. C'est à peine s'ils se donnent la peine de les soigner, tant ces corps amaigris aux bras troués de piqûres semblent faits pour l'enfer. Les cadavres, après autopsie, sont rapidement brûlés. On en parle le moins possible, si ce n'est pour conforter ceux qui ont des mœurs exemplaires. On remercierait presque le ciel d'avoir envoyé ce fléau sur Sodome. C'est ce que les journaux laissent entendre. Dieu s'est réveillé, enfin ! Voyez avec quelle précision il frappe. Qu'il nous débarrasse des pervertis, jusqu'au dernier !

La société américaine reprend foi dans sa morale, dans ses

certitudes. Il suffit d'être bon citoyen, bon père, bon époux pour se savoir hors d'atteinte.

Mais voilà qu'un pasteur de San Francisco, homme d'une parfaite rectitude de mœurs, est atteint par la fiancée écarlate. Elle l'a pris dans ses bras. Il meurt. On brûle son cadavre à la sauvette. « Donc celui-là il en était. » Tous le pensent, chacun se tait. Quelque temps après, un autre citoyen « au-dessus de tout soupçon » reçoit le baiser. Il meurt comme seuls les homosexuels mouraient jusqu'à présent. On brûle le corps. La famille cache sa honte. Puis c'est le tour d'un nourrisson. Puis d'un autre. Effroi : Dieu ne choisirait-il donc plus ceux qu'il punit ? Enquête méticuleuse. Et c'est avec horreur... et soulagement qu'on découvre par quelle faille la belle Sida s'est glissée du côté où elle n'avait que faire : tout le monde sait que les « banques du sang » se fournissent auprès de ceux qui n'ont rien d'autre à vendre. C'était, jusque-là, dans les bas-fonds que les prospecteurs allaient avec leurs pipettes. Drogués, homosexuels, prostitués se morfondaient dans ce vivier. On avait trouvé le moyen de les rendre quand même productifs. Mais ce sang était contaminé. Et Sida s'infiltrait avec les transfusions. Bien ! On surveillera sévèrement les « donneurs ». Plus d'homosexuels ! Plus de drogués ! Plus de prostitués mâles ! Les laboratoires se fourniront dorénavant hors des frontières : camps de réfugiés, pays pauvres.

Et, en effet, la fiancée écarlate redevint sélective : elle ne frappa de nouveau que les *gays* des bas-fonds de Frisco. Soulagement !

. . . .

samedi 9 juillet Mais voilà qu'avec le temps on s'aperçut qu'elle mettait moins de netteté qu'auparavant dans ses choix.

Ceux qui pratiquaient l'amour libre commencèrent à mourir. Les bons citoyens pensèrent : « C'est bien. Dieu devient de plus en plus exigeant. » Puis des femmes furent atteintes. « Ah, ah ! » pensa-t-on. Puis tout le monde. Sida s'était échappée des mains de Dieu, puisque pour finir, lui-même en creva.

....

dimanche 10 juillet Au moment où les bourreaux allaient jeter à la fosse commune le corps d'un jeune condamné à mort, ils découvrirent avec effroi qu'il respirait encore. Il survivait à trente minutes de pendaison. La loi coranique dit : « Il faut laisser aller libre un condamné à mort qui aurait survécu à son supplice. » Mais comme ça se passe en Iran, le « veinard » sera rependu.

....

lundi 11 juillet « Il vaut mieux changer ses désirs que l'ordre du monde » (Descartes).

A première vue, phrase détestable. Immédiate réaction : la retourner. On obtient alors le slogan révolutionnaire type. Deuxième temps, la remettre à l'endroit et alors on la lit tout à coup comme un slogan écologique.

Hier avec Monique, sans Manuel qui est en Espagne pour son livre *les Lèvres de vermouth.* Dimanche à la plage. Joie populaire dans la mer tiède. Un peu en retrait, à l'ombre des pins parasols, des familles du pays pique-niquaient groupées sur de grands tissus jetés sur le sable. Étonnement de retrouver une humanité apparemment intacte, dégagée des machines (puisqu'il faut venir à pied par un long sentier entre les cannes). Il y avait là comme un relent d'Italie. En moi, impression fugitive d'amour sans réserve pour les autres — qui s'est effritée au retour, dès le « parking ». Cette embellie est venue s'ajouter aux échos d'une petite fête champêtre qui, pendant toute la journée de samedi et une partie de la nuit, nous avait apporté, venant d'un cabanon dans les vignes, des airs d'accordéon (pas de chaîne hi-fi, un vrai accordéon maladroit) accompagnés de voix un peu ivres, mêlées aux exclamations flûtées des enfants... pendant qu'à la même heure, à La Courneuve, un enfant de dix ans était abattu d'un coup de fusil au cœur parce qu'il faisait partir des pétards (pour fêter le Ramadan) et qu'il se nommait Toufik.

....

mardi 12 juillet Au moment d'accomplir l'acte suicidaire dicté depuis le ciel par le Père, dans son empressement à obéir à l'être immense et obscur, le fils « s'accroche au parapet comme un affamé à la nourriture ». (« Jésus ! » s'était écriée la bonne en le croisant dans l'escalier et en se couvrant le visage de son tablier.)

Que ce soit Georges du *Verdict*, que ce soit Grégoire de *la Métamorphose* ou K. du *Procès*, ils sont Jésus (reconnu par la bonne qui se voile la face) que le Père sacrifie.

Et ce n'est bien sûr pas un hasard si la fin de Grégoire, le cloporte, commence avec la *pomme* que le père lui envoie dans le dos.

Nous nous trouvions dans une ville allongée en croissant sur la mer. Maisons blanches chargées de sculptures, palmiers, sable. Une bouffée d'émoi (est-ce d'avoir relu par hasard avant-hier le *jeudi 26 mai*?), une impatience de me trouver seul avec toi nous faisait pénétrer dans un grand hôtel. Nous prenions une chambre d'apparat avec de longs voilages clairs que la brise de mer gonflait jusqu'à nous caresser sur le lit où nous nous étions jetés. Puis je nous voyais redescendre par un escalier solennel et feutré. Tu portais une robe faite de deux pans assez libres qui se croisaient sur la poitrine et découvraient tes hanches et toute la longueur de tes jambes de part et d'autre. Nous descendions le grand escalier et, de palier en palier, je te surprenais, entière dans ta splendeur, par le regard de biais des miroirs.

Ce matin, en émergeant du sommeil, te raconte ce rêve, et tu te rendors dans mes bras.

. . . .

mercredi 13 juillet C'est le père déchu de sa puissance. Lui, ce rouage de la machine sociale, mis à l'écart, s'est tassé sur sa propre chair comme une montagne de glaise affaissée. Il jette un coup d'œil apeuré derrière lui lorsqu'il se laisse tomber dans un fauteuil ; il se ramasse et se hisse, les deux mains nouées sur les accoudoirs, quand il est pris par l'envie de se lever. Il transporte avec lui son corps massif dont les muscles se sont transformés en tendons sous une peau devenue un peu flasque et cireuse. Il marche avec précaution, les genoux fléchis, une épaule plus haute que l'autre, les coudes fléchis aussi et très écartés des hanches. L'amabilité s'est répandue sur ses traits, il sourit, ses yeux sont devenus un peu ternes et doux mais, malgré l'humide bonté qui s'étale, on peut voir surnager les épaves des structures rigides qui pendant toute une vie de service ont soutenu les facettes de son visage. Un assoupissement de quelques secondes, après le repas, lorsque sa tête romaine retombe un peu sur sa poitrine, et l'homme du commandement resurgit, le temps d'un éclair : le menton se projette en avant, la lèvre inférieure devient comme la proue renforcée d'un pneu des remorqueurs de la Giudecca (*Ursus, Centaurus, Genitius*). Cette lippe un peu mussolinienne est gourmande, l'instant d'un rêve bref, elle se tend vers un territoire perdu. Distraitement le vieil homme interroge : « Hein, qu'a-t-on dit ? » Et sa tête s'affaisse de nouveau cependant que ses mains belles et fortes se croisent sur le ventre proéminent. La statue du Commandeur reprend une bribe de sommeil mais sa présence massive pèse sur nous plus lourde et massive encore, comme une grande roche molle qui aurait roulé jusqu'à notre terrasse où rien n'est stable.

« Sans lui, je ne serais pas là », m'a-t-elle dit. Phrase dont le double sens m'apparaît d'une grande richesse. (Elle qui ne pensait qu'au second sens.)

Ce matin, au petit déjeuner, sous l'arbre aux grandes feuilles libres, elle est revenue sur son enfance, puis nous avons dérivé sur le père chez Kafka.

Combien je me réjouis d'avoir eu un père sans réelle emprise sur moi. Il m'a marqué sans doute mais par sa fuite, lui. Il ne s'est pas assis sur moi. Il ne m'a pas dévoré. Il n'a pas fait craquer mes os sous sa dent. Il m'a *sacrifié* bien sûr ; il m'a rejeté au néant, mais il l'a fait comme pour rire, avec une certaine élégance, avec légèreté, en bon prestidigitateur : « Moi avoir fils, pfuit ! moi avoir plus fils ! »

. . . .

jeudi 14 juillet Je découvre, sur un terrain attenant à *la Béate*, une sorte de ferme délabrée entourée de voitures rouillées et de matériaux de récupération. Sur le seuil se tient bien serrée une famille misérable, vêtue de loques — comme sur ces photos de petits Blancs du Sud datant de la Grande Crise. Je viens demander s'il serait possible qu'on me prête deux planches pour faire passer hors de nos berges une voiture qui venait d'y tomber. Impressionné par ces gens si maigres, groupés sur trois rangs inégaux, je marque un temps d'arrêt, m'appuyant pour me donner une contenance à la carcasse rouillée d'une camionnette. Au moment où je vais repartir, renonçant à obtenir quoi que ce soit de ces gens immobiles qui m'observent sans bouger, je sens quelque chose d'humide et de doux autour de mes doigts. Un jeune lionceau maigre et déshydraté me tète la main. Quelqu'un avait dû le jeter sur le toit de la camionnette pour s'en débarrasser et il n'avait pu en redescendre. Sa peau pend comme une vieille moquette. Je veux retirer mes doigts qu'il aspire de toutes ses forces, ce qui le fait glisser et tomber à terre. Au même moment, un chien noir (qui jusqu'à présent figurait dans le groupe, couché aux pieds des petits Blancs du Sud) s'élance sur moi et commence, comme par jeu, à me mordiller les jambes et les bras. Il s'énerve et grogne pendant que je m'efforce de le tenir à distance. La famille de fermiers ne bouge pas. Je leur crie de rappeler leur chien car je saigne. Mais ils restent immobiles, hébétés, et je comprends alors qu'ils ne sont rien d'autre que les sujets d'une photo prise du temps de la crise.

Maintenant le jeu tourne à l'hystérie ; les mâchoires du chien claquent et à plusieurs reprises je sens ses dents m'entamer les phalanges. Je tombe à terre et m'accroche des deux mains à sa gueule que je réussis à maintenir ouverte en m'arc-boutant de toutes mes forces.

Donc encore une fois le rêve est venu illustrer une émotion de l'avant-veille — comme s'il fallait une nuit, un jour et une nuit nouvelle : C. m'avait raconté l'histoire d'une jeune femme à laquelle un chien familier venait de sectionner le nez, sans raison, d'un coup, alors qu'elle bavardait sur une chaise longue. De là m'est revenue instantanément l'image d'un fait divers très ancien (qui date de la guerre) : sur un banc du bois de Boulogne, un Noir avait arraché d'un coup de dents le nez d'une femme qui voulait rompre avec lui.

. . . .

vendredi 15 juillet Rupert Sheldrake pose d'étranges questions sur la « mémoire dans l'univers ». Il rejoint ces savants hérétiques qui, à partir du dix-huitième siècle, furent la risée des scientifiques « sérieux » en prétendant que *l'âme de celui qui cherche infléchit jusqu'au résultat de son travail.* La physique d'avant-garde dit aujourd'hui à peu près la même chose : *c'est le regard du chercheur qui détermine l'état de ce qu'il observe.* Exemple que donne Sheldrake : les cristaux sont les *formes* de la matière pure. C'est alors qu'elle se révèle dans son ordre le plus rigoureux. Les chimistes rencontrent d'immenses difficultés à faire cristalliser un produit nouveau dont on vient de réussir la synthèse. Parfois il leur faut des années. Un jour enfin un chercheur obtient cette cristallisation tant désirée. Et aussitôt, dans les semaines qui suivent, en plusieurs lieux du monde et dans des laboratoires rigoureusement indépendants, la cristallisation réussit — comme s'il s'agissait d'une réaction en chaîne. (Pour mon prochain livre.)

Nous nous sommes amusés, tous les deux, à rêver là-dessus, hier soir, jusqu'à minuit passé, et pas mal énervés d'être aspirés dans le bourbier des suppositions. Puis sortis faire un tour sous le ciel étoilé d'une quantité infinie de cristaux. Les locustes scandaient leur chant électrique. L'air était tiède. Tout était si calme, suspendu.... et si désespérément fragile.

....

samedi 16 juillet « Rien que l'essence pour venir de Panama !... » Réflexion attrapée au vol devant les yachts de Saint-Tropez. Elle avait fusé d'une famille d'ouvriers en vacances.

En une journée de travail forcené, une équipe de cinq hommes munis de machines broyeuses a fauché les berges et les prés autour de la maison. Un parfum d'herbes fanées mêlé à l'arôme poivré des myrtes en fleur embaume cette pièce où j'écris ce matin.

Dans le vacarme d'hier (cinq machines tournaient ensemble à plein régime), un des faucheurs, soufflant un instant, a crié vers toi en riant : « C'est plus dur que d'être écrivain. » Tu as répondu par cette phrase criée qui t'a fait honte aussitôt : « Musculairement, sûrement. » Ce qui laissait entendre que par ailleurs l'écrivain connaissait des tourments qu'un débroussailleur ne pouvait « bien sûr » pas imaginer. Par ce bref échange, tu as retrouvé les malaises qui, durant ta vie d' « artiste », ont empoisonné toutes tes relations avec les hommes du travail forcé (tu allais écrire : musculaire). Tu connais ce que pèse le travail musculaire — mais sur deux ou trois journées seulement. Avant de faire venir une équipe organisée qui en huit heures fait le net dans ta propriété, tu fauchais, seul, cette surface. Tu mettais dix fois plus de temps et tu versais vingt fois plus de sueur que ces cinq hommes de peine car tu étais moins bien équipé et surtout moins aguerri. C'était une tâche très dure mais tu la faisais pour toi, librement. Elle ne te rapportait que le plaisir de la chose faite. Et puis tu acquérais par les cals « de cette exquise main qui écrit » une sorte de paix morale. Tu avais « donné » : tu n'étais plus tout à fait coupé de la réalité du monde. Tu n'ignorais pas le poids de la terre et des cailloux. Par le poids de la hache, de la faux, par l'épuisant arrachage des cistes, des genêts épineux, des ronces, étaient engrangés les échantillons de la douleur. Car tu t'efforçais de ne jamais oublier que travail vient de *trepalium*, non, ça tu ne l'oubliais pas. Et lorsqu'il t'arrivait de parler de tes « activités » tu te faisais le scrupule de ne jamais employer le mot *travail* pour désigner l'acte de peindre ou plus tard celui d'écrire. Qui oserait employer le mot *travail* pour nommer le bonheur angoissé de l'immobilité, de la concentration, de l'obsession solitaire ? Et pourtant ceux que l'intolérable déséquilibre de la création mène au suicide subissent les affres du *trepalium*. Et aucune action dans l'espace et le temps ne vient les en distraire. Il y a dans le travail physique un anéantissement de toute angoisse morale. Il est rare qu'un « travailleur » régulièrement occupé connaisse la dépression ou aille au suicide. Le même, privé de travail et réduit aux angoisses non seulement de la faim et de l'inoccupation mais surtout du rejet social, perd l'esprit et en vient à mettre brutalement fin à ses jours — rejoignant le « poète maudit », lui le travailleur devenu « maudit ».

Dans ces montagnes écartées, parmi les derniers représentants des populations rurales, mi-agricoles mi-ouvrières, encore imprégnées de la peur du manque de travail, au moment des vœux du Nouvel An vous vous entendez dire par les vieux : « Une bonne santé et *surtout* du travail », souligné par l'accent doux et chantant de cette région où au dix-neuvième siècle « soleil » était synonyme de misère.

. . . .

dimanche 17 juillet Entendu hier à la radio l' « auteur » d'un texte tiré d'un classique anglais se complaire dans un bavardage mêlé de vanité et d'humilité sur la façon dont il s'y est pris pour fournir à un collectif de théâtre de la *matière* à partir de laquelle le *on* de ce collectif allait fabriquer un spectacle. Ce qui m'a frappé avec la force d'un coup sur les lèvres, c'est l'intervention du responsable, je dirais hiérarchique (le metteur en scène), de ce collectif qui expliquait comment, seul dans son bureau, avec des ciseaux et du scotch, il mit « une violence furibonde » (ce sont ses mots !) à couper et à coller le texte de son homme de main — pour ne pas dire de plume.

La nuit même le vrai Staline venait chez moi avec ses manières doucereuses et rusées visiter mon ex-atelier de peintre. Il était accompagné d'une petite fille (sa fille, celle de la gifle) maigre, dans une robe courte qui montrait de gros genoux montés sur des jambes en baguettes. Staline avait choisi une grande toile peinte en épaisseur de couleurs vives. (Une de celles que j'avais détruites avant d'aller à Venise ce printemps.) Il me demandait si je consentirais à la vendre à l'URSS.

. . . .

lundi 18 juillet Au moment où le soleil glissait derrière la colline, nous plongeant dans le long crépuscule tiède de l'été, d'un coup les pierres plates du muret qui borde la terrasse se sont couvertes d'un grouillement de fourmis ailées. Dressées sur leurs pattes de derrière (ressemblant à de minuscules pingouins, me fit remarquer Danièle), elles vibraient toutes comme en prière, leurs ailes ramenées bien à plat sur leur dos comme des petites capes de mica. Je m'agenouillai au-dessus de cette foule tendue, si humaine, vue d'en haut. Entre les rangs des petits pèlerins volants, des soldats à grosses mandibules passaient, rapides, agités de sursauts. De brusques frissons se propageaient alors dans la foule ailée. Soudain il se fit des trouées dans les rangs serrés et je perçus les étincelles froides d'une quantité de minces ailes qui s'ouvraient. Les petits pèlerins se lançaient dans le grand vide du ciel. Et je sentis avec une force douloureuse le terrible vertige de ce saut. Le vide, le néant, l'absurdité de tout cela. Je levai les yeux et je vis contre le couchant orange les points infimes d'une pulvérisation vivante. Par jets nerveux la fourmilière crachait ses petits mâles. Ils montaient à la verticale avec allégresse, impatience, comme délivrés.

Maintenant, de lourdes femelles aux ailes traînantes sortaient de terre et commençaient à aller et venir avec précaution sur le terrain d'envol. Des soldats les mordillaient aux pattes ou, d'un effleurement d'antennes, leur communiquaient une sorte de court-circuit. La femelle vibrait un instant, cherchait une saillie de la pierre et, dans un bref éclat de mica, s'envolait à son tour.

Un peu plus tard, dans les collines, les femelles tomberont. D'un mouvement dédaigneux de l'abdomen, elles rejetteront le petit porteur de semence qui s'accroche encore. Puis, après s'être débarrassées de leurs ailes, elles chercheront le trou propice à la ponte — pour qu'enfin commence leur règne.

Alors que la lune coupée en deux cuivrait le ciel, ouvrant par hasard la radio, entendu la voix de X.X. prononcer mon nom au moment où il annonçait dans une émission littéraire les livres de la rentrée. Soirée salie d'un coup. Brusque désir du coup de pied de Guillaume Tell rejetant la barque. Comment me mettre hors de portée ?

. . . .

mardi 19 juillet « Oui, il n'était pas même une victime et ne pouvait pas s'unir à la grande plainte des victimes du siècle — ni joindre sa voix à l'extase de la souffrance commune. Lui, " l'assis inconnu ", était peut-être faible mais il était un descendant des meurtriers et il se voyait en meurtrier lui-même ; et ceux qui avaient commis le génocide de son siècle étaient ses ancêtres. »

Cette émotion dans Peter Handke, *Lent Retour* (que lit Danièle).

Si au moins l'attentat du 20 juillet 1944 contre Hitler avait réussi, l'Allemagne se serait en partie lavée du crime. Le nom de von Stauffenberg aurait peut-être réussi à noircir à jamais celui d'Hitler. Grand blessé de guerre, von Stauffenberg était manchot et il ne lui restait que trois doigts à sa main unique, de plus il était borgne et son genou gauche tremblait constamment. Malgré ses mutilations il réussit à armer le détonateur de la bombe en utilisant une pince plate, ses trois doigts ne lui permettant pas de manipuler directement le délicat système. On pense même que son invalidité l'obligea à diminuer le poids de la charge. Si la bombe avait été plus puissante, il ne serait rien resté d'Hitler et l'Allemagne aurait trouvé en von Stauffenberg le chevalier victorieux du Démon. Mais Hitler s'en est tiré. Ce jour-là, l'Allemagne a perdu l'unique chance d'expulser Hitler de son histoire et de faire de von Stauffenberg son saint Georges. Pour avoir raté l'acte régénérateur, pour n'avoir pas réussi à immoler la Bête, le peuple allemand, jusqu'au dernier de ses descendants, jamais ne pourra « s'unir à la grande plainte des victimes du siècle — ni joindre sa voix à l'extase de la souffrance commune ». Il restera seul dans son purgatoire à avaler Hitler, sa longue couleuvre immortelle. Et le pitoyable héros, von Stauffenberg, borgne, manchot, à demi cul-de-jatte, se traînera jusqu'à la fin des temps dans les régions périphériques de l'histoire à ravaler les brûlures de son échec.

La *Neuvième Symphonie* de Beethoven. Enveloppés par la nuit chaude, nous sommes restés sur le hamac, confondus à la sublime musique. La lune coupée exactement par le milieu se balançait imperceptiblement sur la frange des grands eucalyptus.

Et nous étions l'univers.

Pour enlever toute grandeur au geste de von Stauffenberg, Hitler le fit juger, lui et ses complices, dans les conditions les plus humiliantes. (Le procès fut entièrement filmé ainsi que l'exécution des conjurés — pendus à des crocs de boucher.) « Avant de pénétrer dans la salle du tribunal populaire, le 17 août 1944, on arracha de la bouche des accusés dentiers et bridges afin qu'ils éprouvent des difficultés à s'exprimer, à répondre aux questions et aux insultes du président, Roland Freisler (ancien communiste devenu un nazi enragé). Les accusés avaient été habillés de défroques trop longues ou trop courtes. »

Me suis levé de cette table au moins dix fois ce matin pour écraser des boudragues de plus en plus grosses. La musique semble les attirer — et la *Neuvième* de Beethoven plus que toute autre. Elles crissent désagréablement sous le talon lorsque je les enfonce dans la terre avec une tranquille violence. La saison des pontes est venue. Traînant leur énorme ventre mou, elles sortent du maquis et viennent plonger leur tarière dans les plaques de terre nue autour de la maison. Au moment où je les fais éclater, un long jet de viscères, mêlés d'œufs ressemblant à des grains de riz, fait comme un horrible crachat dans la poussière. Une fade odeur de lymphe et d'herbe digérée colle à mes mocassins. Écœuré, je les laisse à la porte — et j'écris pieds nus.

. . . .

mercredi 20 juillet « J'ai eu beaucoup de mal à retrouver mon... endroit », dit un campeur dont le matériel a été emporté par une effroyable bourrasque — qui a aussi arraché tous les arbres alentour. Frappé de tristesse en entendant à la radio cet homme « sans feu ni lieu » hésiter avant de prononcer *endroit.*

La chaleur est si pesante que seuls détonent les *craac* des pommes de pin dans les arbres surchauffés.

. . . .

jeudi 21 juillet Hier, pris dans le nombre comme par les glaces (de fer bouillant). Avons mis plus d'une heure pour nous dégager de la lente agonie des coques de fer qui s'entassaient sur toutes les routes autour de Saint-Tropez. Arrivés à Grimaud, au moment où nous nous rangions devant l'épicerie Calimodio, un petit homme hilare, avec une barbiche à la Trotski, accompagné d'une grande femme embarrassée d'une jupe volumineuse, nous aborde, la main largement tendue : « Bonjour, vous me reconnaissez ? Alechinsky. » Au lieu de me comporter « normalement », je m'entends dire, énervé : « Comment pouvez-vous venir en vacances dans ce pays de fous ? » Je me sentais la figure rouge, j'étais encore sous le coup de l'impensable humiliation de l' « embouteillage ». (Mot haïssable qui réduit l'homme, coincé dans son soi-disant ludique contenant de tôle, au rôle de ludion désenchanté.) Ma phrase les mit mal à l'aise. J'en ai honte mais elle a jailli de moi comme aurait sauté un « bouchon ». Ils s'en sont allés, un peu voûtés, cahotant sous les grands micocouliers. Ils sont passés devant le bistrot où « normalement » nous aurions dû prendre « un verre » ensemble. Mais je n'avais pas pu, vibrant encore du bruit des moteurs, serrer « normalement » ces mains qui se tendaient et parler comme un être humain.

Depuis le matin, plongés dans la chaleur et les voitures. Avons donné le chat *à de nouveaux maîtres* qui ont une propriété aux Salins. Nous le leur avons *confié* pour toujours, avec tristesse, douleur... soulagement. Un moment Danièle s'est écartée pour cacher ses larmes. Moi-même je me sentais le regard troublé. Sous ce *avons donné le chat* si simple à écrire, se cachent deux ans d'angoisses et de mauvaise conscience. Il ressemblait à un puma. Il avait la beauté parfaite des grands fauves libres. Des attitudes de sphinx. Des yeux d'or chaud — un peu de la couleur de ceux de Danièle quand un rayon de soleil pénètre l'iris par le biais. Nous l'aimons et nous l'avons donné parce que nous l'aimons. Son exclusivité, son attachement, la force des ondes d'amour qu'il jetait sur nous me pesaient comme si le cercle étroit du vallon se rétrécissait par l'exclusif amour de cette bête peu commune. Partir à Venise s'accompagnait de remords. L'abandonner chaque année plusieurs mois près de la maison devenue morte (bien qu'un paysan vienne le nourrir régulièrement) nous déchirait. Jusqu'à présent, les chats que nous avions eus restaient à demi sauvages, c'étaient de petits forestiers indépendants avec lesquels nous cohabitions plutôt. En choisissant un somali, nous pensions « rendre à la liberté » cet animal plus près du fauve par son aspect que du chat domestique. Je l'imaginais dans les bois, splendide, indépendant, hautain, distant même avec nous. Il portait cette image dans le dessin de ses muscles sous le pelage couleur de vigogne, dans son regard droit, sa tête haute, le fouet touffu de sa queue. Mais il n'était pas de la lignée des fauves indépendants. Il était le produit d'une sélection où tout ce qui n'était pas tendresse, soumission et total amour avait été éliminé. Ce chat aurait dû s'ajouter à nous comme une « greffe » (ainsi Céline nommait-il Bébert — de *griffe* en argot parisien). Nous aurions dû le transporter partout avec nous. A l'hôtel Saint-Simon. A Venise. En voiture. Dans le train. Et pour cela le châtrer (!!!). En faire l'objet chat. L'amoindrir jusqu'à n'être plus que ça : la chose des hommes. Nous n'avons pas pu nous y résoudre. Aujourd'hui le vallon est vide. Le doux petit fauve doit réapprendre son nouveau territoire — sans nous.

Cette nuit j'ai rêvé qu'il était revenu — comme ces chats de faits divers.

....

vendredi 22 juillet A propos de Céline, l'ami des chats, cette phrase notée sur une feuille volante qui traîne parmi mes papiers depuis des années : « Il faut se hâter de rire avant d'être heureux, sans quoi nous risquons de mourir sans avoir ri. » Après avoir tant admiré Céline, refroidissement aujourd'hui pour cet homme qui par sa vie a en quelque sorte, à toute force, illustré cet aphorisme amer et prétentieux.

Éviter de faire sien l'aphorisme comme un slogan ou un uniforme sali par autrui.

Ne jamais être sûr d'une pensée qu'on fait sienne trop facilement. Moule dans lequel l'esprit coule comme une eau morte. Aujourd'hui, l'aphorisme trouve sa vigueur dans l'expression du désenchantement. Depuis La Rochefoucauld, la maxime a eu tendance à glisser vers la sentence désabusée. Du proverbe au constat — comme chez Cioran (que je trouve admirable mais trop facilement *consacré* par des esprits non créatifs). *Ce qui est* consacré *dans une langue en constitue la mort : un mot* prévu *est un mot défunt.* De qui ? Cioran.

Les aphorismes trop « satisfaisants » seraient un peu ces « mots défunts » : ils servent de « refuge ».

La maxime serait une mise en mots d'un lieu commun de la pensée. Ex. : *Là où l'on ne pourrait rendre la justice la force serait juste* (Pascal).

L'aphorisme tendrait plutôt à bâtir un lieu commun sur une pensée originale. Ex. Cioran : *Une âme ne s'agrandit et ne périt que par la quantité d'*insupportable *qu'elle assume.* Ou bien : *Le tort de toute doctrine de la délivrance est de supprimer la poésie, climat de l'inachevé.* Et on pourrait désosser le *Précis de décomposition* phrase après phrase :

Le poète se trahirait s'il aspirait à se sauver : le salut est la mort du chant, la négation de l'art et de l'esprit. Etc. Phrase sur phrase, Cioran accumule aphorisme sur aphorisme.

Doux bavardage tous les deux dans le hamac, hier soir, sous la lune déjà presque ronde. Le ciel, autour de la plaque de lumière, paraissait aussi dense et lourd qu'une surface d'asphalte. De part et d'autre, le feuillage aquatique des grands eucalyptus.

« Canicule dans le Var : 42,4° hier à Entrecasteaux. »

. . . .

samedi 23 juillet Nuit concave, d'un vide horrible, que tu as passée sur un plateau de télévision désert à détailler les nombreux thèmes de *la Loi humaine.* Dans la solitude de l'insomnie (était-ce vraiment de l'insomnie ?) et l'état de malaise de ton esprit en partie enseveli dans la mort, tu voyais ton livre comme une moire littéraire dont les aspects changeaient selon les incidences de la lumière projetée par ton imagination. De là ton angoisse : comment cerner ? Que cerneras-tu lorsqu'il te faudra parler de ton livre ?

. . . .

dimanche 24 juillet Dans une bande dessinée de l'Italien Atlan, le jeune Christophe Colomb dit : « Je dois devenir célèbre, moi ! S'agit pas de penser à vivre ! »

A quoi s'ajoutent ces mots de Michel Serres : « La gloire est la pire peste, je ne parle pas par image. Elle se répand dans l'espace à la façon de l'épidémie, aussi vite, aussi absurdement, et elle fait autant de morts. Elle tue à coup sûr. La gloire tue ceux qui ne l'ont pas, elle tue ceux qui croient l'avoir, elle tue ceux qui la désirent et, par l'intermédiaire de ceux-là, elle tue ceux à qui elle est indifférente. Le peuple et les doux ont toujours été mis à mort ou réduits en esclavage par des hommes de gloire. »

Enquête sur la gloire dans *le Monde* à laquelle plusieurs écrivains ont répondu comme s'il s'agissait de leur gloire à eux. Michel Serres, Maurice Blanchot et Claude Simon ne sont pas tombés dans le panneau.

40° à l'ombre. Paresse, paresse ! Journées sur le hamac. La terrasse est envahie de papillons. Dès que nous bougeons ils s'envolent devant nous, par centaines, nous frappent de leurs ailes dures, au corps, au visage. Ils sont d'un brun moucheté, épais, velus, triangulaires lorsqu'ils sont posés, leurs pattes sont en fourrure.

Seules les soirées ont quelque fraîcheur. Nous dînons sous les lourdes retombées feuillues du plaqueminier. La lune bien ronde à travers les eucalyptus me fait penser à ces vers de Verlaine que j'avais jadis mis en musique :

La lune luit au fond des bois
De chaque feuille part une voix
Sous la ramée
Ô bien-aimée !

. . . .

lundi 25 juillet Chaleur tropicale. Brume moite. Cette main qui écrit colle au papier. Dans *le Bref Été de l'anarchie* de Hans Magnus Enzensberger, cette phrase splendide rapportée par Ilya Ehrenbourg. Pendant la bataille de Barcelone : « Entre deux salves, les anarchistes discutaient de la création d'une humanité nouvelle. L'un d'eux me dit : “ Sais-tu pourquoi notre drapeau est rouge et noir ? Rouge c'est le combat ; noir, c'est parce que l'esprit humain est sombre. ” »

Lente transformation de Durruti, l'anarchiste libertaire, en chef de guerre dont l'autorité ne doit plus être mise en question. L'anarchisme n'est qu'une vue de l'esprit. Les chemins de l'utopie passent fatalement par les murs de fusillés et les charniers. Ça c'est la réalité ! « Pour vaincre ton ennemi, commence par lui ressembler. » C'est toujours avec malaise que je pense aux *Mémoires* de Guevara. Lui, le Che, a fait fusiller un de ses compagnons de la Sierra pour le vol d'un poulet !

Durruti à Ilya Ehrenbourg : « Nous renoncerons à tout, sauf à la victoire ! »

. . . .

mardi 26 juillet Le Vice-Consul. Étonnement, ravissement. Délicieuse sensation de se mouvoir dans la beauté. Ici, le côté péremptoire de Marguerite (comme si elle était la seule à posséder la vérité) renforce le rythme des images, donne du nerf, de l'énergie lyrique à cet épanchement. Lecture dans la chaleur moite, parmi les vols de papillons gris, le crissement des cigales et des locustes. Retranché derrière des moustiquaires. Sans force. Dans ma sueur.

Découragement de vivre dans l'œil du cyclone. *La Béate* immuable comme une oasis avec ses palmes balancées de ponant, et autour autour le grondement sourd des machines à aller vite. Ce serait un peu comme si les vagues expirantes du bruit venaient déposer sur le bord du vallon une écume invisible. Nous savons le nombre, nous savons l'exaspération du nombre derrière les plis des collines. Bien qu'isolés, nous savons. Ici, sous les grands arbres aux ombres bleues, le hamac se balance hors de la pesanteur, hors du temps. La lune se lève chaque soir plus ronde. Fossile lumineux. Témoin mort. Et nous nous balançons hors du mouvement des hommes. Nous nous balançons, lisant, plongés dans l'âme de ceux qui chuchotent au nom des hommes.

Hier soir, un battement de cœur est parvenu jusqu'à nous. Un battement profond, insaisissable, feutré. Il émanait des collines blanchies par la lune. Si on écoutait, on ne l'entendait plus. Si on n'y pensait pas, il vous pénétrait par la peau, de son rythme régulier comme le sang. Intrigués nous avons descendu l'allée entre les mimosas. Le battement était là, partout, dilué dans l'air. Il montait du nœud même de la terre. Par les chemins pleins de clarté nous nous sommes mêlés à la chaleur, traversant les courants d'air brûlants. Et le battement sourd était là, presque palpable... et sans réalité. Enfin, au détour de la vallée qui retombe vers la mer, les musiques mêlées du Luna Park se sont d'un coup précisées. Une bouffée de fête comme une grande main chaude sur le visage. Très loin les lumières multicolores de la roue géante pulvérisaient de rose les brumes des basses terres. Sommes remontés par les chemins blancs de lune jusqu'à la fraîcheur du vallon. Et le rythme disco nous suivait réfléchi par les accidents des collines, tiré vers nous à travers le dédale des ruisseaux secs.

. . . .

mercredi 27 juillet A propos de Durruti encore : Les circonstances de sa mort resteront à jamais obscures car le héros fut victime d'un accident *indigne* d'un chef de guerre. En descendant de voiture, il aurait accroché la détente de son fusil qui se serait déchargé, le blessant grièvement dans la région du cœur. Ce sont les conclusions d'une enquête actuelle menée auprès des quelques vieillards survivants de l'époque anarchiste. Sur le moment la version « officielle » répandue par les compagnons de Durruti fut, bien sûr, la balle fasciste. Puis le bruit courut que les communistes l'avaient assassiné. Enfin on soupçonna ses gardes du corps. La thèse de l'accident (la plus vraisemblable) sera écartée avec agacement par ceux qui écrivent l'histoire : un héros n'a pas le droit de mourir bêtement.

40° à l'ombre. Papillons de plus en plus nombreux sous les arbres de la terrasse. Hamac. Lecture. Beauté du livre de Marguerite Duras. Danièle, elle, vient de terminer *Corrections* de Thomas Bernhard.

Dormi cette nuit, possédé par *le Vice-Consul* : continué, sur le rythme respiratoire, l'écriture de ce livre — comme d'habitude quand je suis emporté.

Réveillé à six heures. Debout. La lune comme un chaudron de cuivre. Sommes immédiatement descendus nous baigner sur la plage vide des Salins. La mer irisée, ventre de poisson. Assisté en nageant à la montée du soleil rose vif strié de brumes. Le visage encore ensommeillé de Danièle flottant sur l'eau, les cheveux relevés à la grecque. Pies et corbeaux, dans le sable, picorant les milliers de Kleenex abandonnés par les baigneurs du jour précédent. Petit déjeuner sur le port, presque italien à cette heure matinale, où se retrouvent les derniers Tropéziens. Rapide remontée dans la chaleur. Hamac. Cigales. Lecture jusqu'au soir. *Bagatelles* de Beethoven.

....

jeudi 28 juillet Chaleur. Hamac. Lecture. Quand elle met en scène le « grand monde » des ambassades, Marguerite Duras est une midinette. C'est du roman-photo. Mais j'aime le baroque des deux histoires mêlées. Réelle splendeur du périple de la jeune fille qui me fait penser aux pages sublimes du début de *Lumière d'août.*

« Notre luxe, c'est de pouvoir ne jamais être séparés. » Phrase de Danièle qui m'a ému, à la tombée du jour. Là-dessus, évoqué l'année de notre rencontre — 1950. Dès cette époque, panique de la séparation (jusqu'à cette crainte comique que Paris s'ouvre en deux lorsque nous nous trouvions de part et d'autre de la Seine), angoisse de ne plus pouvoir nous rejoindre — comme un avant-goût de mort —, pourtant nous avions à peine vingt ans. Mais dès que nous *sûmes* l'amour entre nous, dès que cette conscience fut entre nous, nous n'avons cessé de nous tendre vers ce qu'a été et reste toujours l'unique souci de notre vie : tout notre temps ensemble. Partager le temps. Partager, ce qui signifie rassembler. Plus de division. Folie précieuse. Luxe inouï. Multiplication, par la coïncidence, de nos perceptions. Mais cette exclusivité trace le cercle de la solitude, rend exigeants. L'amitié devient exigence. Par l'amour, l'amitié s'illumine. A force de vivre en état de confiance et d'abandon, oubli de l'état de lutte. Ici les couteaux restent au seuil du vallon. Peu d'amis. Mais des amis ! Pas des relations, des amis ! La solitude plutôt qu'une amitié non désarmée. Pas d'échange de services. Des amis pour *rien*. Pour le temps ensemble. Pour se savoir. Pour se savoir sus. Quant au reste : solitude comme le cristal. Demeurer en état de perception par cette solitude.

La solitude (ou disons l'écart) m'est aussi nécessaire qu'un certain volume d'air pour respirer. Fini le temps de la camaraderie, le temps où je jouais de la guitare et où le rire et les chansons suffisaient à nous lier aux autres. Maintenant je veux vivre ma tension. Je veux vivre la tension de l'écriture. Unique moyen de me sauver.

....

vendredi 29 juillet Levés six heures. Retournés aux Salins. Bain dans la mer chaude. Seuls tous les deux, nus comme à l'aube du monde. Le soleil montait à vue. Blanc rosé, rond, imitant étrangement celui de mon tableau des *Dormeurs.* Petit déjeuner sur le port. Vivante foule de livreurs, de serveuses affairées ordonnant les terrasses des cafés. Les yachts endormis alignés sur le quai font un mur blanc qui cache la mer. Ensuite sommes allés sur la petite place aux herbes. Fruits. Légumes. Puis nous avons réservé nos places de train pour Paris. Angoisse ! Mon livre chez Pivot et moi avec ! Le 16 septembre, moi dans la boîte !

Remontés dans la chaleur. 40° à l'ombre. De plus en plus de papillons (des gris et des ocre rayés d'orange et noir). Confinés dans la pièce ici, où j'écris, restée relativement fraîche grâce à la citerne, dessous.

Attente du soir. Schubert. Lecture paresseuse. Tous les deux au bord du malaise : pas un souffle d'air. Cigales exaspérées qui accélèrent leur rythme. Main qui colle au papier.

Les mimosas plantés après le feu étouffés par la chaleur. Nous nous privons d'eau pour les arroser tard le soir.

« C'est aux tramways de s'arrêter, pas aux piétons. » Ces paroles de l'architecte Gaudi — mort le 7 juin 1926 dans une rue de Barcelone écrasé par un tramway.

Quel est cet écrivain dont le héros mourait écrasé par un arbre — et qui, lui-même, fut tué net par la chute d'un arbre, sur les Champs-Élysées ?

. . . .

samedi 30 juillet Hier soir tard sur le hamac. Il faisait 36° sur la terrasse. Un vent brûlant s'est levé et nous a balancés longuement.

Certaines phrases des dialogues « mondains » de Marguerite m'horripilent.

Par exemple : *Le vice-consul a-t-il des Indes souffrantes ?*

Mais quand elle écrit : *Je voudrais une indication pour me perdre. Il faut être sans arrière-pensée, se disposer à ne plus reconnaître rien de ce qu'on connaît, diriger ses pas vers le point de l'horizon le plus hostile* — alors je suis saisi d'allégresse.

Peur de ne plus pouvoir écrire. Comme pour l'amour, sitôt apaisé, angoisse du « jamais plus ».

Dans cette chaleur moite se forme le désir de la tension créatrice décuplée par l'hiver. Cette pièce refermée sur elle-même, le feu d'angle, les braises, le vent, la neige, le froid dehors — un dehors ! La chambre avec la fourrure jetée sur le lit vaste, et mon amour sur ce lit avec moi, ma femme intensément désirée dans la pénombre hivernale — un feu de bûches. Longue fête du soir. Un quatuor de Beethoven. Le vent dehors. Le gel. Lumières sourdes et intenses du repli.

Et voilà qu'il fait déjà 30° ce matin. Tout à l'heure 40° ! De plus en plus de papillons réfugiés dans les angles d'ombre de la maison.

Deuxième geai noyé dans les bassins de la source. L'eau a tourné avec la chaleur. Elle paraît solide, ce qui trompe les oiseaux qui croient se poser sur de la mousse. Le geai était encore souple, j'ai tenté de le ranimer en insufflant de l'air dans son bec.

Cinq heures du soir. Je viens de trouver un troisième geai noyé. Jeté un entrelacs de roseaux sur les bassins.

....

dimanche 31 juillet Enfermés dans la chaleur dès le matin

Monotonie imposée par la chaleur. Et le monde sur les routes ! Notre sens de la liberté nous fait nous immobiliser volontairement plutôt que de subir ce que nous avons toujours fui. Prisonniers consentants du vallon rempli de geais qui tournent énervés avec des miaulements de chats.

Affalé dans le hamac, terminé hier soir la lecture du livre de Marguerite. Écrasante chaleur de Calcutta — écrasante chaleur ici. Pas un souffle dans le livre — pas un souffle ici.

Sueur — sueur. Nuits blanches — nuits blanches. Tropiques — tropiques. Une femme qu'un homme prend dans ses bras mais ne peut garder tant la moiteur qui rend leurs peaux brûlantes et répulsives empêche toute fusion. Ici même ! Jamais peut-être nos corps n'ont exigé une telle autonomie. Ils sont de feu humide, ils sont lourds, ils luisent sous les cloques de lumière qui traversent les branches. Il semble que le sang bout à l'intérieur des artères trop étroites. Seul le thé bouillant rafraîchit — comme à Calcutta — ces choses affalées qui bougent bras et jambes au ralenti — comme à Calcutta à Calcutta !

A la tombée de la nuit, dans un sursaut, sommes montés jusqu'à Miremer. Loin, dessous, le Luna Park illuminé avec, un peu partout dans le soir d'un bleu cendre, les « perles de lumière » bien alignées marquant la rade de Saint-Tropez, Port-Grimaud, le littoral. Pensé à ma mère : à Saint-Paul-de-Vence elle poussait mon lit dehors et me couchait tourné vers le pointillé infini de la Riviera loin loin sous moi comme au pied d'un volcan.

Solitude.

Solitude vertigineuse de l'été, ici, sur cette côte maudite.

Cruelle impression, chaque été, d'une solitude épaisse, gluante comme la chaleur. Toutes ces foules agglutinées nous rejettent avec brutalité dans notre singularité.

Être soi, transpirant sur un hamac, avec un livre qui dit l'insupportable chaleur de Calcutta... mais être soi ! Soi !

Ma main colle à cette page.

Marguerite chez Colette G. il y a peut-être vingt-cinq ans de ça... Son hystérie à propos du parti communiste qu'elle venait courageusement de quitter. Isaïe qui y était. Isaïe assis près d'elle à table, lui stalinien à l'époque. Les sanglots, les pleurs, les cris de Marguerite se sauvant de table pour aller s'enfermer dans une chambre... « Non ! Non ! Je ne peux pas rester à côté de ce type ! » Et chacun allait la consoler, la réconforter, mais elle disait : « Non ! Non ! Jamais ! » En secouant la tête à sa façon saccadée.

Marguerite encore, plus tard, à Bordeaux pendant le coma du petit Jérôme. Peter Brook tournait *Moderato cantabile*. L'accident. Notre présence : le signe concret d'amitié envers Jean et Jeanne. Jérôme toujours dans le coma. Et nous, là, du matin au soir, dans la clinique, à attendre au chevet de l'enfant sous perfusion. A attendre avec François, Florence et Marguerite. Marguerite en état de surexcitation permanente, allant de bistrot en bistrot, nous entraînant tous les deux avec elle de bistrot en bistrot pour parler parler parler...

Et dernièrement Marguerite à Venise si bouleversante au bras d'un adolescent.

lundi 1er août Raconté, hier soir, au psychanalyste Marc Nacht la coïncidence des 6 et 7 juillet à propos de l'insecte monstrueux, rêvé la nuit du 5 au 6, décrit d'après le rêve le 6 au matin, et vu le 7 sur le chemin de Val-Daubert sans que pour cela je me souvienne en le voyant l'avoir décrit dans ce journal ni l'avoir rêvé. J'avais ajouté en racontant à Nacht : « C'est le deuxième que je vois en vingt ans de vie dans les Maures. » Nacht s'est appuyé sur le fait que ce soit le deuxième pour m'assurer que sans le *savoir*, avant le 5 juillet, rien n'interdit de penser que j'en avais *vu* un troisième — seul mon œil l'aurait *vu*, indépendamment de la conscience. Je l'avais assuré de mon extrême éveil à tout ce que je saisis dans la nature. Mais Nacht paraissait certain que mon œil avait balayé un espace de terre sur lequel se dissimulait l'insecte. Sans qu'il soit *visible*, je l'aurais donc enregistré avec le reste, laissant le soin à mon subconscient de débrouiller l'image et de m'en fournir la représentation rêvée. Très bien, pourquoi pas ? Cela explique peut-être l'apparition de l'insecte dans le rêve — mais combien plus excitante est pour moi l'apparition de cet insecte rêvé dans la réalité — et surtout l'étrange oubli des lignes écrites le 6 au matin lorsque Danièle me fit remarquer cette sorte de chimère verte sur notre chemin.

Beaucoup souffert de la chaleur hier. Claustrophobie qui nous a énervés pour rien. Brouillés pour quelques heures. La chaleur tropicale nous prive de notre liberté de mouvement. Nos corps restent en deçà. Baignés de sueur, engourdis, ils ne sont plus élan. Ils bougent — mais dans la préméditation. Ils ont perdu la grâce. Le reste du temps c'est tellement la grâce !

....

mardi 2 août Je ne sais pas me comporter avec les autres. Je ne *suis* pas avec les autres : je m'enlise et me noie. Je ne sais pas être. Ou j'ouvre ma porte trop grande ou je la ferme. Une porte tourne sur ses gonds, une porte s'entrouvre, s'entreferme, présente une ouverture plus ou moins grande, selon. Eh bien, ce mouvement si simple me paraît d'une difficulté insurmontable. Je ne sais pas, par exemple, laisser la porte entrebâillée et crier de l'intérieur, joyeusement, à celui qui frappe : « Repassez tout à l'heure, mon vieux, je n'ai pas fini ma toilette ! » Ou bien, la porte juste poussée, dire : « J'ai mal à la tête, ne m'en veuillez pas, je ne veux voir personne aujourd'hui. » Non, au lieu de ça, je reste recroquevillé derrière le battant à retenir ma respiration, mon cœur se démène à grands coups, j'entends les pas qui se rapprochent, je ferme le loquet et je ne bouge plus. On frappe. Je me recroqueville davantage et je me tais. Une voix amicale dit : « Serge, tu es là ? Ouvre, je sais que tu es là. » Mais je me tais. Ma liberté est réduite à ce silence honteux. Ma liberté tient dans la solidité de la serrure. Je me tais et, de l'épaule, j'empêche la porte de céder. Ou alors une autre fois ma porte sera ouverte à deux battants : « Entrez, entrez, vous êtes chez vous, je suis à vous, faites ce que vous voulez, d'ici, de moi, de tout. » Et le visiteur s'installe et le visiteur ne s'en va plus, je l'empêcherais presque de partir, je deviens un hôte maladroit à force d'apparente « générosité » — car, au fond de moi, je suis silence je suis solitude, et c'est pour cela, pour qu'on ne sente pas mon besoin honteux de silence et de solitude, que je parle trop, terrorisé par ces yeux, cette bouche qui me sourient.

Par bonheur Danièle est là. Je me fie à elle. Elle, elle est vraiment ouverte aux autres, elle ne peut se passer des autres. Elle ne ressent pas, comme moi, cette obscurité pleine de possible hostilité qui émane d'autrui. Pour elle le monde peut être clarifié — car elle est lumière. Pour moi les apparences cachent des gouffres — car je suis né du gouffre.

Donc difficulté de trouver un rapport juste entre les autres, Danièle et moi. Triangle isocèle dont les deux côtés égaux — qui seraient nous — s'adaptent parfois difficilement à son troisième côté qui me semble incertain, indéchiffrable.

. . . .

mercredi 3 août Et pourtant quel besoin j'ai des autres ! Besoin de ce courant chaleureux, cette tendresse, cet absolu désarmement nommé amitié. Ce qui me renvoie au 28 juillet : « des amis pour *rien* ». Je ne peux supporter l'imbrication des intérêts qui créent les « relations ». Ces liens d'intérêts qui établissent une interdépendance. Il en est ainsi par exemple des métiers qui touchent au spectacle. L'interdépendance fait surgir le mot *amitié* mais le lendemain il est oublié jusqu'au prochain spectacle qui vous rapprochera.

Les sirènes sonnent. Le feu est un peu partout dans le département. Le mistral s'est levé depuis hier. Au premier souffle le feu s'est allumé au-dessus de Fréjus. Quelque dix mille campeurs ont été évacués. Un DC 6 a largué sa charge d'eau sur des pompiers. Sept sont restés disloqués sur le sol.

Atmosphère de guerre qui fait vibrer en chacun une parcelle d'héroïsme.

Nous-mêmes, ici, en 1979, avons subi ces décharges d'eau de mer. Nous nous plaquions contre les arbres pendant que l'avion libéré bondissait avec fracas. Le feu ne mettait à aucun moment nos vies en péril — l'eau tombant du ciel, oui. Tout ce mouvement ne sert pas à grand-chose mais il frappe, il dit la force. Pendant ce temps le feu court jusqu'à la mer où forcément il s'éteint.

La prévention pénible, obscure, sans gloire, n'intéresse pas.

Hier lecture d'un entretien à propos de la bêtise avec Alain Finkielkraut dans *le Monde.* Titre : « Lorsqu'on écrit, on est hanté par la peur d'être bête. » Très vrai ! Mais il cite une phrase du Talmud qui m'a fait me cabrer : *Guerre aux isolés car ils s'abêtissent.* Violence contre les isolés ! *Guerre aux isolés :* désagréable réminiscence ! On pense à une intervention de commando à l'intérieur même de l'esprit. Refus de toute pensée minoritaire. Exigence de la Loi qui doit se faire reconnaître de tous. Ceux qui ne marchent pas dans les rangs du peuple sont donc des bêtes : ils doivent être détruits. Ce discours intolérant blesse. A part cette pointe de fanatisme Finkielkraut parle avec beaucoup de grâce de la nécessité de l'échange dans le processus de la pensée. Lui qui cite cette phrase d'ogre (reprise par toutes les idéologies totalitaires) s'élève avec beaucoup de ferme douceur contre les idées reçues (foi, idéologie) porteuses d'intolérance, donc de bêtise.

Le vent forcit. Ça sent la résine brûlée. Nombreux avions du feu au-dessus de nous. Flamberons-nous encore une fois cet été ?

. . . .

jeudi 4 août Hier, feux partout. DC 6, Canadair frôlent les collines. La Bastide-Blanche, L'Escalet sont menacés.

Avec les premiers souffles du mistral nous avons repris vie. Brusquement il a fait frais. Dans la lumière rousse des incendies nous nous sommes allongés sur le divan de velours roux, nous avons tiré les volets — c'était avant-hier — et dans la pénombre roussie par les voiles de fumée nous nous sommes défaits de nos vêtements, nous nous sommes fondus, nous nous sommes retrouvés — enfin ! — après ces jours d'impossible chaleur. Dans la pénombre je murmure : « Mon amour ! Je suis ensorcelé. Ne ris pas. Pourquoi si fort ? Pourquoi si aigu ? D'où cet émerveillement de toi ? D'où ce saisissement ? Pourquoi cette sensation, toujours si vive, du mystère ? » Je pense : comment notre constante intimité n'a-t-elle rien usé ? Pourquoi, au contraire, cette intimité, ce perpétuel partage ont-ils exalté, chez moi, la perception de la beauté, de ta beauté personnelle, hors de tout critère, hors de toute distraction commune, pourquoi ? En disant *je t'aime*, je sais le poids inouï de ce mot, sa charge inouïe entre nous. En disant *je t'aime*, je dis aimer en elle cet esprit, cette âme, cette sensibilité, ce corps qui me resteront pour toujours exquisement étrangers — donc toujours à découvrir. Plus nous sommes proches, plus je mesure l'immensité de notre différence, et plus je mesure cette différence, plus m'enivre notre vertigineuse intimité. Il me semble que les éléments qui nous constituent chacun se seraient en quelque sorte soudés aux deux pôles de l'univers, et que c'est depuis ces pôles et par les complications que leur distance supposerait que nous nous sommes trouvés tirés l'un vers l'autre jusqu'à cette folie du court-circuit. Avec elle, cette conscience de me trouver en compagnie d'un être mystérieux et à la fois sans secret. Elle repose sur le divan roux et l'air est parfumé d'elle, de nous, de résine brûlée. Le feu partout, et nous ici clairs et souples dans cette grotte d'ombre. Le va-et-vient, très bas, des avions chargés d'eau, et nous ici dans la paix de nos corps saturés de plaisir. Et je contemple sa

... beauté au point que tout son corps
Était merveille où les dieux mêmes avaient voulu
[mettre
Leur signe, et qu'à jamais ils soient chacun pour
[l'autre
Une énigme...

Ce fragment d'Hölderlin — extrait du contexte.

. . . .

vendredi 5 août La jeunesse de Mai 68 — sa soumission aujourd'hui à l'ordre de l'argent. On pense à Rimbaud. « Cette grande âme soudain soumise à l'argent annonce d'autres exigences, d'abord démesurées, et puis qui se mettent au service des polices. N'être rien, voilà le cri de l'esprit lassé de ses propres révoltes » (Camus, *l'Homme révolté*).

Déjà engourdis par le sommeil, ils s'étaient rapprochés pour l'ultime baiser et leurs corps s'étaient éveillés au désir — sans eux en quelque sorte. Elle l'avait doucement attiré sur elle et ils s'étaient confondus dans un plaisir engourdi. Pendant le temps de cet amour ensommeillé il avait eu l'illusion d'être *en elle*, entier, comme s'il avait glissé entier dans le mystère de son ventre si doux, si liquide. Dans les longs frémissements balancés de l'amour, ils s'étaient délicieusement anéantis. Puis le spasme ultime était venu le rouler dans son pli de soie et, arraché d'elle — par un réflexe qui durant tant d'années les avait *préservés* et à la fois lui avait procuré un surcroît de plaisir —, il s'était répandu sur son ventre, gémissant, englué. Et c'est alors que la fulgurante sensation l'avait traversé : il venait de naître, il entrait dans la vie, il saisissait la vie sur le ventre aimé, il respirait pour la première fois ; sa poitrine se gonflait des multiples spasmes de la volupté et il lui semblait prendre un souffle neuf sur le ventre même de la vie. Ses mouvements étaient incertains, ensommeillés. Et c'est à cet instant qu'il avait compris .que pendant les infinies voluptés de leur vie amoureuse il était *entré* entier en elle et en avait chaque fois rejailli, neuf, lavé, chaque fois *renaissant,* réconcilié, rassemblé, rechargé. Et dans ce demi-sommeil qui suit la volupté accomplie il s'était senti emporté au-dessus de leur vie, dans un survol fabuleux. Il les voyait (elle et lui) multipliés en autant d'images gémissantes et délicieuses que d'instant aigus — comme sur ces bas-reliefs du Bouddha amoureux — et, dans chaque geste arrêté sur la crête du plaisir, il lisait les combinaisons multipliées à l'infini de leurs corps enchevêtrés dans les déhanchements de la pénétration. Il voyait les jeux d'enfance de leurs corps sexués, les sourires des lèvres confondues pendant l'approche, il voyait les regards obliques et rieurs sous le demi-voile des paupières, il voyait son corps masculin, dur, musclé, soulever le corps de langueur de la femme aimée, il voyait les yeux dilatés, les merveilles de la bouche entrouverte, il voyait sur les seins ronds les vagues haletantes de son plaisir de femme, et il la regardait mourir sous lui et renaître, mourir et renaître sous lui, et ses gémissements et ses cris étaient là, sous lui, inscrits dans la beauté des arabesques déhanchées de son corps blanchi par la pénombre. Et il voyait aussi d'autres facettes de leurs amours, multipliées à l'infini, des images à l'infini de sa beauté de lumière liquide sur lui, s'enroulant sur lui, s'ouvrant à lui, le recouvrant, couverte et découverte, abandonnée gémissante, reprise et recouverte. Et ainsi à l'infini, ciselé sur le temple immense de leur amour.

....

samedi 6 août Hier, reçu une lettre tragique (adressée à Danièle, cette fois d'une femme) à propos du *Testament amoureux*. Ce titre déclencherait-il un réflexe d'appel ? Mon adoration envers Danièle serait-elle contagieuse à travers l'écrit ? Ses textes aussi qui disent sa sensibilité, sa vérité. Lettres pathétiques comme des billets propitiatoires déposés aux pieds de la déesse Vitalité. Je me dis : solliciter Danièle c'est solliciter la vie.

Un Américain de soixante-huit ans s'est mis en marche vers Bethléem. Il a traversé les États-Unis, l'Angleterre, la France. Sur ses chaussures sont écrits ces mots sanglants : Hiroshima, Nagasaki. Aumônier en 1945 de la base de Tinian (d'où se sont envolés les avions porteurs des bombes atomiques), le père Zabelka s'était tu, alors. Depuis, il s'est repenti comme se sont repentis la plupart de ceux qui ont accompli les deux raids : Eatherly que le remords a rendu fou, Lehman qui s'est fait chartreux, Cheshire qui a fondé un foyer pour enfants incurables et handicapés (pauvre réparation pour les 4282 enfants nés anormaux à Nagasaki dans les années qui ont suivi le bombardement). Effrayé par « l'éclat des deux crématoires géants allumés au Japon » (comme dit le prêtre Jean Toulat), Oppenheimer, le « père des deux bombes », a soupiré : « Les physiciens ont commis le péché. Nous avons fait le travail du diable. » Cependant qu'Einstein se repentait d'avoir « participé à l'ouverture de la boîte de Pandore ». Et avant de disparaître il avait ajouté : « L'atome a tout changé, sauf nos modes de pensée, et nous glissons vers une catastrophe sans précédent. »

Et qui aujourd'hui se souvient de Kapitsa ?

Qui se souvient de ceux qui ont refusé de participer ?

Constaté à plusieurs reprises, avec une profonde inquiétude, les signes de « réorientation » de la compassion chez ceux qu'on nomme les « intellectuels de gauche ». Ébranlés par la guerre disproportionnée du Liban et ses tueries, épouvantés par la secrète indignation de leurs propres cœurs devant la sauvagerie des armes employées par l'armée d'Israël, guidée, disons même confisquée par la brute Sharon, ils se trouvent obligés au-devant de leur conscience soit d'élever la voix, soit de dégrader, de rabaisser, d'exclure de la communauté humaine ceux que la partie tendre de leurs cœurs serait prête à plaindre et à aimer pour l'immensité de leur malheur. Sans qu'ils veuillent en prendre conscience, tout vient alors alimenter une sorte de racisme anti-Arabe, un racisme feutré, prudent mais d'autant plus dangereux qu'il se masque derrière l'analyse des faits — comme s'il fallait se persuader de l'indignité profonde de ces êtres « décivilisés » qui, jusqu'en France, dans les conflits sociaux par exemple, montrent les dents et grondent comme des loups. C'est vrai, quelle fracture entre le nomade du désert et l'OS ! Mais il ne faut jamais oublier le pourquoi du malheur.

. . . .

dimanche 7 août ... montrent les dents, grondent comme des loups et... *profitent* des lois sociales françaises, etc. Voilà, disons, la réaction superficielle, épidermique. Les Arabes, par les propos cyniques et assez prétentieux saisis au vol (largement diffusés), ne se privent pas de faire sentir dans leur misérable jargon qu'ils sont des esclaves indispensables. Ils savent qu'en se croisant les bras ils arrêtent l'industrie automobile française — et déstabilisent l'économie. La prise de pouvoir de la gauche n'a fait que les conforter. Naïvement ils croient être encore soutenus par ceux qui depuis la guerre d'Algérie les défendaient inconditionnellement — lorsque en vérité cette gauche de plus en plus déchirée par la guerre du Moyen-Orient et que chaque déflagration épouvante davantage, cette gauche cherche « en son âme et conscience » le moyen de prendre des distances avec cette « sous-humanité » verbeuse, incohérente, déchue de sa « beauté » d'identité. Peu à peu le raisonnement laisse la place au rejet épidermique : la race arabe entière est maudite, secrètement. Non sans honte de l'esprit. Non sans malaise, car maudire secrètement une race c'est mettre le petit doigt de son esprit dans la machine qui mène à une forme ou à une autre d'élimination.

Alors, comme on ne peut se résoudre à reconnaître en soi le hideux réflexe, on pousse plus loin, on jette l'Arabe dans un plus vaste chaudron, on élargit, on fond le « problème » dans quelque chose de spacieux, de global : on s'attaque carrément à la « mauvaise conscience de l'homme blanc », on dénonce le « sanglot de l'homme blanc », on se met en devoir « d'exorciser les mythes forcenés du tiers-mondisme », on se demande avec Pascal Bruckner « comment la haine de soi est devenue le dogme central de notre culture » et pourquoi une société qui a éliminé l'idée de péché individuel cultive à ce point le sentiment d'une culpabilité collective (Sartre, Camus)... Quoi, on se déshabitue des âpres délices de la « mauvaise conscience ». *On ne veut plus savoir le pourquoi du malheur.* Comme ces individus qu'on voit aujourd'hui, en France, s'armer pour leur autodéfense, de nombreux intellectuels français s'arment, cuirassent leurs cœurs et leurs esprits. Un obscur instinct leur dit quels atroces événements se préparent. Et eux se préparent aussi, non seulement à les accepter, mais à les cautionner.

....

lundi 8 août « Le Français a pour la propriété une si secrète affection qu'il parvient de moins en moins à séparer ce qu'il est de ce qu'il a » (J.-C. Chesnais, *Les Français sont-ils violents* ?)

« Depuis toujours, les coucous ont été mon dada. » Un retraité en train de construire son avion dans le grenier de son pavillon (un vrai avion qui volera — mais qu'il faudra extraire du grenier en démontant le toit pour permettre à une grue de l'enlever).

Déjà le 8 août ! L'été s'effrite. Redoutable été surpeuplé. Sans mouvement, sans but, nous attendons que l'espace environnant se désengorge.

Le frère de Danièle hier avec son fils passionné de génétique. A douze ans il sait tout sur l'ADN. Il est à la pointe de la connaissance sur le sujet. Comme d'autres enfants de son âge économisent pour s'acheter une Yamaha, lui met tout son argent de côté pour un microscope électronique. A Noël il aura son premier ordinateur. Au hasard de la conversation, cet enfant, gracieux comme un Picasso de l'époque bleue, cite les grandes équations, couramment, sans y penser. En même temps la part enfantine de son caractère se réfère à Donald le canard, à l'oncle Picsou ou à Jiminy le criquet. Sa chambre est un laboratoire où, à côté du microscope et des fioles de produits chimiques, traînent des *comics.* Il attrape des mouches qu'il trempe dans de l'ADN. Il trempe leurs asticots dans l'ADN aussi. Il fréquente les conférences des plus grands généticiens avec lesquels il discute à la sortie, montrant des connaissances d'un haut niveau. A part ses livres de biologie, il « lit » Walt Disney. On pourrait imaginer la biologie de demain au pouvoir de chercheurs géniaux, terriblement spécialisés, qui, par ailleurs, auraient été imprégnés des images bidimensionnelles de Walt Disney. De même pour les physiciens de demain. Je pense à ce dessin animé sur *l'Apprenti sorcier,* du même Walt Disney, où Mickey Mouse déclenche l'engrenage de l'Apocalypse...

Attendri par cet enfant si doux triturant la serrure de la fameuse boîte de Pandore — dont parle le vieil Einstein. Boîte qui une fois forcée risque un jour de ne même plus contenir l'espérance.

Je ne pense jamais au futur, il vient toujours assez tôt, disait Einstein. — Dommage ! ! !

(Ce qui me renvoie au vendredi 6 mai et au samedi 6 août.)

....

mardi 9 août Retour du bain matinal — parmi les plus beaux. Le vent du sud soulevait la mer en rouleaux. Après avoir franchi rapidement la partie du ciel nu au-dessus de l'horizon, le soleil s'est disloqué dans une masse de nuages poudreux puis a disparu. Brusquement un éventail de rayons est tombé sur la mer cependant que nous nagions entre les murailles d'eau sombre crêtées de blanc.

Petit déjeuner sur le port. Grande animation. Acheté une daurade. Sommes remontés dans la circulation qui commençait à s'épaissir.

Sieste dans la chambre après le repas.
Longue longue liquéfaction.

. . . .

mercredi 10 août Quatrième été après l'encerclement par les flammes. Aujourd'hui, hier, avant-hier, passé des heures à couper (encore) des branches brûlées dans la pinède au-dessus de la maison. Je grimpe en haut des pins et, à mesure que je redescends, je scie les branches mortes. Travail pénible qu'aucun homme de peine n'accepterait. Je souffre avec joie de cette *distraction* qui me lacère les bras et me macule de résine. Je crois échapper à l'angoisse de *la Loi humaine* en me mettant ainsi « hors de moi » — bien qu'au contraire cette tâche me laisse l'esprit vacant. Et comme l'automne dernier à notre retour de Venise alors que je brûlais des branches mortes, il me revient des bouffées de malaise à propos du *T.A.* Une foule de sentiments contraires. Mais ce qui me rend fou c'est de voir l'avocat K. ricaner, en surimpression ; il est là sur la branche que je coupe, sur les tas de bois, partout ! Je vois aussi C.L. arpentant les couloirs des rédactions pour influencer ses amis de « gauche » ou leur lire des extraits au téléphone. Je me revois, moi, chez Pivot, refusant de défendre mon livre — lorsque cette seule phrase aurait suffi : « Je regrette. Je n'aurais jamais pensé que la vérité puisse faire si mal. » Bel exemple de l'esprit d'escalier puisque tout cela me vient à mesure que je descends de branche brûlée en branche brûlée.

....

jeudi 11 août Coup de téléphone, hier soir, assez tard. Il a longuement parlé avec Danièle de *la Loi humaine* qu'il venait de terminer : « Livre très dur, terrible », a-t-il conclu. Puis elle a tenu aussi à dire quelques mots. Elle n'avait pas encore terminé le livre mais elle désirait avoir ce contact avec Danièle. Elle se devait de prononcer le mot terrifiant : *myopathe.* « Il faudra que je saute. Je n'aurai pas le courage à propos de l'enfant, je sauterai... », a-t-elle dit de sa voix gaie. Ils ont lu tous mes livres. Ils suivent ce que j'écris depuis des années. Eux-mêmes écrivent. Un jour ils sont venus ici. Sensibles, intelligents. Ils nous ont plu. Grande, belle, yeux vifs, lèvres sensuelles, cheveux libres, elle dégage une telle santé ! un tel appétit de plaisir ! Et pourtant, elle sortait d'un mois de paralysie. Atteinte de sclérose en plaques, à tout moment elle s'attend à une crise qui la laisse sans mouvement ou à demi aveugle. Quelques semaines de souffrance et soudain ça va miraculeusement mieux. Elle parle de ce mal avec une telle vitalité, avec de tels sourires, avec des yeux si brillants ! La beauté, l'éclat, la force de vie de cette « grande malade » qui écrase son mal à force d'appétit de bonheur, nous ont laissés à la fois effrayés et débordants d'admiration.

Et voilà que ce mot terrible, *myopathe*, écrit par moi — j'oserais dire : « en toute innocence » —, ce mot si lourd m'était retourné par cette jeune femme guettée à tout moment par des crises de tétanisation. Elle sautera l'histoire du petit Lu. Ce saut m'a atteint. Coulée froide par tout le corps. Tu écris, tu t'exaltes parfois de tes trouvailles, tu tires de ton imagination des êtres vivants auxquels tu prêtes des sentiments, des maux, une fin, qui ne présentent pour toi que des « problèmes littéraires ». Ce livre « terrible » — comme ils l'avaient dit — n'est en vérité pour toi qu'une série d'obstacles résolus. « Littérairement », il fallait que le petit Lu soit myopathe. « Littérairement » ! Pour qu'il vive « littérairement » ! Et voilà qu'hier soir te parvient la voix joyeuse de quelqu'un qui se trouve *véritablement* plongé dans ce qui fait une part de ton petit enfer « littéraire ». Myopathe !

. . . .

vendredi 12 août Mais alors dans le *T.A.* n'as-tu pas, malgré tout (bien que rien, absolument rien, n'y ait été inventé), dans le *T.A.* n'as-tu pas quand même résolu, au détour de certaines phrases, des « problèmes littéraires » ? Bien que tu t'en sois gardé, n'as-tu pas cependant choisi tes mots non pas seulement par fidélité envers la réalité de ta mémoire mais aussi pour le plaisir d'expression de ces mots que l'énergie de la phrase engendre ? En d'autres termes, n'as-tu pas soumis un tant soit peu le sens au choix des matériaux avec lesquels tu construisais ? Le plaisir du texte en train de se faire ne t'a-t-il pas fait perdre de vue l' « humanité » de ton propos ? (Je parle bien sûr des passages qui ont blessé.) Oui, toutes ces pages qui ont blessé n'auraient-elles pas mérité moins de « talent », moins d'allant ? Ne portent-elles pas en elles trop de plaisir d'écriture, trop d'effusion, trop de vie pour être pures de toute « interprétation » ? Je ne parle pas du sens profond car, pour ce qui est du sens, s'il fallait récrire avec disons d'autres mots cette histoire qui est mienne, elle ne pourrait être modifiée puisqu'elle est le calque d'événements et de sentiments vécus, puisqu'elle est *mon* histoire et que l'homme qui écrit cette histoire en est le produit. Mais la forme ! Un mot placé dans telle ou telle partie de la phrase ne change-t-il pas de couleur, de poids, de matière ? Tout ce qui, dans le *T.A.*, a tant choqué, dit par un autre que moi, n'aurait peut-être même pas été remarqué puisque tout ce qui s'y trouve est archiconnu de tous. C'est ma façon d'utiliser la langue pour dire, c'est ma langue qu'on a voulu couper. Et c'est bien aussi la *façon de dire* qu'Alain Jouffroy, le chevaleresque Alain, et les signataires de sa pétition, si généreusement répandue par Claude Bourdet et Édith Perret, ont voulu défendre. Ils ont pris parti pour le droit de s'évader de la prudence. Ils se sont rangés autour de moi pour soutenir que même (et peut-être surtout) s'il écrit ses *Mémoires* un créateur a droit à la « cruauté » de la langue vivante, à l'expression non conforme — donc à l'art.

Hier, aux Salins, nagé très loin, jusqu'à la deuxième rangée de bouées. Au retour, un fort courant m'a fait dériver et, pour ne pas avoir à trop lutter, je me suis laissé emporter en direction de la pointe de la Moutte. Pendant tout ce temps, hanté par l'idée que Danièle s'inquiète. Abordé non loin du tombeau d'Émile Olivier et revenu à pied le long de la plage. Ressenti une très forte émotion en voyant mon amour, le regard tendu vers le large. La surprendre telle que je ne la vois jamais : tendue vers *lui* ! Son corps entier raidi, projeté vers *lui* (moi là-bas). Elle ne me voyait pas approcher par le bord de mer. Je lui faisais des signes mais elle était là-bas, de toute son imagination noyée, elle était là-bas à me chercher dans les vagues. Et la tension de ce regard éperdu disait... Puis elle me vit, et à l'instant son beau corps s'est amolli. Elle est retombée sur la serviette de bain, le visage dans les mains. Mon amour, tu pleurais... tu me pleurais ! De me voir là, sur le sol ferme, tu pleurais ! Émotion de te prendre contre moi. Émotion d'avoir vu sur elle quelque chose comme l'ombre de ma mort. Émotion de son corps qui tremblait.

Plus tard, au crépuscule, après l'orage, les vapeurs chargées du parfum des eucalyptus mouillés voilaient un mince croissant de lune au-dessus des pins. Réplique exacte du tout premier tableau à l'huile que j'avais peint à l'âge de treize ans dans ma pension de Verrières-le-Buisson. Étonnement de découvrir en moi la même fraîcheur de sensations devant le spectacle — pourtant usé — du fil recourbé de la nouvelle lune posée sur la cime des pins. Même sorte de délices intimes et secrètes que le matin en surprenant Danièle effondrée face à la mer vide. Bonheur d'éprouver avec une telle intensité.

Kreisleriana.

....

dimanche 14 août Hier, pour ne pas écrire, pour ne pas penser, passé la matinée à couper à la machette les branches brûlées dans les pins. Un morceau de bois a volé et a gravement blessé le globe de mon œil gauche. Voile blanc. Deux larmes de sang ont giclé de mon œil et ont coulé sur ma joue. Passé le reste de la journée couché sur le hamac, l'œil bandé, quasiment aveugle, la figure mouillée de larmes qui ruisselaient sous le pansement. Pendant ce temps, comme pour m'enfoncer dans l'horrible sensation de cécité, retransmission de *l'Empereur* (Michelangeli-Giulini). Était-ce le choc de ma blessure ? Je gisais trempé de deux sortes de larmes : larmes sécrétées par l'œil fendu, mêlées aux larmes d'émotion. Jamais entendu un tel *Empereur.* Au ton de voix de Danièle, j'ai senti qu'elle aussi était très émue par tant de splendeur. Et cela a ajouté à mon émotion.

Bonheur de trouver *dans le noir* la main de mon amour dans la mienne.

J'écris ce matin, la tête bandée, un œil vaguement entrouvert. *Quatuor* de Grieg à la radio. Musique qui sent la pauvreté, avec ses violons tremblotants aux minuscules trilles aigres. Mais je ne sais pourquoi je suis « touché » au-delà de la musique... Par quoi au juste ? Par le nom de Grieg, par la douloureuse tristesse de ghetto qu'il porte. Je pense à ma mère. A son petit violon. Elle jouait du Grieg, pour moi, à Saint-Paul-de-Vence. Seule avec moi dans la maison isolée elle jouait cette musique grêle. J'avais sept-huit ans.

L'Enfant et les Sortilèges : du sable sous la dent.

Suspendu à la radio comme tous les aveugles.

Le *Concerto pour clarinette* de Mozart. (Avec le *Treizième Quatuor* de Beethoven, premières musiques entre nous lorsqu'elle était montée dans ma chambre — en 1950.)

. . . .

lundi 15 août L'œil blessé voit double : deux lunes, hier soir, plus une pour l'œil valide — ce qui fait trois. Je pense à Hörbigger, ce « scientifique » allemand dont les théories délirantes avaient séduit Hitler :

Originellement la Terre aurait eu trois Lunes. Au cours des temps, l'une après l'autre elle les aurait captées. La première se serait désagrégée, formant un anneau de rochers volants autour du globe. Cette masse mobile aurait soulagé l'attraction terrestre — sans l'annuler tout à fait —, ce qui expliquerait par exemple les monstres du secondaire qui, par le jeu des différentes attractions, auraient pesé à peine plus lourd que des geckos. Puis, d'un coup, l'anneau de Lune se serait écrasé sur le sol terrestre, déposant la chaîne des Andes. Séduisante explication aussi de la brusque hécatombe des dinosauriens qui se seraient trouvés plaqués dans la boue par leur poids devenu soudain colossal. La deuxième Lune eut à subir le même destin. Captée à son tour par la Terre, elle forma elle aussi un anneau — ce qui souleva les océans en une formidable crête liquide maintenue dressée autour du globe pendant des millénaires. Seconde précipitation : renforcement de la cordillère des Andes. Conséquence : retour immédiat des mers et des océans délivrés dans leurs cuvettes respectives. La preuve, dit Hörbigger : le lac (salé !) Titicaca, splendide résidu d'océan déposé à près de quatre mille mètres d'altitude.

Hier, Antoine et sa femme. Bébé dans un panier. Plantureuse, rendue crémeuse par son récent accouchement, elle dit : « Depuis Mai 68 nous sommes passés par tous les stades : la politique, la lutte, pas d'enfants, plus de couple, même plus d'amour, plus rien. Et puis voilà maintenant... » Elle le dit dans le bonheur de sa chair maternelle comme du fond d'une solide certitude.

. . . .

mardi 16 août A propos d'hier soir je pense au fameux : *On aime l'humanité en général pour ne pas à avoir à aimer les êtres en particulier* de Camus.

Dans *Quatre-Vingt-Treize*, le révolutionnaire Cimourdain *à qui on avait refusé une femme* [...]. *avait épousé l'humanité*. *Cette plénitude énorme au fond c'est le vide* (dit Hugo).

Quand je ferme l'œil droit je vois deux Danièle.

Je me consume de cette ambition : arriver un jour à me dire « c'est ça ! » devant un de mes textes. Produire de la splendeur.

Hier soir lecture à haute voix par Danièle d'une nouvelle de Jouve. Quel ravage a pu faire le surréalisme sur une écriture conventionnelle ! Un fils de Maupassant trempant sa plume dans l'encrier soufré d'Hoffmann ! Dualité insupportable entre le tempérament tranquille d'un homme de bon aloi et son désir d'écriture spasmodique.

....

mercredi 17 août Reçu le livre d'Élie Wiesel *le Cinquième Fils.* Nous devons passer ensemble à l'émission de Pivot. Sujet de l'émission : « Après la guerre. »

Je lis, et c'est avec malaise que j'imagine cette confrontation. Wiesel a fait un livre « messager » — comme tous ses livres je crois —, moi j'ai écrit un livre pour le jeu d'écrire. Mon livre ne transmet rien, il est écriture. Il ne pose pas de question. Il ne donne pas de réponse. Il est livre comme un tableau de Poussin est tableau avant d'être *le Massacre des innocents* par exemple. J'ai résolu l'espace-temps à ma façon. Il est espace-temps particulier. C'est tout. Élie Wiesel dit des choses qui lui sont essentielles. Il n'a pas voulu seulement « écrire un livre » mais dire ces choses. Le livre est le support d'une histoire qui dépasse son livre, d'une méditation qui dépasse Wiesel, de questions morales qui en fin de compte s'adressent à *son* peuple et auxquelles *son* peuple a répondu nettement en enlevant Eichmann, en le jugeant, en l'exécutant. Pour ma part je comprends mieux celui qui décide de traquer et d'abattre lui-même le criminel que ceux qui le kidnappent pour le livrer à la justice d'un État. Un État qui condamne un homme pour n'avoir pas désobéi se condamne lui-même. Il se laisse aller en fin de compte à la passion. Et on sait, justement par le nazisme, à quelles abominations peut arriver un ordre social *passionné.* Le geste de celui qui fait justice aura toujours, par sa spontanéité, une beauté tragique qu'aucun appareil ne pourra atteindre...

Bribes de réflexions qui m'aideront peut-être à me situer par rapport aux questions soulevées par le livre de Wiesel.

Cette phrase au début du *Cinquième Fils : Merci merci Seigneur d'avoir tué nos ennemis merci de les avoir Toi-même tués merci de nous avoir épargné ce rôle et Dieu répond on ne dit pas merci en présence de la mort on ne dit pas merci à la mort.*

Voilà donc le « message » : tu dois t'en remettre à Dieu pour venger. Le peuple juif doit garder les mains pures de sang. Le peuple juif ne doit pas verser le sang. Et s'il est *condamné* à le faire c'est par la faute de la « victime ». Exemple que donne Wiesel dans cette scène à la Dostoïevski entre un prisonnier palestinien et un officier juif. Le prisonnier ne parle pas. Son silence est diabolique. L'officier sent que le prisonnier s'est fait prendre sur le territoire d'Israël pour subir le martyre volontaire. Voilà comment : *De quoi a-t-il donc peur si ce n'est pas de la souffrance*? (se demande l'officier). *Et la réponse est, soudain, évidente : il a peur de ne pas souffrir. Il veut souffrir. Il s'est préparé à la souffrance, à la torture, probablement aussi à l'agonie et à la mort. La raison ?*

Peut-être pour servir d'exemple. Pour allonger la liste des martyrs palestiniens. Pour fournir de la matière à la propagande anti-israélienne. Et aussi : pour forcer l'adversaire juif à pratiquer la torture, donc à se trahir, donc à choisir l'inhumain. Ce texte m'a soulevé de honte. Il m'a rappelé la gifle de Staline accompagnée du « Tu vois ce que tu me fais faire ! » adressé à sa fille. Si je te torture c'est que tu l'as voulu. Si je détruis Beyrouth c'est que vous nous avez poussés à le faire. Les bombes à fragmentation, le phosphore, vous le souhaitiez par goût du martyre et pour fournir de la matière à la propagande anti-israélienne. Par votre désir de souffrance vous nous poussez à nous comporter comme jamais le peuple élu ne s'est comporté : vous nous avez contaminés. En nous forçant à vous détruire physiquement, vous détruisez notre âme, etc.

. . . .

jeudi 18 août Tout dans ce livre montre combien le « peuple élu » s'effraie d'être en train de devenir *un peuple comme un autre.* Bientôt il ne lui restera que la mémoire de l'holocauste — monument de l'atroce comme point final de sa dispersion.

Long coup de téléphone de Nata. Elle écrit un texte au sujet de mon livre. Elle m'a cité Serge Leclaire à propos du meurtre de l'enfant. Elle a vu l'essentiel de *la Loi humaine.* Son rapport avec *le Palais d'hiver,* etc.

Je suis physiquement malade d'avoir à aller à Paris, de passer à la télévision, d'avoir à défendre oralement ce qui m'a demandé trois cents pages d'écrit.

Sommes descendus à la plage. Nagé un œil fermé pour que l'eau bourrée de bactéries n'entre pas dans ma blessure. Ensuite bistroté tous les deux en regardant la foule unidimensionnelle aux couleurs criardes. Lu le journal sous la tente rouge de Sénéquier. Bière, croissants, éclairs au café, café glacé, cigarillo — extrême réconfort. On meurt plein le journal mais moi je suis bien bien bien...

En Russie, une fillette de six ans erre pendant une semaine dans la forêt.

Bien qu'affaiblie et amaigrie, la fillette a déclaré qu'elle n'avait jamais eu peur, qu'elle s'était nourrie de champignons — « choisissant ceux qui sentent bon » —, de fraises, d'herbes et de feuilles. Pendant sept nuits, elle avait dormi sous un buisson, se couvrant de feuilles. Après quatre jours de soins intensifs, Galia a pu regagner le domicile de ses parents, qui travaillent dans un sovkhoze.

Un couple — lui vingt-deux ans, elle dix-huit ans — a été surpris en train de faire l'amour dans une roseraie municipale (en Angleterre).

Les jeunes gens ont plaidé coupable et ont reconnu avoir détruit trois rosiers et dix-huit bleuets. Outre l'amende, ils ont été condamnés à remplacer les fleurs détruites.

Pour Kafka :

Nicholas Williams, 22 ans, a été condamné mardi à sept jours de prison. Motif : a ri à l'audience.
Au juge qui lui demandait la raison de cette hilarité, M. Williams a répondu : « Je trouve très drôles les visages de certaines personnes dans ce tribunal. » Et comme on lui demandait de s'excuser, il a ajouté : « Vous plaisantez sûrement. Je ne vais pas présenter des excuses pour avoir ri. »
Il a été condamné pour outrage à magistrat et l'affaire pour laquelle il comparaissait devant le tribunal a été renvoyée d'une semaine.

....

vendredi 19 août Aube. Dans la sensuelle confiance des dernières bribes d'assouplissement tu dis contre ma bouche tes rêves comme sous l'effet d'une drogue. Et je comprends avec quelle force la journée d'hier a imprimé en toi les images du délire. Après huit jours de solitude, d'immobilité dans le silence tropical du vallon, après n'avoir été imprégnée que de couleur verte, que de courbes, que de chatoiements, ta sensibilité faite au clair-obscur est frappée par la crudité des violences extérieures. Choc qu'en même temps tu recherches et aimes. Injection de bruits, de couleurs. Visages trop nus, corps tapés. Musique reçue directement dans le thorax. Dédale de plaques verticales : maisons, yachts, camions, panneaux publicitaires, glaces reflétant ça (et déjà à l'intérieur de nos têtes tout ça).

Nagé dans la mer traversée de baigneurs, de voiles plates, d'objets criards aux formes triangulaires, puis, réfugiés sous la tente rouge du port, nous nous sommes installés dans la lassitude d'après le bain. Mangé, bavardé en suivant des yeux la pimpante danse macabre sous le soleil qui verse une lumière de chaux vive. Puis, nos ombres soudain fondues sous nos pieds, nous sommes partis à travers la foule. N'avons plus été nous en entrant dans le spectacle, devenant nous aussi du mouvement plat. Boutique américaine. Devenus américains le temps d'un rock. Ressortis. Entrés ailleurs. Boutique américaine. Rock dans le thorax. Je sors. Je t'attends. Tu me rejoins. Ailleurs, par d'autres rues, par la même foule. Même rock. Tu essaies quelques vêtements. Belle ! Si belle ! Tu me plais. Ça te va. Tout te va. Tu ris. Je t'aime. On ressort. Rock encore en nous. Dans le thorax. Le cœur devenu rock.

Quelques dernières courses. Fruits. Journaux. Nous remontons. Ruban de fer sur les routes, nous dedans. D'une route à l'autre nous nous défaisons du nombre. Redevenons deux. Redevenons *un.* Bifurquons. Prenons le chemin de terre de pierre puis d'herbe. Bifurquons. Le vallon. Les palmes. Les lianes. La forêt sur nous, refermée de nouveau. Lumière verte avec les rayons de cuivre du soleil couchant. Thé dans le doré du soir. La lune encore pâle monte entre les eucalyptus. Une dernière cigale grince et s'arrête. Chant des locustes qui s'amplifiera avec la nuit tout à l'heure. Images feuilletées dans le soir doux, d'un numéro spécial sur l'Amérique. Voilà le sang, le grotesque, la mort. Tu as tourné les pages, tu as voulu refuser ce mourant saisi au pire des tourments, tu as refusé mais tu as vu, et sur la page suivante tu as vu un autre mourant puis d'autres. Tu as tourné, tu as vu ces vieillards fardés, tu as vu les couleurs, tu as tourné, tu as tourné, la mort encore, hommes morts, chien mort, une vieille femme agenouillée devant son chien mort, tu as vu, tu as tourné sur le meurtre, sur des seins, sur des sexes, des exécutions, des putréfactions, tu as tourné, encore des morts, des lynchés, des malades, tu as fermé les yeux, tu as tourné, des malades, des malades, des membres déformés, des condamnés, des peaux gonflées de cortisone, des filles nues comme des bananes pelées. La lune ovale sur nous, de moins en moins pâle, le vallon d'un calme dément, nous ici immobiles dans ce vallon de notre démence, nous ici ensemble, mon amour ! Tu as posé l'Amérique, tu as refermé le trou ivre des photographes.

Et nous avons dîné dehors dans la lumière orange des lampes. Nous nous sommes couchés. Bavardé. Lu. Bavardé. Lu encore.

Éteint la lumière. Douceur des jambes, des hanches. Douceur des mains. Longues heures d'insomnie. Bavardage dans le noir, avec en nous la roue des images qui s'accélère. Chute dans le noir du dedans : répétition de la mort. Et enfin ce réveil exquis : toi dans mes bras, tes cauchemars dits, balbutiements des rêves dits.

....

samedi 20 août Ce matin bavardage, tous les deux, sur la terrasse éclairée par un soleil brusquement automnal. Devant les restes du petit déjeuner, en parlant, j'ai repensé à nos bavardages de l'automne dernier, chez le psy à Venise, derrière le dôme gris du Redentore à hauteur du vol des mouettes. Non loin de nous des mésanges s'ébrouaient dans les vasques de pierre. Elles se laissaient tomber des feuillages, entraient dans l'eau qu'elles pulvérisaient autour d'elles par de vifs mouvements.

Longuement parlé de *la Loi humaine.* Parlé de ce qui fait le fond de mon livre, de ce qu'on trouve dans tous mes livres : « Ne tuez pas l'enfant ! » En négligeant de lui transmettre une mémoire, nous tuons l'enfant. Au lieu de charger l'enfant de passé, tout est fait, au contraire, pour le projeter dans l' « avenir ». Il devient le produit des images. On le stérilise par l'image. (Les jeunes d'aujourd'hui disent bien « avoir le *look* ».) Il est le produit de la boîte : « Cherchez pas, Mat », dit M. Paul en désignant du pouce l'écran derrière lui, « les Gwu c'est les habitants de cette boîte. »

....

dimanche 21 août La loi humaine est violente. Elle broie les hommes. Elle broie les faibles. Elle tue la part d'enfance contenue dans nos interrogations. Elle est réponse — comme la distribution de mort est réponse.

Antoine avait rencontré Wiesel entre deux avions, à Roissy. Il était accompagné de son fils : un petit Américain — casquette de base-ball, T-shirt, baskets — tenant sous le bras un catalogue de jeux électroniques. « Comment, me disait Antoine, transmettre l'expérience, le souvenir des camps, à cette génération d'enfants *mutants* ? » Et je pensais aux Gwu et aux Bandwin de *la Loi humaine*, à « nos » enfants auxquels nous donnons pour viatique des images électroniques. Comment Wiesel, cet homme sorti des catacombes de l'holocauste, peut-il espérer capter l'attention de son fils, le faire se retourner, se détourner de l'écran et de ses ensorcelantes irréalités ?

Comment Israël, cet État si moderne, si bandé vers le but, réussira-t-il à garder *vivants* ses millions d'assassinés ? Chaque kilomètre avalé par son armée efface de la mémoire, chaque bataille gagnée, chaque action d'éclat épaissit la nuit dans laquelle s'enfonce le passé. Si le vieux peuple juif, entre tous les peuples, a su vivre dans un présent de plus de cinq mille ans, c'est bien parce que la mémoire était son territoire. De tous les peuples de la terre, parce que sans terre, il a su annuler l'espace et le temps. Aujourd'hui le peuple élu perd en « verticalité » ce qu'il accapare en « horizontalité ».

....

lundi 22 août Au bistrot du village, dîner avec Antoine.

Sa petite fille de quatre ans, à table avec nous, tombait de fatigue. A un moment elle eut une sorte de crise d'exaspération pleine d'un touchant effort de retenue. Ne sachant pas ou ne voulant pas exprimer son immense besoin de sommeil, elle se mit à pousser de minuscules cris d'oiseau, en dedans d'elle, cependant qu'avec ses mains grandes ouvertes devant elle, elle faisait le simulacre de repousser ce qui l'entourait. Elle se tenait raidie, sans larmes véritables, et piaillait en *tenant l'air* de ses jolies mains d'enfant, comme s'il s'agissait d'une vitre.

Hier, intrusion de trois jeunes lecteurs. Pour moi, le malaise. L'un des trois avait *tout* lu de moi. Je dis bien : tout lu. Il citait des phrases qui dans sa bouche me paraissaient étrangères, si peu miennes. Ces visites impromptues me font démesurément souffrir. J'ai mal partout. Je fais un grand effort pour me dominer, rester calme, ne pas être brusque. Et sans arrêt je me dis : comment les faire partir ? Certains sont bavards, ils me noient sous leur besoin d'exister. D'autres se taisent, regardent, nous serrent la main et s'en vont. D'autres s'arrêtent au grand chêne et repartent sans avoir osé. En tout cas, très désagréable d'être surpris à n'importe quel moment de notre vie par ces étrangers si doux, si intimidants. Inconvénient de vivre en quelque sorte sans porte, à même ce qui reste de la forêt. Impossible d'échapper à celui qui monte le chemin.

Sade, pour la beauté visionnaire : « Nous pourrions peut-être attaquer le soleil, en priver l'univers ou nous en servir pour embraser le monde, ce serait des crimes, cela... »

....

mardi 23 août Dans son testament, Beethoven aurait déclaré : « J'ai renoncé à me tuer par amour de la musique et de l'humanité. »

Beethoven se définissait lui-même comme « un poète des sons ». Il voulait rivaliser avec Shakespeare.

Quand on lui demandait : Que signifie le titre de la sonate *la Tempête*, il répondait : « N'avez-vous pas lu *la Tempête* de Shakespeare ? »

Beethoven n'avait jamais vu la mer.

Lecture de *l'Homme révolté.* Exaltation proche des exaltations que j'ai connues pendant l'adolescence à la lecture d'une « âme proche ». Il y a dans Camus — et dans ce livre en particulier — une telle jeunesse, une telle limpidité ! Cet homme de cristal vous réconcilie avec cette époque que Jean-Paul Sartre a marquée de son pouvoir intellectuel. Pendant que les incessants glissements de la mauvaise conscience de gauche accaparaient toutes les attentions, Camus tentait de clarifier la conscience.

1950 ! Année de notre rencontre, Camus écrivait *l'Homme révolté.* Et dans *l'Homme révolté* déjà ceci : « La révolution mondiale, par la loi même de cette histoire qu'elle a imprudemment déifiée, est condamnée à la police ou à la bombe. » Il ose évoquer « la fusion du rêve et de la réalité », la « sublimation de la vieille contradiction entre l'idéal et le réel ». Il parle de « point suprême ». Il parle d'un « mysticisme de la vie ». « Faire fondre les contradictions au feu du désir et de l'amour. » « Et de faire tomber les murs de la mort »...

Interrompu par un coup de téléphone. En ce moment on monte *le Rémora.* Coïncidence qui me fait sourire. Exaltation de l'adolescence ! « Vivre comme on se rêve », lançaient les deux petits héros de cette pièce, avant de s'enfuir.

. . . .

mercredi 24 août Première fois : Hitler élu chancelier du Reich en janvier 1933.

Deuxième fois : Hitler plébicité par le peuple allemand le 19 août 1934 à 90 %.

Troisième fois : plébicité le 22 juillet 1938 par le peuple allemand à 98 %.

Quatrième fois : l'Autriche plébicite l'Anschluss à 99,73 %.

« Les dictateurs sont les domestiques du peuple, rien de plus — un foutu rôle d'ailleurs —, et la gloire est le résultat de l'adaptation d'un esprit avec la sottise nationale » (*Mon cœur mis à nu*, Baudelaire).

Le 14 mars, le lendemain de l'entrée de la Wehrmacht en Autriche, Hitler pénètre à Vienne. L'enthousiasme populaire est tel qu'il lui faut des heures pour atteindre la capitale. Là, il descend à l'hôtel Impérial, le plus luxueux de la ville dont, trente ans plus tôt, il balayait les trottoirs, les soirs de grande misère.

Le magazine *Match* ne pouvant s'empêcher d'exalter quand même l'ascension d'un *self-made man.*

Après l'ivresse des Jeux olympiques de Berlin — où, parmi les athlètes allemands, se trouvent deux Juifs (le directeur du village olympique est juif aussi) —, des juifs de « droite » apportent leur soutien à Hitler par crainte du communisme.

Gertrude Stein en 1937 va jusqu'à proposer Hitler pour le prix Nobel de la paix !

Exemple d'aveuglement collectif dont l'humanité ne sera jamais à l'abri.

. . . .

jeudi 25 août Nombreux coups de téléphone, pourquoi ce malaise lorsqu'on me dit avoir été pris par mon livre ? Premier réflexe : on me ment — comme on ment à un condamné. Je ne veux pas croire à la sincérité des bonnes paroles. Et pourtant je sais par quoi le livre a pu toucher ceux qui me disent l'aimer. En réalité c'est encore une fois mon rapport avec les autres qui n'est pas clair. Qu'attends-tu des autres ? De l'amitié ? De l'admiration ? De l'estime ? Mais s'il y a amitié, l'estime pour l'écrivain n'en sera-t-elle pas forcée en quelque sorte ? Alors pas d'amitié ? De l'estime sans qu'aucun autre sentiment ne vienne la brouiller ? Non ! Alors quoi ? Souhaites-tu le silence ? Non ! Tu désires l'amitié autour de toi, autour de vous de la tendresse, des démonstrations amicales. Bref, tu aimes être bien parmi tes amis ? Oui, tu aimes ! Mais alors pas tes livres entre eux et toi ? C'est peut-être mieux, pas de livres. Et pourquoi pas de livres ? Parce que ce qui est écrit échappe à la réalité. Ce qui est écrit appartient au monde du rêve. Et le rêve c'est la solitude. Comme le livre est solitude. Il n'ouvre pas à la communication. Entre celui qui écrit et celui qui lit se dresse un écran de papier. Au mieux ce sont deux rêves sur un même thème qui agitent des dormeurs parallèles. Alors quoi ? En quoi puiser de la certitude ? En rien. En personne. Nulle part sur quoi se reposer. Donc ces coups de téléphone ne sont pas des signes de lecture mais d'amitié. Réconfort de savoir qu'autour de nous se manifestent ceux qui savent mon incertitude.

....

vendredi 26 août A propos des Jeux olympiques de Berlin : Snobisme, engouement tel pour le Führer que Jesse Owens, l'athlète noir américain auquel Hitler avait refusé de serrer la main (bien qu'il eût remporté quatre médailles d'or), dément-tit ce que cent vingt mille spectateurs venaient de voir : « Quand je suis passé devant le chancelier, il s'est levé et m'a fait signe de la main. Je lui ai répondu de la même manière et il est indécent, à mon avis, de la part des journalistes, de critiquer l'homme du jour, en Allemagne. Je désapprouve totalement. »

Aux Philippines, la famille de Benigno Aquino (assassiné d'une balle qui lui a emporté une partie du visage) a tenu à ce que le corps soit exposé taché de sang et non fardé. Des centaines de milliers de Philippins ont défilé devant le cadavre défiguré, cependant qu'autour du cercueil la femme de Benigno Aquino, ses enfants ainsi que sa mère se tenaient debout vêtus de T-shirts frappés de l'effigie du mort.

Emporté par la beauté lyrique de *l'Homme révolté* de Camus.

....

samedi 27 août « Redoutable est la tentation d'être bon » (Bertolt Brecht).

Citation que Danièle vient de trouver dans *le Sanglot de l'homme blanc*, de Pascal Bruckner, et qu'elle m'a lu à travers le *Concerto pour violon* de Tchaïkovski. Cette phrase dans ce livre que je n'ai pas encore lu mais que je *reçois* pour ainsi dire par réflexion. Très significatives aujourd'hui ces trois cents pages pour passer en revue le malaise et les naïvetés tiers-mondistes de l'homme blanc. Particulièrement de la gauche intellectuelle française de l'après-guerre. L'intelligentsia, pétrie de mauvaise conscience, a signé toutes les pétitions, elle s'est frappé la poitrine, elle a dit sa honte sans pour cela quitter l'abri des mots. Elle a vécu dans la compassion. Dans la pitié. Elle s'est laissée aller à des attendrissements qu'il est trop facile aujourd'hui de tourner en dérision.

. . . .

dimanche 28 août Sinclair Lewis, dans *Babbitt,* ne disait pas *philanthrope* mais *philotrembleur.* Ce mépris lucide chez cet Américain de gauche des années trente n'a rien d'étonnant dans l'Amérique de la crise (celle du Dos Passos de *Manhattan Transfer* et d'*USA*). Le philanthrope effrayé par la plèbe des soupes populaires méritait bien en effet le nom de philotrembleur Le mépris de Sinclair Lewis allait à un système dont le filet, aujourd'hui, a recouvert le monde. Le philotremblisme a réussi à donner à l'Amérique cette image humanitaire qui, encore maintenant, malgré la violence qui dedans comme dehors ne cesse d'émaner d'elle, la fait passer pour une nation à l'abri de la tentation de « barbarie ».
Fini le philotremblisme. L'Occident doit s'assumer. Voilà en gros ce que semble dire le livre de Pascal Bruckner. L'Amérique *est* l'Occident. Mieux vaut l'Amérique avec ses

défauts que la « barbarie » du bloc russe — chaque jour grossi par le tiers monde.

Un fort courant anti-tiers-mondiste remue Paris. Bien sûr il est dû aux déchirements provoqués par la guerre du Liban.

Comme le fameux « Tout est permis » d'Ivan saluant la mort de Dieu, le même « Tout est permis » salue aujourd'hui la « normalisation » de la conscience juive. L'État juif a délivré la plupart des juifs de leur encombrante parcelle de divinité. Il est devenu le nouveau Dieu juif. Chaque conscience juive doit forcément passer par Israël, toute réflexion doit forcément faire ce crochet avant de conclure : ceci est bien, ceci est mal. C'est ici que le « Redoutable est la tentation d'être bon » de Bertolt Brecht prend toute sa force. Il n'est plus question d' « être bon » aujourd'hui, plus question de compassion, de culpabilisation, plus de malaise : il faut choisir. A tout prix l'État juif doit vivre. Toute subtilité devient encombrante. L'État d'Israël se trouve aux premières lignes. Les deux blocs vont s'affronter de plus en plus rudement. L'Occident doit survivre. L'État juif, menacé de toutes parts, en est l'angoissant symbole. Plus question d'humanitarisme surtout — en tout cas dans les faits. On doit reconnaître à l'Occident ses valeurs humanistes comme un acquis dont il n'aurait pas à faire la preuve. L'Occident *est* l'humanisme. L'Occident *est* l'anti-barbarie. Donc l'Homme doit être sauvé par l'Occident ou ne plus être. Il faut admettre que cette nouvelle pensée radicale ne peut être qu'encouragée par ce qui nous parvient des pays socialistes ou, pire encore, d'un tiers monde obscur, cauchemardesque et combien incohérent.

Mais malgré cette sorte de chantage, je veux céder à la « tentation d'être bon ». Je veux me tourmenter. Je veux souffrir du malheur des « perdants » même si je n'y peux rien. Je veux rester indigné devant ce qui me paraît injuste.

. . . .

lundi 29 août Coup de téléphone hier soir de Claude Mauriac. Il me dit son effroi à la lecture de mon dernier livre. J'ai souri de son « Il n'aurait pas pu être écrit par un Français ».

Depuis une dizaine de jours les orages se succèdent. De dures tornades ont balayé la côte. Par milliers des oiseaux sont morts dans la presqu'île, assommés en pleine nuit par d'épaisses chutes de grêle. Chez nous un geai a eu l'aile brisée. Nous l'avons vu sautiller pendant une semaine autour de la maison avant d'être dévoré par une martre. Ainsi l'été se termine dans l'humidité et la pénombre.

Délice de la tempête ! Splendeur du ciel noir révélé par le blanc tremblant des décharges de foudre ininterrompues. J'aime ta peur ! J'aime cette soudaine faiblesse qui te jette contre moi dans les palpitations électriques ! Tes plaintes rentrées à chaque éblouissement aussitôt recouvertes par les longs écroulements du tonnerre. J'aime ça, cette peur légère, enfantine, dans la nuit trouée de magnésium. Pourquoi pas retrouvés morts, foudroyés ensemble, là ? Et à chaque ébranlement du tonnerre qui fait cliqueter les vitres dans les cadres des fenêtres, à chaque retour de la foudre qui tombe un peu partout nous rions de tes plaintes involontaires pareilles à des jappements de chiot à museau fermé.

Cette nuit, pendant les accalmies, alors que tu dormais, je suis descendu à plusieurs reprises lire *l'Homme révolté*. L'insomnie aiguise la perception. Réelle ivresse à la lecture des pages sur la Révolution française, sur Dieu guillotiné, sur

Saint-Just, sur la « culpabilité » de Rousseau qui, en écrivant *le Contrat social,* donnait naissance à une nouvelle mystique : « La volonté générale étant postulée comme Dieu lui-même. »

Insomnie qui me renvoie à cette cocasse nuit littéraire de *Mille aujourd'hui* quand je me trouvais dans cette même pièce du bas, en compagnie de Rousseau, alors que dehors la tempête emportait l'arrosoir, et que la maison tremblait.

....

mardi 30 août « Le meilleur vecteur de l'amitié entre les peuples, c'est encore et toujours le charter. »

Est-ce possible qu'une telle somme de citations, qu'un tel travail pour tourner en dérision la sensiblerie de la gauche envers le tiers monde, aboutisse en conclusion à cette phrase (qu'en plus l'auteur a pris le soin de faire composer en italiques) lue par Danièle au moment de refermer *le Sanglot de l'homme blanc* ?

Depuis deux jours Begin a annoncé sa démission imminente. L'ex-terroriste, l'homme d'action, l'homme de l'idée fixe, le joueur Begin a prononcé l'émouvant : « Je n'en peux plus. »

« Il n'y croit plus », disent ses proches. Cette soudaine faiblesse qui casse un esprit jusqu'à présent réputé implacable a quelque chose d'effrayant, car ce qui le fait douter de son action c'est l'échec de cette action et non sa férocité. Le sang versé, tant de souffrance et de malheur répandus autour de lui, ne semblent pas avoir entamé l'épaisse peau de sa conscience. Ce qui l'abat c'est la situation économique de l'État d'Israël. C'est l'échec d'une politique. J'aimerais être de ceux qui peuvent penser que la mort de sa femme aurait tout dévasté en lui au point de faire sauter le blindage de son âme. Et que soudain Menahem Begin, à travers l'insupportable absence de l'être aimé, se soit senti envahi par toutes les souffrances terrestres — qu'elles soient juives ou pas. Lui qui désigne les Palestiniens par le terme *animaux bipèdes.*

Hier, à Cogolin, rencontre avec une « lectrice » inconnue qui par passion de la lecture s'est faite bibliothécaire. Visage beau et apparemment calme — mais pendant qu'elle nous parle je vois sa lèvre supérieure trembler imperceptiblement ainsi que le bout de ses doigts. Passion de lire et nécessité de faire lire l'occupent par-dessus tout. Elle lit, elle ne fait que lire, nous dit-elle, ses parents lisent énormément aussi... et aussi on écrit dans sa famille. Et c'est avec une brusque lumière sur le visage qu'elle nous dit tout à coup le nom de son grand-oncle : Audiberti. Émus par cette jeune femme solitaire dans son château de livres. Elle me dit : « Ce que vous écrivez m'aide à vivre. »

Paresse.

Paris approche. L'épreuve orale approche.

Les orages ont cessé laissant dans l'air purifié cette lumière d'automne si particulière aux Maures : chaude et d'une limpidité glacée. Rousses et limpides, les collines s'embrument dans les creux. Et sur ce fond trouble chaque feuille d'arbre apparaît nette et détachée. Sorte de langueur dans le paysage qui donne l'impression de tout voir de sous une paupière un peu clignée. Une respiration tiède et humide monte du sol imbibé par les pluies et que le soleil chauffe de biais. Une herbe neuve, tendre, a poussé en trois jours. Partout dans le vallon, de longues amaryllis roses sont sorties, d'un coup.

....

mercredi 31 août Hier, sur le port de Saint-Tropez, devant un yacht de la taille d'un paquebot, une petite fille dit à son père : « Il est beau ce bateau. Il doit coûter des milliards et des milliards. » Il lui fut répondu : « Il serait beau s'il était à nous. »

jeudi 1er septembre Hier, à Cannes, après une émission aux studios de Nice. Attendant Danièle devant une parfumerie, j'ai remarqué, sur le trottoir d'en face, des panneaux posés sur des trépieds. Quelques jeunes gens tentaient d'arrêter les passants pour leur faire signer une pétition. Je m'approchai et vis avec horreur s'ouvrir un trou sur l'autre face du monde. Dans cette rue d'Antibes où tout n'est qu'apparence d'azur, des étudiants iraniens exposaient des photos en couleurs de leurs camarades morts, suppliciés, là-bas en Iran. Ces cadavres en gros plan, gonflés, bleuis, couverts de plaies, s'offraient avec une indécence irrespectueuse. Ces clichés exposés offensaient. Ils offensaient l'humanité de ces morts aux visages refermés sur d'impensables souffrances. Ils étaient offensants parce qu'ils n'entamaient pas l'indifférence de ceux qui passaient dans les chatoiements du soleil renvoyés par les vitrines de luxe. Qu'importe en effet l'Iran de Khomeiny ! Ces photos de boucherie et de fosses communes barrant le trottoir de la richesse ne faisaient qu'ajouter à la « banalisation » de ces enfers lointains dont les cercles, bien que de plus en plus étendus, n'entament pas encore le velours de notre monde. Je regardais les étudiants tendre le crayon et le cahier à ceux qui passaient. Ils étaient pleins d'une naïve ardeur. Sur un grand carton ils avaient calligraphié : « Khomeiny mène une guerre implacable contre l'humanité. Il est encore temps de l'arrêter. » Cette quête de signatures était pathétique par son inutilité. Ces étudiants le savent mais devant l'impossibilité d'agir ils ne peuvent que se remuer.

Un peu plus tard, sur cette même rue d'Antibes, vu une énorme princesse saoudienne, habillée à l'américaine, entourée de gardes du corps basanés. Lourde de ses chairs, elle allait parmi ses suivantes d'une boutique à l'autre, pendant que les gardes du corps se déployaient sur le trottoir, la main sur leur poche revolver, comme des gangsters en train de faire un coup. Par quel miracle la police ne les descend pas à vue ?

....

vendredi 2 septembre A propos du livre de Wiesel et donc de la vengeance, cette histoire très forte, infiniment plus parlante à elle seule que la dialectique alourdie de mysticisme du *Cinquième Fils.* Quelqu'un qui faisait partie, pendant sa déportation, de ces équipes qui « récupéraient » (effroyable euphémisme) les dents en or et les divers petits bijoux sur les cadavres, dans les fosses, fut exécuté par les Allemands au moment de l'avance alliée. Il survécut et réussit à s'en sortir. Au moment de son rapatriement, sur un quai de gare, par la fenêtre de son wagon, il reconnaît soudain, mêlé à la masse humaine, un des Allemands du camp. Ils se regardent intensément. Le déporté n'avait qu'un cri à émettre, un geste à faire et l'Allemand était arrêté si ce n'est lynché. Il ne poussa pas le cri, il ne fit pas le geste. Et le train repartit. Pousser le cri, faire le geste c'était intervertir les rôles. Il ne l'a pas pu. Le silence contenu dans cet échange de regards est un des plus parlants que l'on puisse imaginer.

Retrouvé par hasard l'autre jour dans le désordre de la bibliothèque *Tout passe*, ce roman de Grossman qui m'avait marqué dans les années soixante-dix. En Ukraine, en 1933, quatre à cinq millions de paysans sont morts de famine devant leurs blés mûrs. « Ce grand massacre » (Soljenitsyne) fut planifié, organisé, ordonné par Joseph Staline. Si un paysan était surpris à couper des épis c'était la fusillade *sur-le-champ*. Ouverte en 1929, la chasse aux « koulaks » se double d'un chantage à la faim : le kolkhoze ou la mise hors la loi sous le qualificatif d' « Indien ». « Dernier des Mohicans d'une espèce sociale condamnée. » On voit des hordes de paysans affamés se déplacer parmi les blés mûrs gardés par des soldats (Koestler). On les voit le long des lignes de chemin de fer : squelettes vivants tendant à bout de bras des squelettes d'enfants (Grossman). On les voit à la périphérie des villes mourant comme les mendiants de Calcutta (Kravchenko). Des affiches apparaissent placardées dans les villages encombrés de cadavres : *Manger son enfant est un acte barbare*. Interdiction d'enterrer les morts avant qu'ils ne soient putréfiés — la nuit, les affamés les déterrent pour les dévorer. Victor Kravchenko fut parmi ceux que les paysans surnommèrent les « ventouses à blé ». Avant de choisir la liberté, il avait fait partie de ces activistes que Staline expédia vers les terres à blé d'Ukraine pour obliger les kolkhoziens à d'irréalistes quotas de production. *La guerre est déclarée, c'est eux ou nous.* Ce sont les paroles d'un membre du Comité central. *Il faut balayer les vieux débris pourris de l'agriculture capitaliste ! Ne craignez pas de recourir aux méthodes les plus extrêmes.* Son livre *J'ai choisi la liberté* fut couvert de crachats par la gauche intellectuelle française. Kravchenko fut désigné comme le « Judas russe ». Rares sont ceux qui comme Camus eurent le courage de faire cas d'un tel témoignage.

Le vieux compagnon de Lénine, Nicolas Skrypnik, proteste contre ce « génocide ». En 1933, après une entrevue terrifiante avec Staline, il se suicide.

Parlé aussi de tout cela avec Lal qui à l'époque fut de ceux qui crurent Kravchenko.

....

samedi 3 septembre Cet échange de petites phrases, en russe, pareilles aux répons d'un culte :

« Visez la cible !

— Cible visée.

— Tirez !

— Feu !

— Objectif détruit. »

Boeing 747 désintégré : 269 « hostiles » (terme utilisé par la chasse aérienne) liquidés en plein ciel.

« Crime contre l'humanité », titrent les journaux. Je crois qu'on se méprend sur le sens profond des mobiles qui animent la *nomenklatura* soviétique.

Que cache l'île Sakhaline ? Quelles armes impensables, pour qu'un avion de ligne dérouté soit à l'instant désintégré par un missile ? Quels secrets un Boeing commercial risque-t-il encore d'arracher à ce continent que fouillent obstinément les yeux électroniques des satellites américains ? Le moindre caillou, le moindre brin d'herbe du sol soviétique a son nom de code dans les archives du Pentagone. Alors quoi ?

Alors ceci : pour être passé au-dessus du sanctuaire interdit : la mort. Pour ne pas s'être voilé la face : la mort. Pour avoir profané le Dieu mortifère des Soviétiques, dressé sur l'île Sakhaline, pour que l'univers craigne sa puissance terrible et sacrée, les prêtres casqués ont frappé. La grande tuerie mystique de l'an 2000 a commencé ce 1er septembre 1983. Les serviteurs de la sainte Russie militaire n'ont pas supporté le sacrilège. Le temple profané, il fallait du sang pour le purifier.

. . . .

dimanche 4 septembre Mistral comme un rasoir bleu. Lumière bleue acérée. Nuit d'un sommeil hypnotique dans les enroulements du vent. Conscience très sensuelle de dormir malgré... grâce au vent qui halète sur nous.

Désagréable attente du départ.

L'autre soir, chez les M., dîner-télévision pour voir, cette fois du dehors, à quoi ressemble cet examen oral, cette porte étroite par laquelle les écrivains s'échinent à passer. Surprise : au milieu de la frivolité de cette petite réunion de plateau, nous voyons, nous entendons une jeune femme atteinte depuis cinq ans d'un cancer. Belle, les yeux brillants du bonheur de plaire, elle parle sur un ton incroyablement frivole de son roman... de cette transposition romancée de son expérience. Son livre est drôle. Elle insiste : drôle ! Sa gaieté, sa force de vie *passent...* mais nous laissent un malaise. Elle dit que de savoir son cancer lui a fait radicalement changer sa vie. Elle sourit à la caméra. Elle secoue ses cheveux, elle est merveilleusement à l'aise. On la dirait en meilleure santé que tous les autres.

. . . .

lundi 5 septembre Paris dans six jours.

Comment rester à l'écart ? Vivre de l'écriture tout en restant à l'écart. Ne pas se donner à voir. Être assez sûr de soi, de ses œuvres.

Désagréable cercle dont il est difficile de sortir : tu vis à l'écart, hors de la « camaraderie » (Stendhal), et ça tu le paies.

Alors restent quelques apparitions à la télévision : *vous me voyez, donc je suis.*

En Chine populaire, dans *le Quotidien des ouvriers*, destiné au personnel des usines : *Le baiser n'est pas seulement immoral mais antihygiénique. Il transmet l'hépatite virale. Adultes et enfants nous devons tous nous débarrasser de l'habitude du baiser.*

Jusque-là le terrifiant « Tout ce qui est réel est rationnel, tout ce qui est rationnel est réel » de Hegel !

....

mardi 6 septembre Trouvé ce matin cet article noté par Malcolm Lowry dans *Pompéi, aujourd'hui* (nouvelle écrite après le choc affreux que fut la perte de la chère petite maison d'Eridanus) :

UNE PEUR BLEUE

Dans l'Arizona, une forêt de genévriers de mille arpents s'est flétrie et a péri. Les gardes forestiers sont incapables d'expliquer ce phénomène mais les Indiens affirment que les arbres sont morts de peur, bien qu'ils ne soient pas d'accord sur les causes de cette frayeur.

Genre de coupure de presse que j'aurais gardée aussi. Malheureux Malcolm Lowry qui se serait « suicidé » dans une crise d'éthylisme sans savoir, dans son délire, qu'il avait manqué étrangler Margerie, sa femme. (Elle sans qui *Au-dessous du volcan* n'aurait peut-être jamais connu sa forme définitive.)

Malcolm et Margerie Lowry, amis de notre vie. Comme vous, nous savons ce qu'est le *sentier de la source*, quelle charge de bonheur est contenue dans ce mince ruban d'herbe foulée par nos pas.

« Bonjour Boris. Il est six heures du matin, tout hurle et souffle. Je viens de courir au puits par la petite allée (deux bonheurs différents : le seau vide, le seau plein) et de tout mon corps croisant le vent, je t'ai dit bonjour. »

Cet extrait d'une lettre de Marina Tsavetaïeva à Boris Pasternak que Danièle m'a lu l'autre soir — confirmation d'un bonheur si bien connu.

Et encore ce matin ce même bonheur avant de me mettre à cette table. Et hier. Et chaque jour.

. . . .

mercredi 7 septembre Hier, lettre de Salvat Etchart. Me parle de mon livre, m'explique mon livre sur de longues pages. Et pas un mot de sa santé, pas un mot de lui. Je souffre de son manuscrit impublié. P.O.L. le refuse aussi. Tout Paris l'a refusé. Et c'est un grand écrivain ! Je souffre de le savoir seul, malade au fond du Canada de son *Sous-univers.*

Entre autres, il dit dans sa lettre : *Une phrase terrible p. 210, et que je cherchais depuis 1944, mais c'est vous qui l'avez écrite : « Les Américains peuvent produire plus de témoins que nous... » Et même on peut pousser les choses plus loin encore, car Tahiti avec le bataillon du Pacifique a fourni plus de « témoins » que la Provence et la Bourgogne réunies, comme Conakry ou Abidjan plus que Marseille et Bordeaux. (Pourquoi le Canada ? Pour ça aussi)... (On juge Klaus Altman en ce moment — en l'appelant par une sorte de diminutif d'ailleurs : Barbie ! Si j'étais en France, et si je trouvais revue ou journal pour publier ce que je pense, mon titre serait : « Quand Klaus Altman torturait les juifs et les résistants, les Français regardaient par-dessus son épaule. »)*

Ce même jour — donc hier —, par une série de hasards, nous nous sommes retrouvés en train de dîner en étrange société : gens riches qui par haine et dégoût de la gauche au pouvoir parlaient de réaliser leurs biens en France pour fuir aux États-Unis. Mélange de cynisme, de lâcheté, de prévoyance, de certitude de leur bon droit.

. . . .

jeudi 8 septembre Insomnie de Danièle. Son insomnie me gagne. Les heures passent et nous rapprochent des fatidiques sept heures du matin — plus question de dormir. Une équipe de télévision doit venir tourner une séquence ici. Compte à rebours dans la nuit peuplée de hulottes. Je me lève. Il est quatre heures et demie. Je descends lire *l'Homme révolté*. Pages cruciales sur Marx. J'en souligne quasiment chaque ligne au crayon.

. . . .

vendredi 9 septembre Équipe de télévision. Comme d'habitude, d'un côté les « intellectuels », de l'autre les techniciens : opérateur, éclairagiste, preneur de son. Différence qui apparaît en général pendant la détente du repas. Ceux qui ont parlé — moi, l'interviewer, le réalisateur — se taisent. Et commence, d'abord timidement puis avec de plus en plus de sûreté, le témoignage de celui qui a vu et de celui qui a entendu. On apprend que le caméraman était à Beyrouth la veille même des massacres de Sabra et de Chatila. Le preneur de son, lui, pendant ce temps, se trouvait en Pologne. Mais avant cela l'un était au Zaïre et l'autre sur la mer de Chine. Et ainsi de suite, ils font calmement le tour de la planète. Partout où ça bouge, l'œil et l'oreille s'y trouvent.

L'image sonorisée *désimagine*. Rien n'a le temps de s'imprimer en nous. Une vague gomme l'autre. Chaque image qui bat les cellules de notre cerveau lave l'empreinte de la précédente.

A deux jours de Paris, plusieurs coups de téléphone ce matin nous apprennent que ça y est : les anti-*T.A.* recommencent leur travail de sape. Ils sont si merveilleusement puissants auprès de leurs amis journalistes ! Au lieu d'en être abattu, j'en ressens une étrange exaltation. Plus que jamais tu dois te resserrer sur toi-même, sur le noyau compact de ta personnalité. Rien de plus exaltant que de ne pouvoir compter sur aucune « camaraderie ». Tes livres doivent sauter par-dessus la tête de tes ennemis. Mais comme l'auteur du *Concile d'amour*, j'entends des coups de sifflet. Il n'y a pas de « folie de la persécution » — il y a des persécutés.

....

samedi 10 septembre Demain départ pour Paris.

Je regarde le vallon, dans sa chaude lumière d'automne, avec les yeux émerveillés de celui qui va mourir à tout ça. Chaque fois, impression de m'arracher au vallon pour toujours. Et je pense qu'hors de notre regard il se fanera aussitôt pour redevenir ce qu'il est : une faille boisée au fond de laquelle suinte un peu d'eau parmi les herbes. C'est en nommant chaque arbre, chaque pli de cette petite terre que nous lui avons donné vie. Avec le mot commence le poème. Par les mots, la Beauté se déplie. Non, je n'imagine pas le vallon sans nous, sans *nos* mots !

Multiforme gaudium.

....

dimanche 11 septembre En attendant l'heure du départ (dans la chambre au-dessus de moi Danièle fait les bagages), relu *Éléphant et Colisée* de Malcolm Lowry. Retrouvailles de l'écrivain avec une éléphante au zoo de Rome, éléphante qu'il avait convoyée, en cargo, vingt ans auparavant du Siam à Suez.

Cette nuit rêves confus et désagréables. Rêves sans objet : états d'âme, brouillard de malaise, images floues. Nous nous trouvions en ville dans un grand appartement. Nous étions énervés, mal. Dans le lavabo de la salle de bains une culotte de femme tachée de sang trempait.

Partons tout à l'heure. Nuit de train et enfin Paris. Jamais peut-être ressenti un tel désagrément de « monter ».

Ici, brusque chute de la température. Tramontane grise rend vallon laid.

. . . .

lundi 12 septembre Paris.

Le Seuil. Françoise Peyrot. Beau visage doux, plein d'une humanité sensuelle.

Jean-Marie Borzeix. Doux, fin, extrêmement humain.

Je m'aperçois qu'à Paris seul le critère d'humanité compte pour moi.

J'ai peur. Je suis mal, très mal. Je suis un canard littéraire.

. . . .

mardi 13 septembre Senti avec intensité, hier soir au bar du Pont-Royal, combien mes livres sont à la fois l'armure et le défaut.

Oreilles mobiles, humant l'air comme ces daims qui vivaient dans notre vallon il y a quelques années, nous sommes descendus dans la trappe, le trou.

Rendez-vous avec G. dans ce caveau. Au fond du puits je déchiffre avec l'étonnement amusé du peintre qui verrait jaillir sous son pinceau des accidents (plus près des fameuses taches de lèpre de Vinci que de l'œuvre décidée), je vois, assis quasiment au ras de terre, des petits tas d'hommes de lettres qui boivent qui fument, font et défont par la parole chuchotée. En face de nous G. Il nous parle. Je sens qu'il n'est pas ici pour nous rencontrer mais pour y être en même temps que ce groupe à notre droite. Nous serions presque son alibi.

Rentrons à l'hôtel. Dînette jubilatoire tous les deux. Paris n'a plus de points cardinaux pour nous.

Venise, notre ville.

Trois semaines encore.

....

mercredi 14 septembre Demain l'oral. Malade physiquement de me donner à voir.

Hier première partie du *Ludwig* de Visconti. Beauté formelle. Splendeur surtout des deux visages androgynes. Confusion des sexes. Ambiguïté que seul l'art suprême peut rendre claire (lumineuse). C'est le *David* de Michel-Ange, c'est Vinci par les sourires noyés. La sensualité des dieux que seule la peinture avait réussi à imager, Visconti l'imprime à la lumière.

En quelque cent ans, le cinéma a survolé d'un trait toute l'histoire de l'art. De son Lascaux (découverte du fonctionnement du mouvement) à nos temps hypermodernes (*Passion* de Godard par exemple) en passant par les grandes constructions égyptiennes (*Metropolis*). Visconti serait la Renaissance. Comme on succombe à la représentation bisexuée de la beauté imposée par Léonard de Vinci, chez Visconti on oscille entre les deux pôles de la splendeur humaine. Immense nostalgie qui me frappe à chaque image. Je suis devant du religieux. Culte de la beauté transcendée par l'immatérialité de la lumière.

Je prends ces notes recroquevillé au coin du lit de notre chambre d'hôtel. Tête confuse. Gorge nouée.

Je ne pourrais plus être insouciant à Paris. Voilà ce que tu as pensé hier en allant par les rues encombrées et pluvieuses. Pourtant tu la tenais contre toi. Tu vous voyais dans les vitrines. Vous te plaisait.

Tu as été poignardé à Paris à propos de ton *T.A.* Le poignard est là, toujours, planté dans ton dos. Et j'ai le sentiment que c'est le manche rouge de ce poignard que les gens regardent — pas toi. Parfois une expression tendre, un sourire d'amitié : quelqu'un qui t'a lu vraiment vient de vous croiser.

. . . .

jeudi 15 septembre Hier très forte émotion : J.P.C., venu à l'hôtel Saint-Simon pour une interview, lâche tout à coup que sa jeune femme (que nous avions rencontrée) est morte il y a juste un an. Il s'est baissé comme pour ramasser quelque chose par terre et, lorsqu'il s'est redressé, des pleurs mouillaient son visage. Nous nous sommes quittés dans un flou tragique. Il avait sauvé sa femme de la folie et ils avaient connu ensemble une longue période de bonheur. Puis une tumeur au cerveau... un coma... une opération... la mort la mort la mort

Je ne peux plus Paris ! Mes muscles se tétanisent aux mains, aux jambes. Je reste sur le lit de l'hôtel les membres crispés à souffrir en attendant que ça se détende.

Consolation : un coup de téléphone à Venise nous confirme la location d'un appartement sur les Zattere, juste sous la mansarde du printemps dernier.

Il est dix-huit heures quarante : à vingt et une heures tu seras sur le plateau face aux quatre autres condamnés.

. . . .

vendredi 16 septembre Sous les caméras et les projecteurs, Wiesel parle lentement de l'« indicible ». Il y a de la sainteté, de la foi vivante en lui. Chez moi révolte, indignation, sauvagerie mal réprimée, sensibilité incontrôlable : deux parts antagonistes qui me gardent incalmé. Chez Wiesel, une souplesse, un charme... mais aussi beaucoup de diplomatie, il semble. Serait-il possible, seul à seul, de parler à « cœurs ouverts » d'un certain sionisme qui exclut? De la folie désespérée du peuple palestinien poussé au désespoir par une situation rendue intenable... parler du malheur des *autres*... parler aussi des morts à venir? Lui dire aussi combien j'ai été choqué par sa parabole du Palestinien (qui m'a beaucoup tourmenté durant l'émission, et que je me suis à toute force abstenu d'évoquer, répugnant à faire entrer dans le « spectacle » ce sujet d'une si noire gravité).

Après-demain *la Béate.*

. . . .

samedi 17 septembre Hier, vu la deuxième partie de *Ludwig.*
Nous étions dans la tête de Visconti — comme à San Rocco dans celle du Tintoretto. Non, jamais la lumière transformée en art n'a atteint de tels sommets. La Beauté t'a noué la gorge et la tension t'a brisé à tel point qu'en sortant du cinéma tu ne pouvais dire un mot à ton amour, près de toi, et que vous avez marché vite par les petites rues jusqu'à la place Fürstenberg (si viscontienne en cette fin d'après-midi mouillée), retenant l'un comme l'autre le terrible sanglot qui risquait de nous jeter sur un banc. (Me souviens, non loin de cette petite place, d'une émotion tout aussi violente lorsque nous étions montés chez Helen Wright au sujet du procès de Chicago dont je voulais faire le procès à *l'Invité du dimanche.* Me souviens, oui, d'une catastrophique crise de larmes qui m'avait brisé ce matin-là. Le soir même avec Jean Genet nous devions tourner une séquence très tendue pour cette émission.) Cette extrême

vulnérabilité vient sans doute d'une tension que seul Paris, l'insaisissable Paris, impose à tes fibres nerveuses.

Tu dois revenir (à *la Béate*) sur *Ludwig*, sur cette sorte de jalousie du moi créateur en face du génie absolu. Exaltation que cela puisse être, bonheur de ressentir si violemment, si pleinement la Beauté.

Au secours ! Au secours ! Au secours ! Réveillé par ces trois cris poussés de toutes mes forces alors que je rêvais. Sur le seuil d'une librairie un camion-benne déversait sur moi un chargement de livres sous lesquels j'allais être enseveli. Je savais que j'allais mourir étouffé par cette avalanche de livres. Et personne n'entendait mes cris.

Cette même nuit (qui est celle d'avant-hier) réveillé tout à coup avec les jambes tétanisées. Me suis laissé tomber du lit, à genoux sur le sol. Suis resté un long moment à demi endormi encore, ainsi à genoux, attendant comme une bête que les crampes s'atténuent et me laissent revenir entre les draps. J'ai peur de mes nerfs. Par moments ce serait comme un filet d'acier qui aurait pris mon corps.

. . . .

dimanche 18 septembre Béate !

Peu de lieux portent aussi merveilleusement leur nom.

Arrivée en voiture décapotée dans la beauté d'un pur matin d'automne. A mesure que nous remontons le chemin, nous découvrons de place en place des chasseurs (postés pour une battue au sanglier) qui nous saluent. C'était familier, étrange et terrible, ces hommes armés de fusils qui silencieusement levaient la main.

. . . .

lundi 19 septembre

Et surtout, surtout le souvenir de cette visite chez vous, la mémoire ne peut plus jouer de tours quand l'émotion est intense et elle l'a été. Je ne croyais pas avoir de plaisir si fort depuis que j'avais arrêté l'usage des drogues qui ont détruit une partie de mon organisme et gâché presque un an de ma vie. Après être parti de chez vous, les plus infimes parcelles de mon corps sont restées électrisées pendant bien une heure, et c'est long une heure! La seule émotion saine — après l'amour — que je connaisse, c'est peu en nombre mais profitons-en.

(Lettre d'un lecteur — venu un soir à l'improviste, lundi 23 mai.)

. . . .

mardi 20 septembre Abattu le vieil acacia devant la maison. Compté les stries du corps de l'arbre malade — il avait dans les quatre-vingts ans. Lutté tout l'après-midi avec cette masse verticale qui ne voulait pas se laisser jeter à terre. Lorsque ce fut fini, je m'abattis moi-même, exténué. Toute la nuit, 39°5. J'ai vomi d'épuisement. Que se passe-t-il en moi ? Inquiétude de Danièle. A la suite de ce séjour à Paris, je suis arrivé aux limites de mes forces. Et pourtant je tiens à accomplir ces tâches violentes. Elles me gardent en contact avec le poids des choses réelles. Mais hier j'ai senti, peut-être pour la première fois de ma vie, une sorte de vibration pendant l'effort, quelque chose comme une tension trop forte en moi aux moments cruciaux, quand le corps entier donne toute sa vitalité.

Et puis toujours cette tétanisation des muscles et des tendons. (Ce matin ce sont mes mains qui se crispent comme des araignées aux pattes retournées — obligé d'arquer mes doigts à l'envers en les appuyant à la table pour qu'ils reprennent un semblant de naturel.)

Splendeur de l'automne. Lumière limpide, chaude. La course du soleil plus basse donne aux collines une douceur poudrée de bleu et de rose.

Rencontré à Paris R.N. (personnage fitzgéraldien par son dandysme et sa fabuleuse richesse). Nous nous trouvions dans le même restaurant. Un jeune poète allemand ressemblant un peu à Rimbaud l'accompagnait. A un moment R.N. est venu jusqu'à notre table et a dit à Danièle que le jeune poète n'avait jamais vu une femme aussi belle qu'elle. J'ai eu la bêtise de dire : « Je suis comme lui. » Et j'ai ajouté, m'enfonçant : « Et je ne m'habitue pas, depuis plus de trente ans. » Ce furent là mes paroles. Je regrettai aussitôt de les avoir prononcées. R.N. dit : « C'est très beau ce quc vous dites là. » Mais je m'en voulais de ces mots naïfs. Quelle commune mesure entre le regard d'esthète du jeune poète blond qui fumait cigarette sur cigarette et le regard complexe, terriblement chargé, que je porte nuit et jour sur elle ?

Coup de téléphone de J.-M. Borzeix. Il me dit de ne pas me faire de souci, que tout ira bien pour le livre — malgré ce qu'il découvre des agissements des ennemis que je me suis fait avec le *T.A.* Je suis touché par ses attentions.

. . . .

mercredi 21 septembre Long bavardage à propos du prochain livre. Je pense au *Faust* de Goethe, au rapport peinture-argent. Le peintre *fait* de l'or. Je lui raconte... J'essaie sur elle...

. . . .

jeudi 22 septembre Au téléphone, la pianiste Irène Panboukjian dit à Danièle qu'à Chalon-sur-Saône (où elle enseigne) des gens qui n'avaient pas pu acheter le *T.A.* non censuré recopiaient les pages des exemplaires échappés à la destruction.

Aujourd'hui bain d'une limpidité jamais vue.

Danièle a dit : « C'est le plus beau bain de ma vie. » Phrase qui m'a enchanté et même ému car elle oubliait sans doute toutes les fois où son enthousiasme l'a fait s'exclamer avec cette même délicieuse conviction. Pour moi aussi aujourd'hui ce fut (par toi) le plus beau bain de ma vie. La mer était unie, le sable aussi, et lorsqu'on ouvrait les yeux sous l'eau, la lumière avait la consistance de ces verres bleu pâle dépolis qu'on trouve roulés par les vagues sur cette même plage.

Dans une crique, ramassé quelques poignées de corail pur pour Manuel.

....

vendredi 23 septembre Une brume vénitienne s'installe dans le vallon. Eucalyptus, roseaux, comme du souvenir.

Lente guérison de ce séjour à Paris. Il me semble que les choses reprennent peu à peu leur vraie distance. J'ai besoin de *savoir* les lieux à leur place. Paris à Paris. *La Béate* ici. Venise à une nuit de train vers l'est. La mer au sud à une demi-heure d'ici. Le village à ma droite à cinq minutes. Grimaud à ma gauche, etc. Je vis ancré dans la distance. Besoin de la graduation entre les lieux. De là ma répulsion pour l'avion.

Cette nuit vu J.-L. Godard. Réminiscences, distordues par le sommeil, des deux ou trois fois où il était venu nous voir ici. Longue conversation d'une *ressemblance* gênante. Je suis effrayé par le luxe de vérité. Si ce n'était que les douceurs de son accent. Mais la tournure des phrases, le sens si particulier (didactique et provocateur) du contenu. L'intelligence, l'invention des choses dites. D'où sort cette exactitude jusqu'au plus invisible détail ?

Nous parlions de traduire en roman-photo mon dernier livre.

Puis nous descendions, Danièle et moi, jusqu'à la source. Là, des quantités d'hommes s'occupaient à polliniser les fleurs sauvages. Ils semblaient américains et avaient l'air d'hommes d'affaires très sérieux. A l'aide de petites poires ils pulvérisaient du pollen dans les corolles qu'ils entrouvraient avec les doigts. Un des polliniseurs s'approcha de nous et fit des signes vers son sexe puis, les deux mains posées sur son ventre, il joua à l'homme enceinte. Nous comprîmes qu'il était sourd-muet ainsi que tous les autres polliniseurs. Ce rêve me laissa à la fois heureux et mal à l'aise. Heureux d'avoir vu ces hommes affairés comme des bourdons et à la fois mal à l'aise de savoir notre territoire envahi par cette foule.

Un peu plus tard, en remontant la pente sud du vallon, je me rendais compte que toute la partie dévastée par le feu de 1979 venait d'être bétonnée — ce qui chauffait inexplicablement l'eau de la source.

Ce rêve qui revient avec une telle régularité (bétonnage de la pente sud du vallon) me déprime profondément. Sa fréquence et son ignoble précision lui donnent un sens prémonitoire.

Il répond évidemment au choc d'avoir trouvé, à notre retour de Paris, la plus grande partie de l'ancien chemin charretier transformé en route goudronnée. Des années de lutte pour empêcher cette sorte de mise en ordre. Le prochain tronçon noir passera au-dessous de chez nous, au fond du vallon. Et nous n'y pourrons rien.

Supporteras-tu de vivre au cœur d'une zone résidentielle, toi qui as choisi Byzance dans la forêt ?

. . . .

samedi 24 septembre Le sous-sol suisse serait paraît-il creusé d'immenses abris antiatomiques. Tout y a été prévu : banques, prisons, hôpitaux, écoles, etc. Depuis plus de vingt ans le petit peuple suisse prépare son enterrement. En cas de conflit mondial la neutralité ne suffira plus cette fois. Les radiations balaieront la planète... et un jour l'affreux petit peuple si prévoyant sortira intact de son arche souterraine. Autour, la terre sera devenue un gigantesque charnier et les lutins suisses se frotteront les mains en faisant des galipettes sur leur tas d'or. Il faut croire que les temps approchent : hier dans *le Monde* un petit encadré nous apprend que « les autorités helvétiques viennent de lancer une campagne : chaque citoyen est incité à stocker des provisions parmi lesquelles deux kilogrammes de riz ou de pâtes, deux kilogrammes de sucre et deux kilogrammes de graisse ou d'huile comme denrée de base. Au total il faudrait emmagasiner quatorze kilogrammes par personne, sans oublier viande et fromage, fruits, céréales et boissons ».

Quand les insectes font des provisions on dit que la saison sera rude.

Reçu une lettre d'une Japonaise qui souhaite traduire ma pièce *le Cerveau* en japonais. Son frère voudrait la monter à Tokyo. Elle dit joliment : « Or, il se trouve que mon mari, qui est un amateur caché de vos œuvres (il les possède toutes), a fait connaître à mon frère votre pièce *le Cerveau.* »

Fidelio de Beethoven.

Fidelio, lié à la longue descente nocturne par les congères (entre Trieste et Rijeka) alors que les petites lumières des villages scintillaient dans les montagnes enneigées, te souviens-tu ? Le duo sublime pendant que le car Ford glissait lentement, comme dans une féerie, entre les hauts murs de neige ?

Pourquoi la neige et le couple passionné sont-ils si étroitement liés dans ma sensibilité ?

Pourquoi en moi *le Palais d'hiver* si fort ?

. . . .

dimanche 25 septembre Les attaques continuent à Paris. Comme mes ex-beaux-frères font partie de la petite « camaraderie » des journalistes...

L'amitié attentive de J.-M. Borzeix nous réconforte. Il téléphone, il me dit que, malgré l'obstination de mes ennemis qui s'efforcent de tracer autour de moi un cercle de silence, le livre trouve son public, qu'il ne faut pas que je m'inquiète, qu'il « relève le défi ». J'ai confiance. Je sais en quoi ce que j'écris est singulier — mais nous n'avons plus le temps de parier sur l'avenir.

Que continue l'écriture vécue avec Danièle ! Que continue notre vie telle que nous la vivons ! Que continue surtout la disponibilité aux violentes émotions. Que bouillonne toujours en nous l'indignation. Et que vive en nous, en plus de l'amour fou, cet « étrange amour » aussi qui fait pousser à Ivan ce cri terrible : « S'ils ne sont pas tous sauvés, à quoi bon le salut d'un seul ! » Oui, que nous n'en demeurions pas moins tendus vers les « vaincus », conscients, indignés — *avec eux.*

. . . .

lundi 26 septembre Désir de dépasser le dicible par la plongée dans l' « état d'âme » — comme certaines musiques de

Beethoven, de Schönberg vous plongent dans un « état d'âme », certains Rembrandt, Venise...

Lecture complice de *Louve basse* de Denis Roche qui me renvoie à *Mille aujourd'hui* ou à *Babylone* de René Ehni. Écho des années soixante-dix où nos livres comptaient plus par la vitalité, l'énergie, l'élan, que par le fini.

....

mercredi 28 septembre *Anna K.* de Costa-Gavras. Film symbolique qui par moments réussit à faire oublier la parabole pour faire sentir la vraie douleur. La visite de cette vieille maison palestinienne devenue musée, la photo des habitants depuis longtemps chassés, la flèche désignant un bébé (celui qui revient) dans les bras d'une femme avec le *me* anglais tracé à même le cliché.

C'est à peine si j'ai pu me lever et marcher jusqu'à la rue. Impression d'avoir avalé un morceau de fer qui m'aurait transpercé. Alors j'ai compris combien je m'étais identifié au Palestinien victime du fanatisme froid du procureur israélien. Car enfin, quel est le crime de ce Palestinien qui revient sur les lieux interdits de son enfance ? *Son crime est crime de mémoire.* En se souvenant il révèle.

A mesure que je m'éloignais du cinéma, je me retrouvais avec le « problème » nu. Et j'étais insatisfait. Seul le « je reviendrai » du Palestinien gardait une dimension. Dans ce « je reviendrai » murmuré avec une douceur tranquille, on voudrait voir le message de la cohabitation — *Tu n'adoreras pas ce que j'adore. Je n'adorerai pas ce que tu adores* — sous le signe d'une tolérance infinie.

Mais reste la dernière image : la brigade antiterroriste surarmée qui ferait pousser des griffes à un agneau.

Dans six jours Venezia !

. . . .

jeudi 29 septembre Dans cinq jours Venezia !

. . . .

vendredi 30 septembre « Je me sens — raté », écrit Vincent Wilhelm Van Gogh peu de temps avant sa mort.

Un an avant sa naissance, ses parents avaient enterré un enfant mort-né nommé Vincent Wilhelm Van Gogh. Son grand-père se nommait Vincent Wilhelm Van Gogh. Ainsi que son oncle. Théo eut un fils, il le nomma Vincent Wilhelm Van Gogh. L'étrange amour qui se développe entre Vincent et Théo finit par les pousser l'un comme l'autre à la folie. Quand Théo se fiance, Vincent se coupe l'oreille. Quand le fils de Théo vient au monde Vincent se tire une balle. Enfin, au moment où Théo prépare la grande rétrospective des œuvres de son frère, subitement le voilà fou. Commencé le livre de Viviane Forrester.

Nuit hantée par les images de circoncision du film de Costa-Gavras : La petite foule attentive. Les gestes précis, assurés de l'officiant. Pas d'hésitation, des millénaires de certitude animent ses doigts. L'enfant crie à peine. Pourtant on coupe dans le vif de son sexe, tout simplement ! La petite assemblée frappe des mains pour manifester sa joie.

L'excision scandalise.

La circoncision n'étonne personne.

Pourtant c'est une mutilation imposée. Tout aussi violente. Tout aussi barbare... ou civilisée.

Je l'ai subie (assez tard, à la synagogue de Nice, j'avais six ans) et je m'en souviens. Je me souviens surtout des pansements de gaze en forme de doigt de gant que ma mère fixait sur mon sexe mutilé, et que retenait deux minces cordons noués autour des mes hanches. C'était à Saint-Paul-de-Vence, dans la maison à véranda, sous les remparts.

Quatre jours Venezia !

samedi 1er octobre Octobre !

Trois jours encore et Venezia !

En attendant, derniers bains dans les grands rouleaux des tempêtes de vent du sud.

Ici, premières châtaignes. Nata et Lal vendangent avec une quantité d'amis venus de Paris. Ce soir nous dînons tous ensemble.

Dans les collines dorées, cris des chasseurs qui traquent les sangliers. Hurlements des chiens. Décharges de grands fusils.

Déchiré entre la splendeur des Maures et le mirage rose de Venezia.

Un peu étreint aussi d'abandonner bientôt ces pages. Je m'y sentais bien.

Hier, en cherchant, avec Danièle, un bouton (dans un sac où elle en a quelques poignées) pour un blouson que j'emporte à Venise, voilà que nous nous souvenons en riant de ce petit cirque, un soir de printemps 1955, à Châteaufort.

Nous avions fait une virée à trois scooters. Il y avait Jean, Isaïe, Claude R. et nous deux. Sur la place du village une tente dressée près d'une roulotte aux couleurs vives (telle que les a peintes Van Gogh). C'était le classique petit cirque familial : deux enfants déguisés en clowns se donnaient des tapes, une grande fille maigre pendait à des anneaux, le père faisait monsieur Loyal en forçant un cheval à trotter en rond. Sur la croupe une vieille ballerine, les bras en arceaux... quoi, le lieu commun éculé — donc tout à fait charmant. Nous étions à peu près les seuls spectateurs sur les gradins de bois et la laborieuse petite famille de bohémiens s'agitait tant qu'elle pouvait.

Le clou du spectacle est annoncé : le cheval savant va répondre aux questions que l'aimable compagnie voudra bien lui poser. Au milieu des cavalcades des enfants-clowns, le canasson est tiré dans l'arène. Aux interrogations, il répond par un certain nombre de coups de sabot sur une vieille marmite : Bong ! Bong !

Enfin il va désigner la reine de la soirée. Bong ! Bong ! Bong ! Le vieux cheval s'avance, tenant entre ses grandes dents jaunes un petit paquet qu'il dépose sur les genoux de Danièle. Les faveurs défaites, le papier déplié, apparaît une horrible boîte remplie de vieux boutons dépareillés.

Vignerons partout. Accordéon dans les vignes. Cris. Rires. Jappements de chiens.

Deux jours, Venezia !

. . . .

dimanche 2 octobre Van Gogh lit Shakespeare, il dit : « Cela est aussi beau que Rembrandt. »

Chez Nata et Lal, une tablée très gaie, spirituelle. Dîner dehors, devant la maison, à la lumière des lampes à pétrole. Chez moi, secrète nostalgie de tous nos amis tombés en route : Jean, Isaïe, René, l'autre René et Jean-Paul, et combien d'autres ! Ces dîners à *la Béate* où nous chantions mes chansons... Ton passage de la peinture à l'écriture a déséquilibré tes rapports avec ceux qui t'avaient connu peintre. Oui, tu pensais tristement à eux tous, tout en riant au milieu de cette tablée complice. Installé momentanément dans le climat d'amitié, de camaraderie de ces voisins amicaux, ton cœur se serrait au souvenir des guitares, de tes chansons, de ta facilité à t'extérioriser alors.

Maintenant tu as un besoin impérieux de solitude, de concentration. Et puis les autres t'ont *lu*. Les mots ont mis entre toi et autrui une vitre à travers laquelle ils t'observent. Tu te sens observé... discrètement mais observé.

Demain le départ.

Après-demain le réveil au large de Venezia ! O Italia Italia ! (comme s'exclamait Benjamin Constant).

Après-demain les Zattere, le canal de la Giudecca fendu par les grands bateaux fatigués. L'eau partout, les pontons mouvants, le merveilleux peuple d'Italie.

. . . .

lundi 3 octobre Sais-tu que les araignées viennent boire au coin des yeux clos des dormeurs ?

Domani Venezia !

. . . .

Venezia

mercredi 5 octobre Dès la gare des Arcs, tombés dans l'« autre monde » : un hippie américain ivre terrorise le train « corail ». Il jette des mégots allumés sur la moquette, fait rouler des bouteilles de bière vides entre les sièges. Il titube dans la travée centrale en hurlant *fucking fucking.* Beaucoup de touristes américains dans le wagon. A un moment l'un d'eux s'absente. Aussitôt le hippie ivre prend sa place près d'une jeune femme qui dit : « It's the sit of my husband. » Le Christ saoul se penche sur elle, s'apprête à la toucher au moment où le husband revient. Il dit : « It's my sit. » Le Christ ricane. « It's my wife », insiste le husband. Jubilation insensée parmi les voyageurs français. On sent là à quel point les Américains sont les « occupants ». Après un marchandage assez long, le Christ saoul consent à se lever. Il s'en va en manquant tomber à chaque pas. Il quitte le wagon. Soulagement parmi les voyageurs. L'un d'eux dit : « Il n'avait pas de billet. Vous avez vu le contrôleur tout à l'heure ? Il a eu la trouille d'insister. » Derrière nous quelqu'un dit : « Ç'aurait été un Arabe, il y a longtemps qu'il te l'aurait viré. » Immédiatement on sent la division. Quelques-uns acquiescent. Mais la plupart se crispent et regardent intensément le paysage — bien qu'il fasse nuit.

Dans le train-couchette, beaucoup d'Américains encore. Style universitaire. Barbes, lunettes de fer, blousons en nylon sur T-shirts frappés de pubs ou de slogans et, bien sûr, baskets multicolores abominablement sales qui disent le chemin parcouru. Mais ce que je sens surtout c'est l'immense mépris de ces touristes moyens pour les quelques voyageurs français. Malgré moi, je repense aux Allemands pendant la guerre.

Au moment où nous arrivons à Venise, une femme s'approche de nous. Elle me dit : « Je vous ai vu à *Apostrophes.* Pouvez-vous me dire votre nom. Je veux acheter votre livre. » Agacement ! Agacement !

Et puis ce fut la lagune. Toucher terre, poser le pied sur le sol sacré ! Larmes dans les yeux de mon amour.

Le lent parcours des faubourgs maritimes. Les Zattere retrouvés. Le déjeuner au soleil chez Gianni. L'euphorie ! Ensuite, installation dans le petit appartement rempli de soleil — juste sous notre mansarde du printemps dernier.

J'écris, ce matin, assis devant la fenêtre. Par la *calle* étroite, je vois des fragments du canal de la Giudecca blanchi par le brouillard. Par moments une immense plaque de tôle passe en lançant une note grave et prolongée. D'autres sirènes répondent.

....

jeudi 6 octobre Téléphone hier de Jean-Marie. Sa voix amicale. Je le sens inquiet pour moi. Il redit encore : « Nous relevons le défi. » Les attaques... (quoi, le même processus que pour le *T.A.*... mais cette fois sous quel prétexte ?) ont piqué Borzeix ainsi que les autres responsables du Seuil. Je raccroche, ému par la force de conviction sentie chez Jean-Marie. Ça aussi c'est la loi humaine : pour chaque acte injuste commis contre toi, se lèveront des défenseurs. Tu as connu cette riche surprise à propos du *T.A.* Quelle plus belle division des eaux pouvais-tu espérer ? Et plus ceux qui se déclaraient tes ennemis tentaient de t'accabler, plus de défenseurs se levaient.

Et toi tu avais fui à Venise avec elle ! Oui, tu avais fui ici, dans cette réalité où le cercle magique de la Beauté te mettait momentanément hors d'atteinte.

Troisième automne depuis. Tu avais commencé *la Loi humaine* ici, ce livre sur la culpabilité et les douleurs d'une culpabilité sans objet réel mais que l'être accepte car l'être est fait de culpabilité — si bien que toute occasion lui est bonne pour gravir les degrés de cette douleur.

J'écris, sans cesse distrait par la venelle avec, au bout, le quai des Zattere et l'eau comme savonneuse du canal remuée par les *vaporetti* cabrés. Brouillard plus dense qu'hier. Réveillés dès l'aube par les sirènes des grands cargos aveugles. Délicieux mugissements alors que nous nous retrouvions, encore remplis de multiples rêves incernables.

Resté une partie de la nuit réveillé par l'apparition de Réquichot. Est-ce à cause de *Louve basse* où Denis Roche passe à l'envers le film de son suicide : le faisant remonter du sol au balcon et bondir en arrière dans la chambre, enfin sauf pour l'éternité ? Me souvenais, avec une netteté difficilement supportable, du visage de ce jeune garçon venu à l'improviste nous voir dans nos chambres de bonne du Champ-de-Mars (1952). Très brun, très maigre, très timide, il s'était assis au bord de notre lit et avait longuement regardé mes tableaux. Il prétendait avoir été envoyé chez moi par une cousine à lui (en réalité Daniel Cordier). Cette cousine désirait posséder une de mes toiles et l'avait donc chargé de la choisir. Nous étions tous très pauvres. Réquichot sortit la petite somme et s'en alla avec mon tableau. Il revint assez souvent. Nous allâmes voir ses toiles. Il peignait alors par grands aplats roses dans une chambre du côté de la rue des Saints-Pères. Puis il espaça ses visites. Nous quittâmes Paris pour le Midi où, quelques années plus tard, nous parvenait la nouvelle de son suicide.

Dernière vision d'un grand garçon (devenu « élégant ») devant les Deux Magots en train d'acheter au kiosque à journaux quelques dizaines d'exemplaires d'une revue. (Une tête de veau, qu'il nous avait montrée, réapparut par la suite dans un collage chez Cordier.) Nous avions bavardé un moment sur le trottoir. Réquichot semblait ébloui de sa brusque réussite. Puis il y eut comme pour de Staël la fuite devant cette célébrité, la chute et l'écrasement — sans film à l'envers malheureusement... sauf celui de ma notre votre mémoire, Denis.

Cette prière de l'*homme hanté* de Dickens : *Lord keep my memory green.*

Vu dans le couloir central du grand *vaporetto*, ligne 1, un *bambino* faire ses premiers pas entre les mains des voyageurs tendues en une véritable haie de tendresse.

Vu ce soir la piazza San Marco éclairée par le soleil soyeux de Turner.

Vu San Giorgio ouaté de rose.

Vu le Grand Canal dans sa calme animation du soir alors que s'allument les premières lanternes roses.

Vu ! Vu ! Vu !

Ivres d'avoir vu !

On dit qu'il n'y a pas de plus grand malheur que d'être aveugle à Grenade. Je pense à Borges (Homère), croisé plus tard sur les Schiavoni.

....

vendredi 7 octobre Réveil ce matin avec en moi la sensation de la pure perfection. Impression de coïncidence totale avec la vie. ELATOT !

Hier après le déjeuner sur le lit ensoleillé, dans la grande rumeur des *vaporetti*, je suis resté accoudé à regarder Danièle essayer différents vêtements devant la glace de l'armoire à la Brassaï de la chambre. Mon corps entier était tendu vers sa beauté trouble. Elle le savait, elle savait combien fou était mon désir d'elle. Elle essaya une jupe puis une autre. Elle changea plusieurs fois de bas. Elle changea plusieurs fois d'escarpins, se demandant si elle pouvait sortir comme ça et comme ça, si ceux-là allaient avec tels bas ou tels autres. Ses jambes furent grises avec escarpins de daim vert puis ses jambes furent blanches puis noires avec escarpins vernis noirs. Elle se tourna, se tourna, rieuse, espiègle, allumée comme moi par le jeu de se vouloir désirée et par la plénitude de plaire. J'étais électrisé sur le *letto*, immobile dans une flaque de *sole*, disant « Viens » mais ne bougeant pas — bien qu'il m'eût suffi de tendre la main pour la faire tomber près de moi. Sa peau par éclairs blancs sortit et entra dans divers autres vêtements et je l'encourageais à poursuivre cet essayage intime dont je voulais et ne voulais pas voir la fin. Rien n'enivre tant mes sens que cette prise de conscience du voile et du dévoilement, du caché et du dévoilé, du dessus et du dessous, de la retombée de ce qui pourrait être remonté, du fourreau qu'un geste soulèverait mais que le délicieux des interdits maintient à sa place — jusqu'au moment où... J'aime j'aime le plaisir du morcellement, ce jeu des petits mystères de chiffon, les boutons, les agrafes, les fermetures glissées, les entraves minuscules que les doigts cherchent à faire sauter comme autant de petites serrures exquises et dérisoires. Et tu fus dans mes bras, dans la flaque de ce *sole* vénitien. Et dans la rumeur des *vaporetti*, lentement je commençai à toucher de mes lèvres chaque parcelle de ton corps qu'à mesure je dévoilais. Puis tu fus à demi nue dans ta splendeur échevelée, mon amour, renversée en travers du lit et je tirai les volets t'engloutissant dans le mystère de ta beauté entr'aperçue maintenant, bouleversé par le clair et le sombre, t'absorbant par les yeux, oui, te buvant par les yeux, mon amour, toi, toi, ma beauté aux grandes paupières closes, te touchant presque, puis te touchant de partout, posant mes lèvres mes mains mon corps entier contre le tien, allant lentement vers le cœur de ta chair, mon amour, allant vers le cœur de ma vie, vers ce point exact de la sensation nue, l'exact point du gémissement du sanglot du cri d'amour du cri d'amour du cri d'amour du cri d'amour

Et de nouveau *a braccetto* nous allons par la ville, ailés légers, heureux heureux, nous allons par la ville sculptée, ne sachant que nous dans l'aura de notre sensualité, divins parmi cet univers de pierre levée et d'eau endormie.

J'écris ce matin face à la venelle. Tout au fond un fragment du canal de la Giudecca. Un grand navire passe. Sur ma droite un vernis du Japon balance ses feuilles d'une symétrie simple. Un pan de mur rose, des volets verts, une corniche de marbre blanc, un toit de tuiles irrégulières encombré de moineaux, une façade plus loin et, pendus à un balcon, une paire de bas vermillon qui bougent vite au vent. Au-dessus, un ciel gris avec des fentes bleues.

....

samedi 8 octobre Croisé hier au bord du canal, en face de la fabrique de gondoles, notre ex-voisin, chez le psy. D'une « élégance » telle qu'on ne peut s'empêcher de le voir en uniforme de SS. Gants de chevreau gris, canne, costume de coupe trop parfaite, il avançait en boitant très légèrement, oh à peine, juste ce qu'il faut pour rendre inquiétante cette élégance de mannequin parfumé. L'homme est discrètement maquillé, une raie impeccable divise sur le côté des cheveux gris d'argent coupés court. Oui, c'est bien Franz quarante ans après. Il venait, les yeux attachés sur Danièle. Comme cette fois il ne portait pas son élégant feutre aux bords roulés qu'il soulevait habituellement devant elle, il eut une légère inclination du buste — sans que ses yeux de poupée ne cillent ni ses lèvres rosées ne s'entrouvrent sur un sourire. Et encore une fois s'imposa la présence du jeune vainqueur des années quarante à la tête d'un bataillon de « beaux soldats blonds ».

Cette rencontre m'a immédiatement replacé au deuxième automne avant celui-ci lorsque la vision quasi quotidienne de cet énigmatique voisin m'avait donné cette impulsion qui brusquement avait fait démarrer *la Loi humaine.* Il suffit d'une image. Une seule. En l'occurrence ce fut ce type. Pourquoi lui ?

Si j'évoque le *Tedesco* de la Giudecca, c'est justement parce que cet homme est un lieu commun. Il porte sur lui, avec une apparente limpidité, le concentré de sa vie. Quoi qu'on invente, on ne peut se tromper à son sujet. L'image qu'il offre est tellement « filmique », disons. C'est un raccourci vivant, une synthèse. Il n'est qu'illusion, l'ombre d'une lumière. Pourtant il vit. Il vit seul au premier étage d'un meublé, à hauteur du mirador où va et vient la sentinelle crasseuse de la prison des « brigadistes ». A ses fenêtres pendent des rideaux ridicules imitant grossièrement le pelage des zèbres. Il est discret. Régulier. Un métronome humain. Il sort à l'heure du déjeuner. Il revient. Ressort à l'heure du dîner. Puis revient. Nous entendions sa porte claquer, et l'instant d'après, alors que son pas s'éloignait, l'horrible odeur (ne disons pas parfum) d'eau de Cologne dont il s'asperge envahissait notre appartement sur le jardin aux grenadiers. Cette même odeur croisée hier, en face de la petite fabrique de gondoles.

D'avoir rencontré le *Tedesco* de la Giudecca a fait *prendre* diverses sensations qui jusqu'à présent flottaient en moi. Je tiens mon prochain livre maintenant. Je le tiens (comme le *Tedesco* m'avait fait tenir *la Loi humaine*) depuis la rencontre à Paris de R.N., au restaurant (mardi 20 septembre), alors qu'il s'était déplacé jusqu'à notre table pour parler du jeune poète allemand et de ce qu'il venait de dire au sujet de Danièle.

R.N. l' « homme de couleur » d'Afrique du Sud d'origine indienne

Le jeune poète allemand ressemblant à Rimbaud

Le peintre italien A.

D.C. le marchand

Le peintre Réquichot

Faust bien sûr

Transmutation du plomb en or : alchimie de la matière excrémentielle (peinture) en or

Transmutation des cailloux en diamants

Afrique du Sud

Trois Journées de don Juan. Ce qu'en disait Salvat Etchart

L'île sur la lagune (non loin de l'aéroport)

Dans huit jours tu mets un point final à ces variations et tu commences à songer au roman de l'île que tu ne peux plus ne pas écrire.

....

dimanche 9 octobre Un grand bateau couleur de minium passe lentement dans le brouillard. Il est très très long, il n'en finit plus de passer au bout de la venelle. Toutes les cloches de Venise tintent depuis l'aube. Dans le demi-sommeil du matin je voyais des chèvres géantes gambader tout en haut d'un champ. Ce qui agitait les formidables cloches d'église pendues à leurs cous.

Hier, avant de nous coucher, comme chaque soir promenade d'un côté à l'autre des Zattere. Sous un grand laurier rose éclairé par un lampadaire à trois lanternes roses, vu un groupe de jeunes Vénitiens assis au bord du canal de la Giudecca. Les filles sur les genoux des garçons. Tous parlaient vite et riaient fort.

Avec leurs collants rouges et leurs pulls en forme de pourpoints aux manches bouffantes, les jeunes Vénitiennes perpétuent les longs et souples androgynes de Carpaccio. Même leurs cheveux sont taillés en mèches dégradées de sorte que celles du dessus se trouvent toujours plus courtes que celles du dessous. Merveille de ces écoles, ces universités, toutes dans des palais ! Perpétuel mouvement d'étudiants vêtus en pages. Jamais vu un tel déploiement de fantaisie vestimentaire. (Dans ces foules multicolores, tellement picturales, on reconnaît immédiatement les Français au strict, au terne de leurs habits.) En Italie emploi effréné du rouge : collants, pulls, capes, vestes bouffantes, chemisiers, ballerines ou escarpins. Jusqu'au moindre accessoire, du rouge, n'importe quel rouge.

Être couleur. Être signal. Vanité (anagramme joliment approximatif de *naïveté*) n'ayant rien à voir avec le sens du beau ou de la beauté qui, elle, est orgueil. La jeune femme empaquetée dans ses vêtements picturaux est rarement mystérieuse, aucun fluide ne se dégage de cette figure pimpante. Seule l'impression de déguisement frappe. Seul l'effet est recherché.

Et toujours de tout côté le *ciao* italien, comme des miaulements de chat.

Hier, pris le nº 5. Merveille de la boucle qui nous fait toucher la Giudecca, San Giacomo (notre ancienne station), les Zitelle, San Giorgio, pour enfin traverser, droit vers Venise à demi effacée dans son lait de lumière. (Métaphore pauvre mais d'une totale vérité.)

. . . .

lundi 10 octobre Vincent dit dans une de ses lettres à Théo, au moment où tout se dérobe et que la solitude l'affole : *Les gens ça vaut mieux que les choses. Les tableaux me laissent froid et si je continue de peindre, c'est pour être dans les artistes.*

Mot terrible de Hugo qui me frappe, moi : *Ce qui fait que la mère est sublime c'est que c'est une espèce de bête. La mère n'est plus une femme, elle est femelle.*

(*Nuits d'été* de Berlioz entendu ici, à Venise. Regret de Janet Baker la sublime !)

Chez moi cette répulsion de la mère. Si j'ai relevé cette phrase de Hugo, hier soir, c'est qu'elle dit ce que je n'aurais jamais osé mettre si crûment en forme : répulsion pour la femelle de l'homme qui vient de mettre bas. Dégoût pour l'animalité, dégoût pour cet air épais, tranquille, pour cet alourdissement du corps femelle crémeux, pareil à un gros champignon blanc épanoui au point qu'il s'affaisse sur lui-même. A l'inverse de la plupart des hommes de mon âge, je ne subis l'attrait ni des jeunes filles ni de leurs mères. Seules les femmes dans le violent présent de leur sexualité — sans avant ni après — me fascinent. Miracle de cette sorte d'épanouissement qui me paraît quasiment unique chez Danièle : ni jeune fille ni mère ni sœur, rien de tout ça : *She.*

Déjeuné hier chez Gianni sur les Zattere... (Quelques dizaines de moineaux viennent de se poser tous ensemble sur les tringles parallèles d'une antenne de télévision.)... Oui, déjeuné hier chez Gianni. Chaque fois je touche, *ici,* assis près de toi, sur ce quai, au bonheur le plus total. Total ! Pourquoi ? Pourquoi ici plus que n'importe où ailleurs ? Tout est si modeste et à la fois si grandiose, ici. Humain. Improvisé.

. . . .

mardi 11 octobre Cette nuit, brusque conscience du corps désarticulé, broyé, sanglant, plein d'esquilles d'os d'Albert Camus extrait de la tôle. La lecture du *Renégat* liée au souvenir de l'accident m'a réveillé à l'horreur d'être corps humain, corps animal, viande, caillots, pourriture suspendue. Cette jubilation chez Camus de décrire, du dedans, la douleur — comme un froid exquis — m'a plongé dans ce moment d'écriture où Camus, bien vivant, conscient de son sang chaud, tentait d'approcher cette zone où l'être entier cherche — dans un retournement total des valeurs — à couvrir le maximum de conscience. Renégat au corps comme à la foi.

Tap tap de la petite fabrique de gondoles.
Tu es à Venise, tu es à Venise.

Ici, *rien n'est pareil.* Conscience surtout à travers la lecture : je lis *situé.* Très en éveil, hors de l'ordinaire.

Rencontré hier Carlos, un de ses amis péruviens — le peintre Piqueras — et une jeune photographe autrichienne au nom fantastique : Marina Faust. Ils sont à Venise pour photographier des intérieurs de palais. Carlos nous a demandé si nous connaissions des lieux qui pourraient intéresser ses amis. Nous avons parlé des merveilleux plafonds de stuc chez Pupa, de la maison du psy, du casino Venier, etc., avec une réelle jubilation de découvrir que nous n'étions plus tout à fait étrangers à Venise : nous rencontrons des amis dans la rue, nous pouvons indiquer, nous, quelques plafonds de stuc, etc. Quoi, du snobisme « pris la main dans le sac ».

Souci de l'aspect (*specchio*). Tout ici est reflet. Être aveugle à Venise serait pire qu'à Grenade, si fort est le théâtre.

L'année dernière, sur la Giudecca, vu une barge de déménagement embarquant un très grand miroir. La barge oscillait assez fort et le miroir renvoyait selon les mouvements de l'eau : le ciel l'eau Venise en face encadrée d'or puis les maisons tristes de la Giudecca puis l'eau le ciel et tout à coup San Giorgio puis encore Venise.

Déjeuné à la terrasse de chez Gianni. Non, je n'arrive pas à m'expliquer pourquoi *ce lieu précis* me met en LATOT bonheur.

On titube comme deux ivrognes, ivres de beauté.

. . . .

mercredi 12 octobre Chez Carlos et Nadine Revilla, hier soir, alors que la tempête secouait la maison. Carlos, Nadine, Toni et Iva, Marina Faust et Piqueras, tous parlent admirablement le français. Alors que la bourrasque faisait trembler jusqu'au plancher, Toni évoqua la trombe qui, devant les Giardini, avait soulevé haut dans le ciel un *motoscafo* (ligne 2) bourré de monde, l'avait retourné en l'air et l'avait laissé retomber, nez en avant, dans la lagune d'où il n'était jamais remonté.

Tandis que de formidables éclairs blanchissaient la pièce, Danièle a décrit l'apparition éblouissante de cet été (mardi 7 juin). Comme chaque fois lorsque nous parlons de l'étrange chose silencieuse aperçue cette nuit-là, les gens semblent heureux de pouvoir se laisser aller à croire à ce genre de fantastique.

Le ciel est d'un bleu dur — comme chez nous par temps de mistral. Une barre de soleil glisse vers cette feuille que j'abandonne pour les Zattere.

. . . .

jeudi 13 octobre Un peu triste, ce matin, d'arrêter dans trois jours cette écriture quotidienne. Expérience qui t'a pourtant coûté par cette sorte de rigidité qu'impose un calendrier. Paradoxe assez comique après tout : pour dire l'indolence d'une vie sans programme, pour mettre en mots les improvisations dans la répétition, pour capturer en quelque sorte le tremblant dessin d'une année d'existence, il t'a fallu de la discipline et de l'obstination. D'abord, toi qui détestes renoncer à quoi que ce soit, il t'a fallu, oui, renoncer à l' « affabulation » — comme tu y avais renoncé déjà pour le *T.A.* — dont ce livre serait la suite. Le dynamisme de l'écriture (ce qu'on nomme l'inspiration) à aucun moment n'a pu se développer librement. La convention de ce simple en-tête posé chaque matin :

aujourd'hui — tel jour — tant de tel mois,

ce départ d'écriture au plus bas niveau t'a rappelé chaque matin que pour d'autres le jour pouvait être numéroté, nommé. Toi qui, depuis ces temps lointains où tu t'étais sauvé de pension, as toujours évité le « temps des autres » pour prétendre vivre ton temps à toi, voilà que tu t'obliges à t'inscrire dans le rythme commun. Qu'espérais-tu ? Aller au plus près du « sur le vif » ? Voir si, malgré la grille du temps métré, ta ligne de vie offrirait quand même ce trait souple, aéré, insaisissable ? Le même « motif » repris chaque jour avec les variations de la lumière et du sang. Je pense aux cathédrales de Monet que d'un œil neuf il aurait pu peindre trois cent soixante-cinq fois… et vingt-quatre fois pour chaque fois…

Le soleil tourne doucement sur la table, le trait chaud touche ma main. Par la venelle tu aperçois l'eau du canal, verte plissée en tous sens. De grands bateaux tirés par de tout petits remorqueurs orange et blanc passent entre les maisons. Tap tap de la fabrique de gondoles. Un chien aboie. Dans la cour derrière l'église dei Gesuati (que tu as dessinée hier dans la marge de ce ms.) des jeunes jouent au foot. D'ici j'entends les coups mats du ballon contre les murs. Le bon-heur ! Oui, mon vieux, le bon-heur ! Des oiseaux blancs volent dans la fente de la venelle comme entre deux falaises sombres. Barges, *vaporetti*, passants de plus en plus nombreux sur le quai ensoleillé.

Ma chérie, on y va ?

On y va !

Trouvé une lettre de Jacques Laval coincée dans la poignée de la porte. Il entre à l'hôpital, de nouveau. Il nous dit : « Je prends mes séjours à l'hôpital comme des temps de retraite, de prison, de solitude nécessaire à la grande préparation. »

La grande préparation !

. . . .

vendredi 14 octobre Inexplicablement distrait ce matin. Je fais des petits dessins entre les lignes : un cyprès, une véranda. A tout moment je m'arrête. Le fragment de canal au bout de la venelle est d'un bleu si intense !

Dans deux jours tu seras nu de nouveau, sans la protection de ces notes quotidiennes. Toute cette nuit tu as dérivé entre deux zones de sommeil avec cette sensation de nudité. Allongé sans mouvement, traversé d'images, d'impressions, de fragments d'idées, tu cherchais un rythme d'expiration propice, tu essayais d'entrer dans les fluides et régulières inspirations de celle qui doucement dormait près de toi. Tu cherchais à faire entrer en toi son sommeil, à n'être plus que sensation vague, existence suspendue, rythme d'air, objet creux traversé d'air, rien, rien... avec elle... avec elle... rien qu'avec elle.

Et soudain tu t'étais retrouvé comme éclairé, par l'intérieur, d'une lumière intense : un jour nous serons morts, tous les deux morts. Et ce si beau verbe qui dit l'existence, ÊTRE, accolé à MORT, t'apparut comme l'expression exacte de l'impensable éternité : ÊTRE MORT.

NOUS SERONS MORTS

Bien que n'étant plus nous serons pour avoir été, nous serons dans le rien comme ces empreintes fossiles sont sans être pour avoir été.

Bonheur éperdu, bonheur é-perdu, perdu, perdu...

....

dimanche 16 octobre Hier, alors que nous attendions le n° 8 sur le ponton, un pigeon est venu se poser sur un robinet. De son bec il s'est mis à aspirer un très léger suintement. C'est seulement alors que nous prîmes conscience que toute cette eau qui nous remue est une eau saumâtre. Nous regardions donc ce pigeon en équilibre sur le robinet fermé lorsqu'un homme, un ouvrier, qui venait de monter sur le ponton, le remarqua lui aussi. Il alla jusqu'à la prise d'eau et, sans se préoccuper de nous ni du pigeon, il ouvrit le robinet, très légèrement, de telle sorte qu'un fil d'eau s'en échappe.

....

lundi 17 octobre Tap tap de la fabrique de gondoles.

Le ciel est bleu.

Ma chérie, tu viens, on sort ?

IMPRIMERIE S.E.P.C. À SAINT-AMAND (CHER)
DÉPÔT LÉGAL : JANVIER 1985. N° 8601 (2547-1846)